班组长现场管理知识

韩建国　编著

"理论+方法+工具+模板"四位一体

·向班组长提供·
现场管理技能提升方案

中国劳动社会保障出版社

图书在版编目(CIP)数据

班组长现场管理知识/韩建国编著. —北京：中国劳动社会保障出版社，2012

班组长职业能力提升系列丛书

ISBN 978-7-5167-0089-1

Ⅰ.①班…　Ⅱ.①韩…　Ⅲ.①生产小组-工业企业管理　Ⅳ.①F406.6

中国版本图书馆 CIP 数据核字(2012)第 312530 号

中国劳动社会保障出版社出版发行

(北京市惠新东街 1 号　邮政编码：100029)

出 版 人：张梦欣

*

中国标准出版社秦皇岛印刷厂印刷装订　　新华书店经销

880 毫米×1230 毫米　32 开本　9.25 印张　242 千字

2013 年 1 月第 1 版　　2023 年 6 月第 5 次印刷

定价：27.00 元

营销中心电话：400-606-6496

出版社网址：http://www.class.com.cn

“班组长职业能力提升系列丛书”序言

班组长是企业生产管理的直接指挥者和现场组织者，是企业与生产员工主要的沟通桥梁，也是企业最基层的负责人。班组长管理水平的高低直接影响班组的效率和士气，从而影响企业产品的生产进度、质量以及生产安全等。

相信不少班组长在工作的过程中，都遇到过以下几大类问题：有计划无调度、紧急订单生产无秩序、生产线不均衡、现场管理混乱、工艺准备不充分、防呆措施不充分、设备维护不到位、生产效率低下、质量问题层出不穷……

“班组长职业能力提升系列丛书”力图为企业及生产一线的班组长解决上述困扰，全面阐述班组管理的实用知识与技巧，并提供了“拿来即用”的制度、方案、表单等工具，以帮助企业打造一支高士气、高效率、零缺陷、低损耗的班组。

本系列丛书具有以下三大优势。

一、知识体系健全

在生产现场，班组长的主要任务是交货期管理 D（Delivery）、成本管理 C（Cost）、质量管理 Q（Quality）、设备管理 M（Machine）、安全管理 S（Safety）、班组员工与劳务管理 H（Human）。“班组长职业能力提升系列丛书”按照这一体系进行分册编写，全面阐述了班组长管理基础知识、现场管理知识、安全管理知识、成本管理知识、质量控制知识、设备管理知识等，书的内容针对性强，适合开展班组长专题培训时使用。

二、突出行业班组的特殊性

在不同的行业中，班组长的工作方式、工作重点差别很大。因此，专业化、行业化的班组图书才能更好地适应不同行业班组的真正需要。“班组长职业能力提升系列丛书”根据这一需求，特别针对冶金、电力等特殊行业的班组安全管理，单独重点编写，有利于特殊行业的班组借鉴使用。

三、理论方法与实战工具相结合

“班组长职业能力提升系列丛书”突破了以前单品种班组长培训图书只讲理论方法的局限性，将理论知识与班组长的工作实践相结合，在阐述班组管理理论知识与方法的同时，还提供了大量的制度、方案、案例、表单等工具模板，真正做到了实际、实用，不仅有利于班组长建立健全自身的知识体系，还可以在实际工作中“拿来即用”或“稍改即用”。

所以，本系列丛书既可以作为企业实施生产班组管理的指导手册，也可以作为班组长进行自我培训的指导用书。

前　言

“班组长职业能力提升系列丛书”第一批共推出8本，《班组长现场管理知识》是其中的一本。现场管理是有效利用有限的人力、财力、机器、设备、工具、厂房、时间等资源，为完成既定的生产目标，对现场生产单位的运营进行管理的活动。

本书以生产现场的“人、机、料、法、环”为主线，详细叙述了班组长在现场管理中会用到的管理知识、方法与实用工具。全书具有以下三大特点。

一、内容全面实用

本书内容主要包括现场作业管理、现场物料管理、现场安全管理、现场设备管理、现场质量管理、现场改善管理、现场5S管理、现场成本管控、现场人员管理、现场信息管理、现场环境管理等11大事项，并针对现场问题的发现、分析与解决给出相应的工具与对策。

二、图文并茂便于阅读

本书集结了作者多年在企业指导、咨询过程中实际运用的资料和工具，其最大的特点就是以图文并茂的形式，将理论与实践密切结合，既生动地介绍了生产现场的相关理论，又将与生产一线紧密相关的案例、经验介绍给读者。

三、实战工具便于使用

因书中给出的图表、制度、方案、案例、工具大部分都是在作者生产现场实际经过演练和操作的，所以读者只需根据本企业的实际稍加改动或“拿来即用”，就可以让它们在生产现场的管理工作中发挥作用。

在本书编写的过程中，孙立宏、刘井学、孙宗坤、程富建、刘伟负责资料的收集和整理，赵帅、董芳芳、任玉珍、李苏洋、邱志跃负责图表的编排，张瀛负责编写了本书的第一章，姚小风负责编写了本书的第二章，毕春月负责编写了本书的第三章，杨雪负责编写了本书的第四章，金成哲负责编写了本书的第五章，程淑丽负责编写了本书的第六章，黄成日负责编写了本书的第七章，王凯辉负责编写了本书的第八、九章，韦建华负责编写了本书的第十、十一章，韩燕负责编写了本书的第十二、十三章，全书由韩建国统撰定稿。

准正锐质生产管理咨询中心

2012年12月

内容简介

这是一本关于企业实施生产班组管理的指导手册，是班组长进行自我培训、提升现场管理技能的指导用书。

本书从企业生产现场管理的实际出发，详细阐述了现场作业管理、现场物料管理、现场安全管理、现场设备管理、现场质量管理、现场改善管理、现场5S管理、现场成本管控、现场人员管理、现场信息管理、现场环境管理等11大事项，并针对现场问题的发现、分析与解决给出相应的实用工具与对策，理论性、实操性二者兼具。

本书适合企业生产部管理人员、人力资源部或培训部人员、生产现场管理人员（班组长、线长、拉长、工段长等）以及生产管理领域的人员研究、阅读和使用。

CONTENTS 目录

第1章　现场与现场管理

1.1　现场及生产现场

1.1.1　现场

现场是指企业为达到客户要求而进行设计、制造、销售产品以及为客户服务的地方，它是企业最活跃、最重要的场所，也是企业生产活动增值的重要场所。企业主要活动都是在现场完成的，以下六个方面可体现出现场的重要性。

（1）现场能够直接创造效益。

（2）现场是企业信息的源泉。

（3）现场是企业问题萌芽产生的场所。

（4）现场能够反映出员工的思想动态。

（5）现场能直接反映企业经营管理水平的高低。

（6）现场管理的水平与质量、成本、交货期的实现密切相关。

1.1.2　生产现场

生产现场是指企业从事产品生产、制造或提供生产服务的场所。生产现场主要包括生产一线各基本生产车间的作业场所以及辅助生产部门的作业场所。

1. 生产现场工作标准

生产现场的工作标准如图1—1所示。

2. 优秀生产现场的标准

优秀的生产现场应当达到整洁、秩序好、效率高、成本低、视觉美观、士气高的要求。

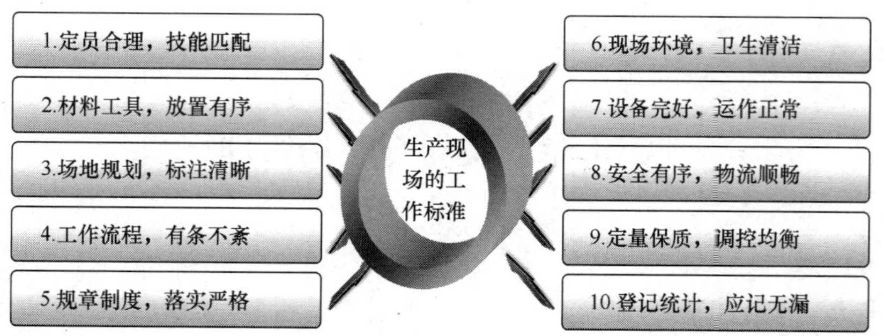

图 1—1　生产现场的工作标准

3. 生产现场组织结构

生产现场组织是公司的最基层组织，其组织结构一般有三种，即直线式组织结构、职能式组织结构以及直线职能式组织结构。具体组织结构如图 1—2 所示。

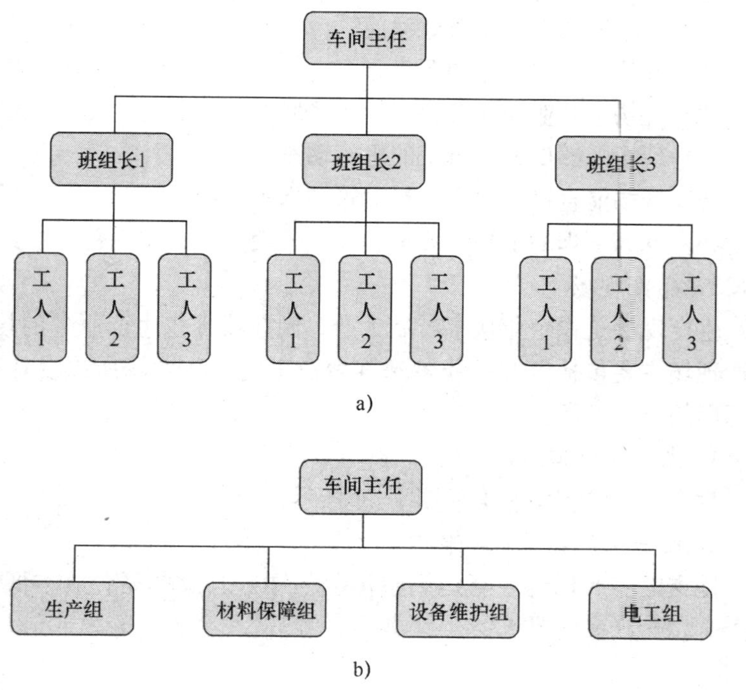

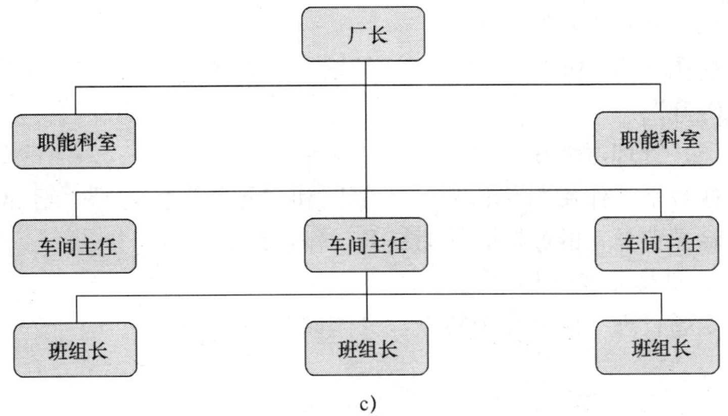

图 1—2　生产现场组织结构

a）直线式生产现场组织结构　b）职能式生产现场组织结构

c）直线职能式生产现场组织结构

1.2　现场管理

1.2.1　现场管理的理念和特点

1. 现场管理的理念

现场管理是指企业运用科学的管理制度、标准和方法对生产现场各生产要素，包括人、机、料、法、环、信等，进行合理有效的计划、组织、协调、控制和检测，使其处于良好的结合状态，达到优质、高效、低耗、均衡、安全、文明生产的过程。

在生产过程中，班组长为了使现场处于良好的运作状态，达到完成生产目标和培养下属的目的，必须重视业务规范化和 PDCA（Plan-Do-Check-Action）管理循环。

班组长在开展日常管理工作时需要把握以下三个管理理念：

（1）所有管理项目一目了然

为了实现作业目标，不仅要贯彻作业标准化，还要将所有的管理项目清晰、明了地展示出来，以此激励现场工作人员的工作热情。

(2) 确定重点管理项目

挖掘认为重要的管理项目，其核心原则是“不给任何一个工位造成混乱”。

(3) 管理习惯化

在日常工作中养成区别“一般”和“异常”的习惯，经常寻找并消除导致异常的原因，从而提升工作业绩。

2. 现场管理的特点

现场管理有以下几个特点，具体如图 1—3 所示。

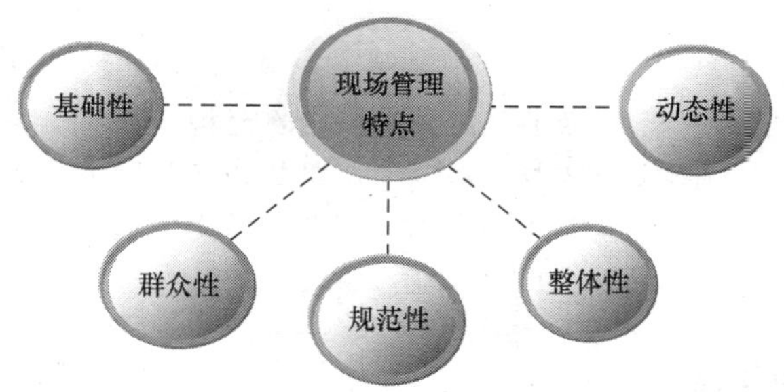

图 1—3 现场管理的特点

1.2.2 现场管理内容

现场管理的主要内容包括现场作业管理、现场物料管理、现场安全管理、现场设备管理、现场质量管理、现场改善管理、现场 5S 管理、现场成本管理、现场人员管理、现场信息管理以及现场环境管理。具体见表 1—1。

表 1—1　　现场管理内容一览表

主要内容	详细说明
现场作业管理	◇ 包括现场作业计划、作业进度控制、现场作业交期上的管理
现场物料管理	◇ 包括现场物料领用与使用、现场物料存储、现场物料搬运与防护管理
现场安全管理	◇ 包括安全纪律与责任、安全防护与检查、安全事故处理上的管理

续表

主要内容	详细说明
现场设备管理	◇ 包括设备操作、设备养护、设备故障处理、模具与治具上的管理
现场质量管理	◇ 包括现场质量检验、现场质量改善、现场不良品处理上的管理
现场改善管理	◇ 包括现场改善推进、现场改善提案上的管理
现场 5S 管理	◇ 主要包括整理管理、整顿管理、清扫管理、清洁管理、素养管理
现场成本管理	◇ 包括材料成本控制、质量成本控制、制造成本控制及生产定额管理等
现场人员管理	◇ 包括生产定员管理、车间班组岗位职责、车间班组员工日常管理、生产现场员工培训管理
现场信息管理	◇ 包括现场信息收集与分析、现场信息传递与应用以及生产异常信息处理上的管理
现场环境管理	◇ 包括生产作业环境设计、生产作业环境检测、生产作业环境改善以及生产作业环境体系推进上的管理

1.2.3　班组长现场管理

班组是企业生产经营活动中的基层单位，是位于企业现场的基本管理组织。班组的现场管理工作由班组长负责组织实施。

班组长的现场管理工作肩负着提升产品质量、提高生产效率、降低成本、防止工伤和重大事故的使命，承担着生产排班、现场调控、走动支持、生产监控、作业检查、突发状况处理、辅助上司等管理职能。

第 2 章　现场作业管理

2.1　作业标准制定

2.1.1　技术标准制定

制定技术标准的目的是改进企业产品质量，提高企业经济效益。技术标准主要包括基础技术标准、产品标准、工艺标准、检测及试验方法标准、安全标准、环境标准等。

1. 技术标准制定的基本要求如图 2—1 所示。

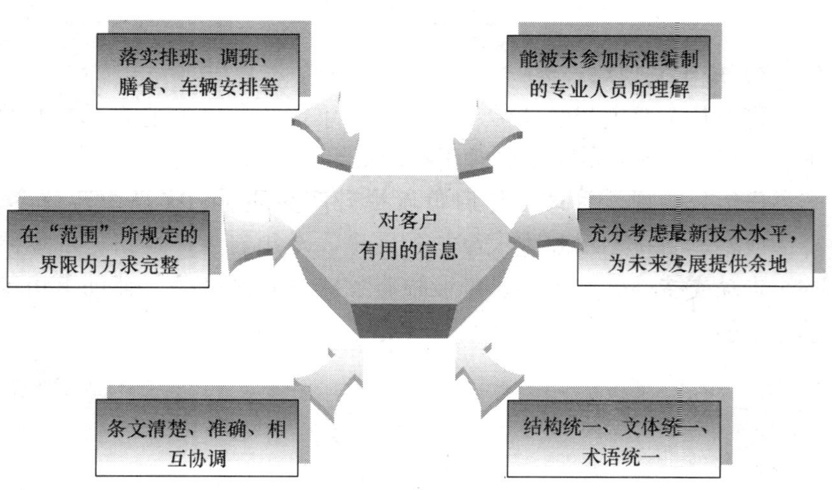

图 2—1　技术标准制定的基本要求

2. 技术标准各结构要求见表 2—1。

表 2—1　　技术标准各结构要求

结构	具体要求
标准名称（题目）	标准名称要尽可能简练，包括引导要素、主体要素和补充要素三个要素 ——引导要素表示标准所属的领域为可选要素 ——主体要素表示所论述的主要对象（即标准化对象）为必备要素 ——补充要素表示该主要对象的特定方面或细节为可选要素 需要注意的是名称最后可以使用“规范”“规程”“要求”“方法”“条件”等，但不应使用“标准”二字
前言	前言应与技术标准的特定部分和基本部分一致，不必写入不需要的内容
范围	“范围”是标准的必备要素，应明确表明标准的对象和所涉及的各个方面，由此指明标准或其特定部分的适用界限
规范性引用文件	所列出的引用标准应与标准条文内的引用一致；引导语应规范；引用标准应排序正确；注日期引用与不注日期引用概念应清楚
术语和定义	“术语和定义”是可选要素。应当特别注意在标准的范围所限定的领域内定义概念
规范性技术要素	规范性技术要素是每个技术标准的核心，其中最重要的是所确定的一些技术指标、数据限定值、技术要求等。这些技术要素一定要目的性强、根据充足、要求明确、切实可行、可以验证
附录	附录分为“规范性附录”与“资料性附录”两类。“规范性附录”是正文的附加条款，具有与正文同等的效力，是应遵守的条款。而“资料性附录”仅是给出对理解或使用标准起辅助作用的附加信息，不包含应遵守的条款

2.1.2　操作标准制定

现场作业操作标准主要分为五类，即工作场所标准、工具和设备放置标准、人体运动标准、物资搬运标准、节省时间标准、操作记录填写方式标准及资料使用方式标准。其具体内容见表 2—2。

表 2—2　　现场作业操作标准的具体内容

操作标准	具体内容
工作场所标准	1. 操作人员的手和手臂运动路径应在正常工作区域内 2. 操作人员必须用眼睛注意生产线的运行，保证有正常视野 3. 工具和材料应放置于固定位置 4. 工作场所的高度应设计成能供操作人员站立或坐着使用的空间 5. 工作区域应以少移动原则为主
工具和设备放置标准	1. 工具和设备应置于随手即可拿到的位置 2. 以足踏板和固定工具代替手部动作，使手能执行更有用的操作 3. 在方便操作的情况下，将设备、机器排列妥善 4. 利用特别的工具和复合工具来操作较为危险的设备、机器
人体运动标准	1. 操作人员使用双手从事生产性工作 2. 工作应有节奏，使工作连贯、灵活 3. 尽量使操作范围内的移动距离最短，并采用最低级别的动作
物资搬运标准	1. 现场应有良好的设计以方便搬运 2. 安排重力输送的漏斗、分离器、堆放和输送带，将材料送至使用地点 3. 预置和分类标明下一操作所需要的材料和零件 4. 用落地输送法将产品移开 5. 举起较重物品时应使用搬运器械
节约时间标准	1. 改善人工和机械动作的迟缓或暂时停止的时间 2. 应当同时加工两个或两个以上零件 3. 通常动作步骤较少时所用的时间最短
操作记录填写方式标准	1. 操作步骤需要按照工作流程予以详细记录 2. 操作方法应在操作步骤手册中给予详细记录 3. 操作方法如果叙述不完整，需要用图示辅助说明 4. 其余注意事项需要填写在表格中
资料使用方式标准	1. 相关资料需要存档 2. 相关资料需要现场公布

2.2　作业计划管理

2.2.1　生产计划制订

生产计划是指导企业计划期生产活动的纲领性方案，是规定全年生产任务和对产品生产进度的安排。企业在制订生产计划时，应遵循满足客户需求、降低生产成本、均衡班组生产的原则进行制定。

1. 生产计划制订方法

在实际生产中，应根据不同的车间组织形式和生产类型，采取不同的方法制订生产计划。企业制订生产计划的常用方法主要有在制品定额法、累计编号法、生产周期法、滚动计划法等，具体内容见表 2—3。

表 2—3　　生产计划制订方法

制订方法	具体内容说明	适用范围
在制品定额法	运用在制品定额，结合在制品实际结存量的变化，按产品反工艺顺序，推算各班组的投入及产出任务	主要适用于大批大量生产的企业
累计编号法	又称提前期法，是根据预先制定的提前期标准规定各班组产出和投入应达到的累计号数的方法，累计编号法可确定提前量的大小，提前量的计算公式：提前量＝提前期×平均日产量	一般应用于成批生产的企业
生产周期法	根据该产品订货合同要求的完工日期，参照产品的生产日期，按照工艺顺序依次确定各班组的产出和投入时间。制订生产计划时要解决两个方面的问题：一是保证交货期；二是保证各班组的相互衔接	适用于单件、小批量生产的企业
滚动计划法	根据计划的执行情况和环境变化情况定期修订未来的计划，并逐期向前推移，使长、中、短期计划有机结合	适用于所有生产企业

2. 生产计划指标编制

生产计划指标体系主要包括产品品种指标、产品质量指标、产品产量指标和产品产值指标。具体指标体系的详细内容如图 2—2 所示。

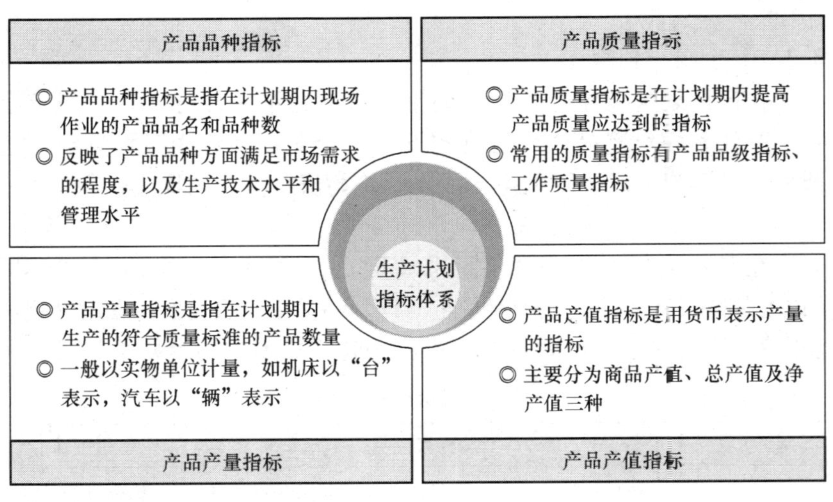

图 2—2　生产计划指标体系的详细内容

3. 生产计划制订程序

生产计划制订的程序如图 2—3 所示。

1　明确生产任务，收集生产资料和信息。企业根据年度经营目标确定年度生产目标，收集生产资料和相关信息

2　核定生产能力。收集生产设备的产能情况和产品的市场需求信息，根据市场需求信息和以往生产数据核定生产能力

3　拟定和平衡生产计划指标。拟定生产计划指标，通过设备生产能力、品种产量指标、生产技术准备能力、资金指标与生产指标综合平衡

4　编制、修订和评估生产计划草案。根据确定的生产计划指标编制生产计划草案，并组织相关部门对生产计划草案进行试算和综合评估

5　生产计划确认。将初步修订的生产计划草案报上级审核及审批后，下发给相关部门

图 2—3　生产计划制订的程序

2.2.2 订单生产计划

订单生产是指收到客户的订单后再组织生产的过程。企业制订订单生产计划是在保证产品质量的前提下，按照客户要求的规格、数量和交货期进行的。

企业在生产过程中存在着客户订单分离点，这个点是企业在生产活动中，基于预测库存生产，转向响应客户需求的订单生产的转换点。由于客户订单分离点在企业生产过程中的位置不同，所以将订单生产分为三种模式，具体内容如图 2—4 所示。

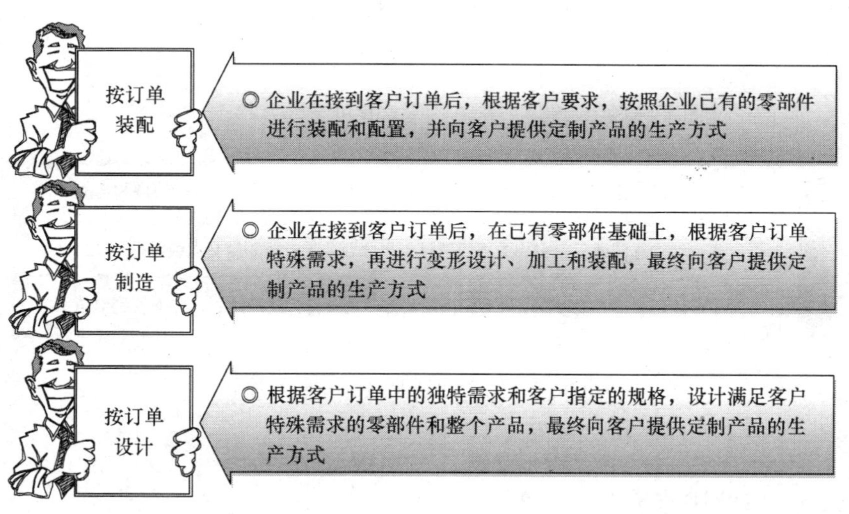

图 2—4　订单生产的三种模式

2.2.3 生产计划调整

生产计划调整是指将已列入周计划之内的生产订单，因市场需求、生产条件以及其他因素的变化而进行的变更情况。

1. 生产计划调整条件

为了保证生产计划的稳定性，一般情况下生产计划不允许随意调整，但是出现下列条件之一时允许调整生产计划，具体如图 2—5 所示。

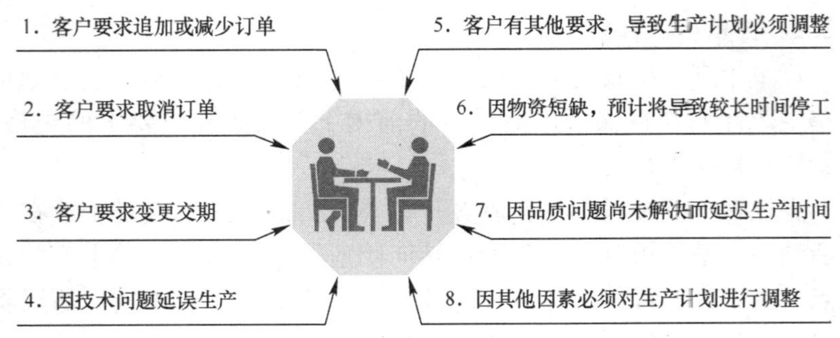

图 2—5　生产计划调整的条件

2. 生产计划调整程序

生产计划调整的一般程序如图 2—6 所示。

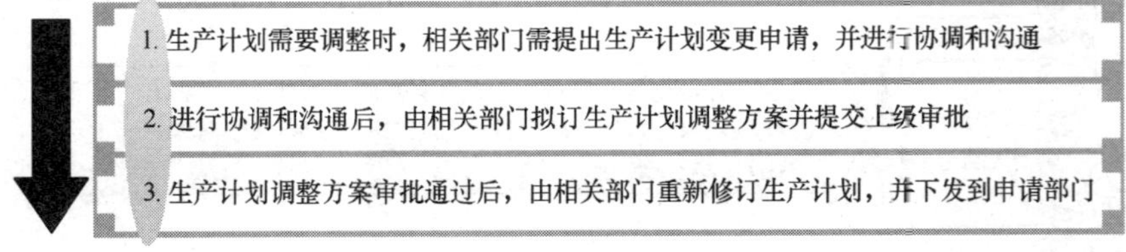

图 2—6　生产计划调整的一般程序

2.3　作业进度控制

2.3.1　进度跟踪检查

进度跟踪检查是指企业对月度、季度生产计划或生产订单完成情况的跟踪，以及对各班组能否按时、按质、按量交付产品的跟踪控制过程。进度跟踪检查不但可以使班组长能够掌握准确、及时的生产进度信息，而且也保证了生产计划能够在规定时间内顺利完成。

1. 进度跟踪检查的形式

进度跟踪检查的主要形式包括三种，具体如图 2—7 所示。

作业进度跟踪检查形式

现场作业直接通报	◎ 班组人员是生产现场异常情况的发现者，发现时需及时将异常情况通报给班组长 ◎ 班组长可通过大型进度显示屏获取生产状态信息，全面掌握进度信息 ◎ 在现场面积不大的情况下，班组人员可以大声将异常情况通报给班组长 ◎ 在班组人员旁边安装事故报警按键，班组长旁边设有警示板
现场巡视	◎ 现场巡视包括定期巡视、不定期巡视、群体巡视、个人巡视、专题巡视、全面巡视、重点抽查等方式 ◎ 进行现场巡视时，应注意作业进度是否落后、有无重大质量问题隐患、订单是否完成、物资供应是否及时等问题
生产日报系统	◎ 生产日报有利于班组长了解生产进度，发现生产中的异常情况，并做出适当反应与处理 ◎ 生产日报主要内容有产量数据报表、工时情况、效率情况、成本

图 2—7　作业进度跟踪检查的形式

2. 进度跟踪检查的注意事项

(1) 做好调度日工作重点

班组长要根据当日作业计划和作业指标图表做好调度日工作，必要时可召集班前调度会，了解前一日的生产状况以及当班任务。

(2) 做好生产计划完成情况预报

掌握生产动态、生产发展趋势、生产规律等资料，将实际生产计划进行对比，做好能否完成生产任务的预测。

2.3.2　进度控制方法

进度控制是指对某种产品生产计划、程序、日程所进行的安排和检查，其目的在于提高效率，降低成本，以确保按期生产出优质产品。生产进度控制要对从原材料投入生产到成品出产、入库的全部过程都进行控制，主要包括时间上的控制和数量上的控制。

进度控制的主要措施包括组织措施、技术措施、经济措施等，经过现场实践，综合运用上述措施总结出几种进度控制方法，见表2—4。

表 2—4　　进度控制方法

控制方法	使用说明
口头通知	◎ 口头通知运用于现场巡视是很好的方法，特别适用于现场的一般提示和预见性控制 ◎ 这种方法可以使班组长与现场作业人员进行交流与沟通，对操作行为不当甚至是错误行为进行指正和批评，并要求其对错误工作进行改正 ◎ 从日常的工作来看，口头通知适用于班组长对现场进度控制的日常性的预控工作
书面通知	◎ 按照进度控制规范，当发现实际进度滞后于计划进度时应签发通知单，指令其采取调整措施 ◎ 时限范围：第一次发现现场进度失控或较长时间没有失控而近期又有失控时 ◎ 书面文件中应对作业现状进行评价，指出其与进度计划的不相符内容
现场专题会议	◎ 当书面通知方式效果不佳时，班组长应组织进度控制的专题会议 ◎ 在会议之前班组长应当收集相关的进度控制资料，作为进度专题会议的基础资料之一 ◎ 在会议上除了指出进度落后的结论和要求进行改正之外，班组长还应提出自己的看法 ◎ 现场专题会议由班组长、班组成员、相关管理人员参加，由班组长主持
上层高级会议	◎ 当上述方式都达不到效果时，应由公司组织上层高级会议 ◎ 在会议上对进度工作进行评价，特别是对进度上存在的问题进行客观的指正 ◎ 上层高级会议由班组长、班组成员以及上层领导参加
变更组织机构	◎ 对班组现场作业的人员进行调整，也是对进度控制的一种方法

2.4　作业交期管理

2.4.1　影响交期因素

作业交期管理对于企业来说有着非常重要的影响。因为交期管理不当，不但会耽误按时交货，而且会降低企业的声誉，造成双方的合作无法进行，所以要了解影响交期的因素，确保企业按质、按量、按期完成作业任务并交货。影响交期的主要因素如图 2—8 所示。

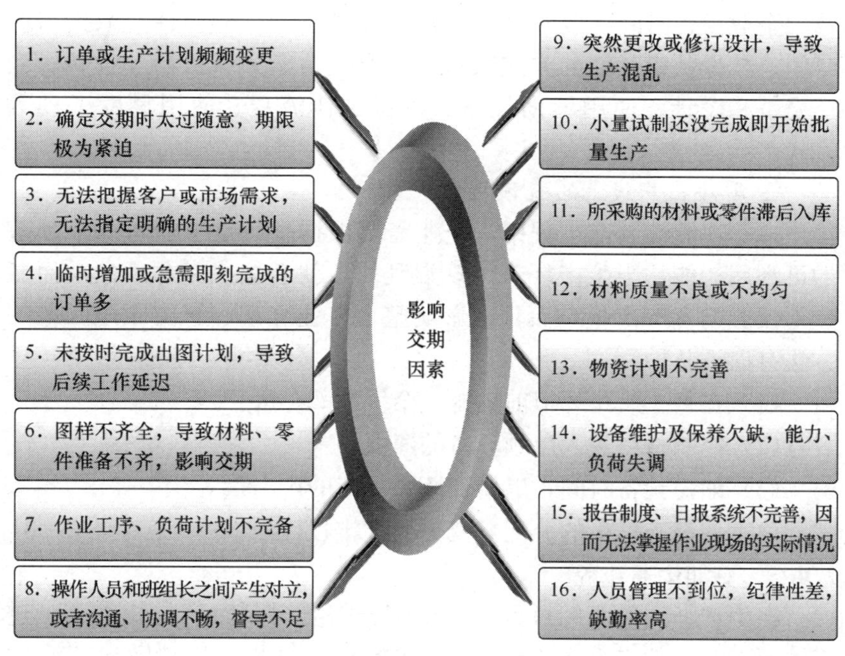

图 2—8 影响交期的主要因素

2.4.2 交期管理方法

为了保证企业正常的生产经营活动，规避交期延迟带来的作业风险，企业应合理地管理作业交期。通过交期作业的规划、执行以及控制，实现在现场作业中掌握交期动态、提高交期管理效率的目的。以下将详细介绍交期管理的几种有效方法。

1. 降低生产计划变化性

企业的生产产能短期来看是固定的，但客户需求的变动却直接影响企业生产工作量以及交货期。生产计划变动主要是由客户引起的，因此，企业的相关人员应将重点放在与客户的沟通上，使企业了解客户的实际需求，从而使企业的生产产能根据客户的实际需求来变动。

2. 减少预备时间

企业预备时间的改善可以增加生产排程计划的弹性，减少出产时间。减少预备时间的方式很多，主要包括购买新机器和设备、变更设备和设计、使用辅助设备、改善工作流程、使用尺度工具等方式。

3. 解决出产线上的瓶颈问题

在非连续性制造过程中，企业需要根据生产量平衡每一个环节的可利用产能。当生产环节出现混乱时，就会造成瓶颈现象，而瓶颈不仅影响着产出量，而且也影响整个作业交期。解决瓶颈问题的方法有以下几种：

（1）在每一瓶颈环节前铺排一个缓冲库存区。

（2）控制材料进入瓶颈环节的速度。

（3）缩短预备时间，以增加瓶颈环节的产出量。

（4）调整工作量的分配，变更生产排程计划。

2.4.3 交期沟通流程

在生产计划作业的过程中，班组长需要时刻注意与相关人员进行沟通，并尽快获得反馈，以形成准确的判断，及时做出正确的决策。

生产交期沟通的一般流程如图 2—9 所示。

2.4.4 交期延误补救

班组现场作业出现交期延误时，班组长应向上级汇报延误原因，以便对其进行原因分析，制定相应的处理对策。

1. 交期延误的情形

交期延误的情形主要包括如图 2—10 所示的四种。

2. 交期延误的补救步骤

企业处理作业交期延误问题的补救步骤如图 2—11 所示。

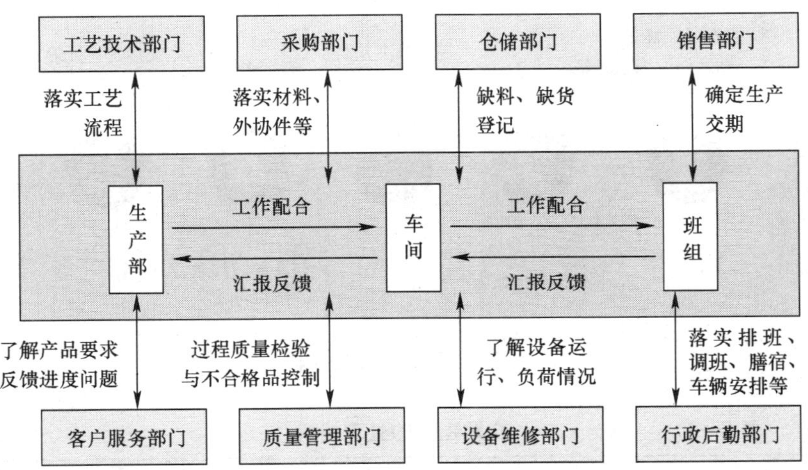

图 2—9　生产交期沟通的一般流程

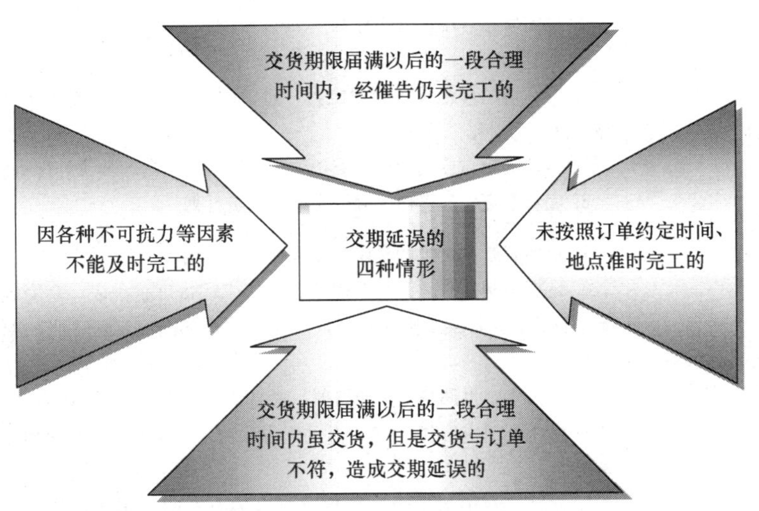

图 2—10　交期延误的四种情形

3. 交期延误的补救措施

以下是补救交期延误的处理措施，具体见表 2—5。

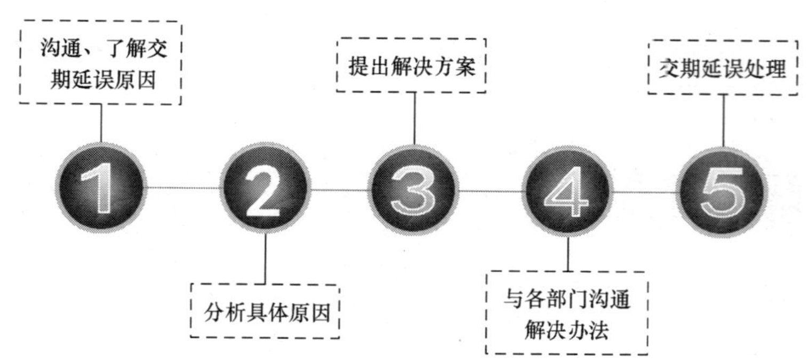

图 2—11　交期延误的补救步骤

表 2—5　　交期延误的处理措施

责任部门	处理措施
各班组	1. 建立产销链接管理制度，明确产与销的权限 2. 确定紧急订单的处理原则 3. 将管理与生产密切结合 4. 提高现场班组长的管理能力，完善设计、技术变更规范，减少或消除临时、随意变更 5. 合理安排与控制制程，缩短生产周期，建立制程异常处理机制 6. 完善物资管理工作，制订合理的物资计划
销售部门	1. 定期召开产销协调会议，促进产销一体化 2. 定期编制现有的订货余额表、主要工程进度状况表、余力表及基准日程表并提供给销售部门，以便使销售部门决定最适当的交货日期 3. 加强对销售部门人员的培训，提高其工作技能和业务能力 4. 销售部门应编制 3～6 个月的需求预测表，为中期生产计划提供参考 5. 对客户在中途提出订单更改要求的要有明确记录，并让客户确认
研发、设计部门	1. 编制设计工作的进度管理表，通过会议或日常督导进行进度控制 2. 内部能力不足时，应寻求其他途径加以解决

续表

责任部门	处理措施
研发、设计部门	3. 当无法如期提供正式、齐全的设计图样和资料时，可预先编制初期制程需要的图样和资料，以便先准备材料等，防止制程延迟 4. 尽量避免中途对设计图样和资料进行更改、修订 5. 推进设计的标准化和共用零件的标准化、规格化，减少设计的工作量 6. 加强对设计工作的分工，确保相关人员职责清晰、明确
采购部门	1. 进一步加强采购、外协管理，采用ABC分析，对重点对象实行重点管理 2. 以统计方法调查供应商、外协厂商不良品发生状况，确定重点管制厂家 3. 对重点管理对象采取具体、有效的措施加以改善

第3章　现场物料管理

3.1　物料领用与搬运

3.1.1　物料领用管理

班组在作业中需要使用物料，就需要向仓库领用物料。物料提运的方式可分为领料和发料。领料是由班组长或领料员在产品制造之前填写领料单并根据领料单向仓库领取物料的过程。发料是由仓储部填写发料单，备妥物料，直接向物料需求班组现场发放的过程。本章主要阐述物料领用管理。

1. 采用领料方式的原因

领料常见于间接需求物料的领用，对物料控制不太严格，班组之所以采用这种方式有四点原因，具体内容如图3—1所示。

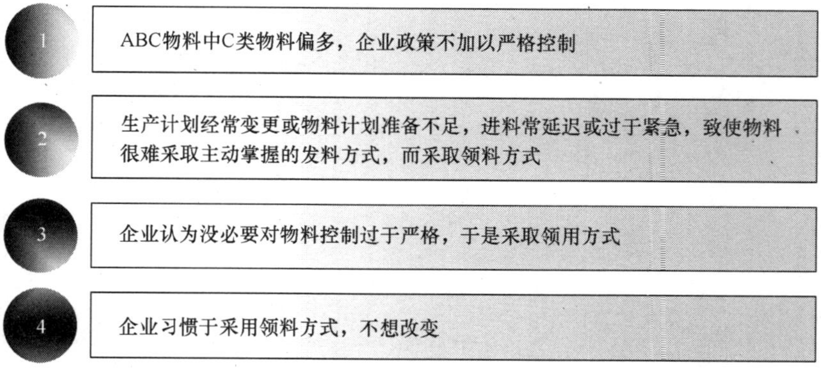

1　ABC物料中C类物料偏多，企业政策不加以严格控制

2　生产计划经常变更或物料计划准备不足，进料常延迟或过于紧急，致使物料很难采取主动掌握的发料方式，而采取领料方式

3　企业认为没必要对物料控制过于严格，于是采取领用方式

4　企业习惯于采用领料方式，不想改变

图3—1　采用领料方式的常见原因

2. 物料领用程序

班组确定采用领料方式领取物料后，班组长或领料员应按照领料作业程序领取物料，具体领料作业程序如图 3—2 所示。

图 3—2　领料作业程序

3. 物料领用控制

根据企业的生产情况确定领料方式，并做好领料控制工作。具体的领料控制关键点见表 3—1。

4. 物料领用确认

领料员在领取物料时应认真、细致，核对所领物料与领料单是否一致，质量是否符合规定要求，需确认的事项如图 3—3 所示。

表 3—1　　领料控制关键点

序号	关键点	关键点说明
1	合适的领料时间	(1) 领料员根据生产的实际进度，提前 12 h 或 1～2 天，将物料领回并分发到各用料工序的员工手中 (2) 领料时间要把握好，过早领料造成车间“物料暂存区”的物料堆积，过迟领料又会影响生产进度
2	确定领料员	(1) 领料一般由各班组或车间的专门人员完成 (2) 较小的企业有的不设专人领料，而是由班组长或车间主任负责 (3) 应杜绝员工个人领料，因为由员工个人领料不便于进行物料数量的统计和控制以及物料的协调
3	相应的领料工具	对于较大数量的领料，应配有必要的手车、叉车、箱子等工具，以便于物料的运输，以免损坏物料
4	领料单的填写	(1) 逐个订单进行领料，并按照订单的物料计划来填写领料单，不可多填 (2) 领料单一般应注明名称、规格、用途、编号等项目
5	领用审批	(1) 车间负责人在对“领料单”进行审批时要认真负责，看需要填写的项目是否全部都按要求填写 (2) 检查时应注意填写的项目一个也不能少，尤其是订单编号要填写清楚，这是进行物料控制和按单发料的基础
6	领用限额	根据产品用料明细表或 BOM 清单事先确定物料领用限额标准及损耗标准，每次领用时应根据订单批量认真进行核算
7	物料检验	认真对物料进行检验，凡破损的物料一律拒收，防止少领、错领。规定领料员在领用物料时要对物料进行检验

3.1.2　物料搬运管理

物料搬运是指将物料从一个地方转移到另一个地方。在此过程中，如果选择的搬运方法不当，就可能使物料受到损坏，因此，班组长一定要做好现场物料的搬运工作。

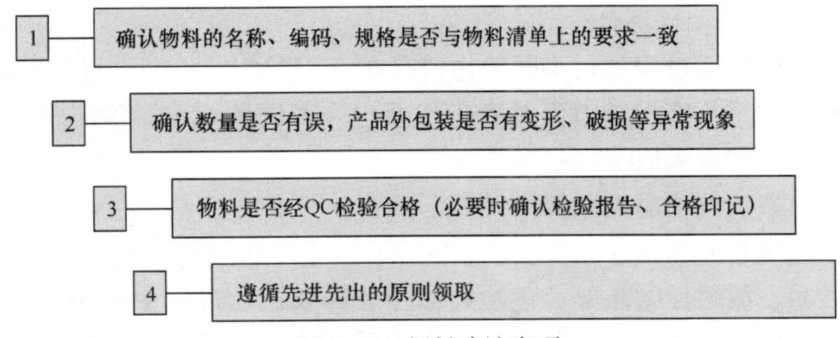

图 3—3　领料确认事项

1. 物料搬运基本要求

为了防止在现场生产中，由于物料搬运环节出现问题而导致产品质量出现差错，物料搬运作业要遵循五个方面的要求，具体见表 3—2。

表 3—2　物料搬运作业基本要求

序号	搬运作业项目	搬运作业说明
1	工具的使用	对于较轻的物品，可采用人手搬卸、码放；对于重物，则要借助行车、吊车、起重机等机械设备；否则，容易造成工伤和物品损坏，班组长应明确物品的搬卸方式
2	堆放高度	（1）要明确两种堆放高度。静态堆放高度是指码放后不动的允许高度，动态堆放高度是指搬运时的堆放高度 （2）若物品堆放过高，容易摇晃、倾倒，造成不必要的损失；另外，由于承重力的关系，堆放过高还容易使下层的物料受压变形
3	防护用具	对于需要使用安全帽、防护带、耐压鞋的场合，班组长要经常教育并监督员工正确使用
4	搬运器具	机动车、吊车等机械设备须按要求进行使用和保养，万一发生异常，要及时停止使用，进行维修
5	异常物料	（1）搬运过程中如物料跌落，要经相关人员确认物料品质没有异常后才可以入库，并且在包装卡、完成票上做记号，万一发生问题时可以追溯 （2）做好物品跌落预防教育，班组长对知情不报的下属可进行处分

2. 物料搬运操作

物料搬运过程中，不同的物料存在着不同的尺寸、质量、危险、易碎、贵重等特点，因而对搬运作业也有不同的要求，需要根据物料的不同特点采取不同的作业方式。

（1）危险物品的搬运

危险物品是指存在安全隐患的物料，主要包括危险品、剧毒品、腐蚀品、放射性物品等。危险物品在装卸及搬运过程中有特殊的安全要求，如搬运不慎，随时都有发生重大事故的危险，因此，要严格操作程序，确保搬运作业的安全。

（2）贵重、易损物品的搬运

贵重、易损物品是指价值较高且容易损坏的物品，包括精细的玉器、瓷器、艺术品、精密机械、仪表、易碎的玻璃器具等。搬运时应遵循但不限于以下四点要求，具体如图 3—4 所示。

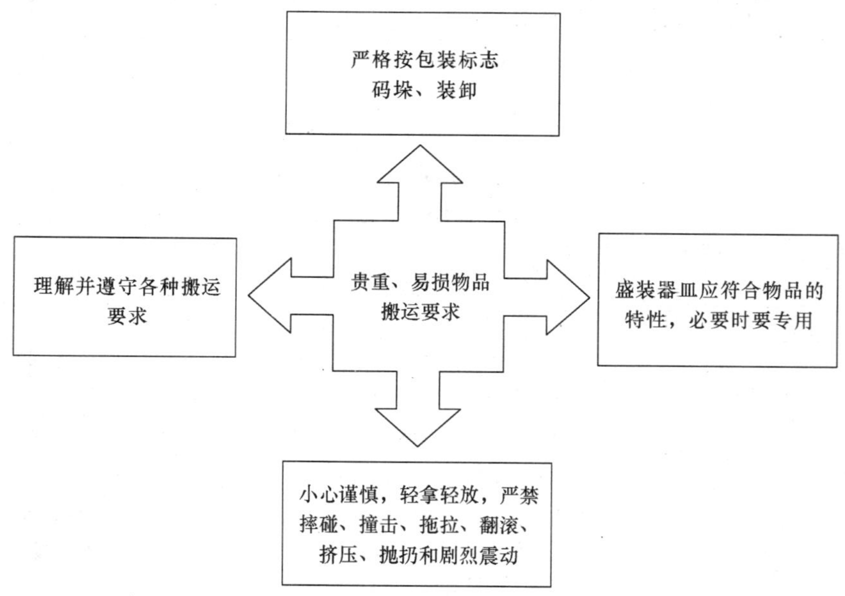

图 3—4 贵重、易损物品的搬运要求

（3）超大、超重物品的搬运

班组现场的超大、超重物品一般是根据人力方便装卸及搬运的质量和体积来制定标准的。例如，单件物品质量超过 50 kg，或单件物品体积超过 0.5 m^3，都可算作超大、超重物品。

（4）流体物品的搬运

流体物品是指气态或液态物品。如果这些气态、液态物品经过包装，盛装在一定的容器内，如瓶装、桶装，即形成成件包装物品；如果这些物品采取灌装车的形式搬运，则需要进行相应的搬运作业。

3.2　物料存放与使用

3.2.1　物料存放管理

为了保证企业生产有序运作，作业现场应画线分区，隔出作业区和物料暂存区。作业区内仅允许存放生产使用的少量物料，物料存量以每日用量为标准；物料暂存区应存放原材料、不良品、待检产品和半成品、合格品等，并按存放物料类别划分为小区域，对每个小区域应悬挂醒目标志。

1. 物料堆放原则

现场物料合理堆放有助于充分利用工作空间，使生产现场整齐有序，保证生产顺利进行。物料堆放的原则如图 3—5 所示。

1　最大化利用存储空间，尽量采取立体堆放方式，提高生产现场空间的使用率

2　利用机器装卸，如使用加高机，以增加物料堆放的空间

3　车间的通道应有适当的宽度，并保持一定的装卸空间，保证物料搬运顺畅，同时不影响物料装卸工作效率

4　不同的物料应根据物料本身形状、性质和价值等考虑不同的堆放方式

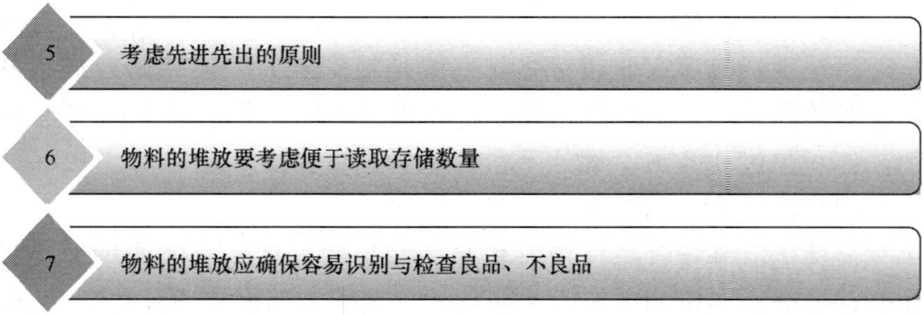

5 考虑先进先出的原则

6 物料的堆放要考虑便于读取存储数量

7 物料的堆放应确保容易识别与检查良品、不良品

图 3—5 物料堆放的原则

2. 物料摆放与安全管理

(1) 物料摆放要求

现场使用的原料及辅助材料须按规定摆放在专门的区域，以避免因为摆放不当而造成物料损坏或者变质，物料摆放要求见表 3—3。

表 3—3 物料摆放要求

序号	物料种类	摆放要求
1	主要原料	(1) 生产现场主要原料必须放置在物料盒内，不能有划伤、放反、短缺等情况 (2) 根据不同用途和使用状态，将主要原料放置在相应区域 (3) 物料摆放时应注意留有通风空隙，以避免因压实而产生危险
2	其他原料	其他不重要的原材料要放置在专门的区域，要做到既不影响生产，也能迅速拿取，避免混乱和损坏
3	辅助材料	辅助材料要根据不同的用途放置在相应的物料盒内，处于闲置状态时，要固定在专门区域

(2) 物料安全管理

班组人员应注意物料安全，特别是易燃、易爆品的安全管理；另外，对于各类电气开关、消防器材的安全管理也十分必要。物料安全管理的具体内容如图 3—6 所示。

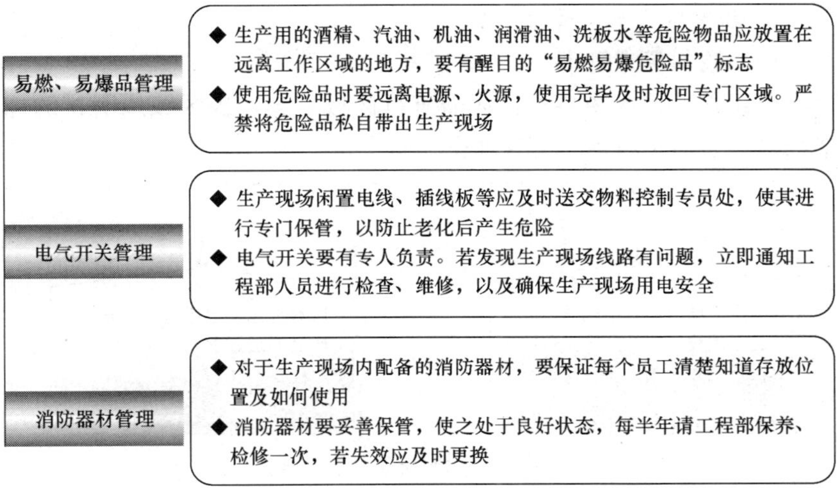

易燃、易爆品管理

◆ 生产用的酒精、汽油、机油、润滑油、洗板水等危险物品应放置在远离工作区域的地方，要有醒目的“易燃易爆危险品”标志

◆ 使用危险品时要远离电源、火源，使用完毕及时放回专门区域。严禁将危险品私自带出生产现场

电气开关管理

◆ 生产现场闲置电线、插线板等应及时送交物料控制专员处，使其进行专门保管，以防止老化后产生危险

◆ 电气开关要有专人负责。若发现生产现场线路有问题，立即通知工程部人员进行检查、维修，以及确保生产现场用电安全

消防器材管理

◆ 对于生产现场内配备的消防器材，要保证每个员工清楚知道存放位置及如何使用

◆ 消防器材要妥善保管，使之处于良好状态，每半年请工程部保养、检修一次，若失效应及时更换

图 3—6　物料安全管理的具体内容

（3）现场物品管理要求

除了合理存放物料本身外，对与物料及生产相关的物品和设备也要进行适当的管理，以保证生产正常、有序地进行。具体要求见表 3—4。

表 3—4　　现场物品管理的要求

序号	物品类别	管理要求
1	设备	（1）班组现场设备按照总体规划放置于有利于提高工作效率的地方 （2）班组需派专人负责设备的使用、保养 （3）若长期搁置不用，一个月检查一次设备运转情况
2	生产工具	（1）班组工具发放并落实到个人，实行责任制管理，工具本身要带有标志，写明工具名称、保管人等 （2）班组工具需统一放置在物料盒内，物料盒需放置在工作台上
3	卫生工具	卫生工具必须统一放置于指定区域，卫生工具应保持清洁、整齐，及时护理，避免异味

3. 物料区分标志管理

(1) 物料标志管理

班组作业现场物料暂存区需进行区域划分，各区域用明显的标志线区分。对物料标志的管理要求如图 3—7 所示。

图 3—7　对物料标志的管理要求

(2) 闲置物料标志

现场设置“暂不用物料区”，统一存放，整齐划一，并在明显位置注明存放物品名称，标示清楚。具体内容如图 3—8 所示。

只有小日程（即每个作业人员或机械从作业开始到结束为止的计划，时间从数日到数星期不等）计划生产的材料才可以在暂时存放区摆放

小日程计划生产需要，但数量多、体积庞大，保管条件复杂的材料，应退回仓库管理

中日程（即关于制造日程的计划，时间多为一个月或数个月）或大日程（即为期数月至数年的计划，规定了从产品设计开始到原材料、部件采购直至产品加工这一段时间）计划生产需要的材料应退回仓库管理

不管是现场保管还是退回仓库，都必须保证物料的质量不会有任何劣化

图 3—8　闲置物料标志管理

3.2.2　物料使用管理

1. 物料分发

物料从仓库领出来以后，存放在现场指定存储位置，车间班组

长及主管检查堆码等物控工作。检查完毕可按规定进行物料分发，车间物料的分发包括以下两种方式：

（1）登记

对于常规性、大数量的物料领用，采用使用者用多少领多少，如实登记的方式。

（2）一次性分配

如工厂采用指定工作量计件生产的方式，则采用一次性分配物料的方式，即给每位工序员发放与其承担的工作量相适应的物料，由员工自行保管。

班组长负责记录物料分发和使用，确保班组员工在生产过程中无违反物料使用规定的地方，无浪费现象，若发现问题，应及时向上级汇报。

2. 物料检查

班组在使用车间内物料前，各工序操作工均须核对品名、规格、批号、数量、检验合格证，确保使用的物料符合要求。根据不同的产品物料，应进行不同形式的检查。

（1）启封的整装原辅料使用检查

操作工每次启封使用整装的原辅料后，剩余原辅料应及时严格密封，并在容器上注明启封日期、剩余数量、使用者签名，加封后按退料标准操作程序办理退库。再次启封使用时，应核对记录，如发现外观有变化者应停止使用，对性质不稳定的原辅料需反复检验合格后方可继续使用。

（2）生产前试制

根据产品的不同要求，对成品质量有影响的原辅料，在货源和批号改变时，应进行必要的生产前试制，由质量管理人员检验，确认符合要求后才能投入生产。

（3）包装材料检查

车间在使用包装材料时，必须严格检查包装材料的外观质量，如发现印刷不清，字迹模糊、歪斜，有污迹、破损等质量问题，必须挑出，集中放置，按不合格包装材料管理规定办理退库。

3. 物料使用控制

(1) 上线物料管理

上线物料使用应注意五点要求，具体如图 3—9 所示。

1. 领用的贵重物料、小物料没有及时用于生产的，应加锁进行保管
2. 领用的机器、设备、钢材、木材等大宗物料还未投产的，必须码放整齐，下垫上盖
3. 所有物料的加工和使用必须做到工完料净，剩余的物料应及时交回物料控制专员
4. 物料应依“先进先出”的原则顺序使用，使用物料应轻拿轻放，不可野蛮作业
5. 某物料断料时，如需使用代替品，应经质检员、技术人员依工厂规定流程确认后方可使用

图 3—9　上线物料使用要求

(2) 物控途径

班组生产可采用三种途径控制物料使用，具体如图 3—10 所示。

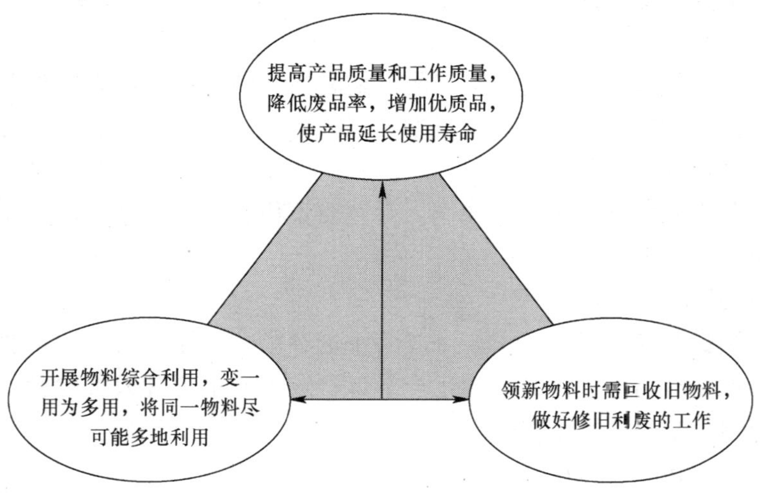

图 3—10　物料使用控制途径

(3) 实行定额管理

物料定额管理实施步骤如图 3—11 所示。

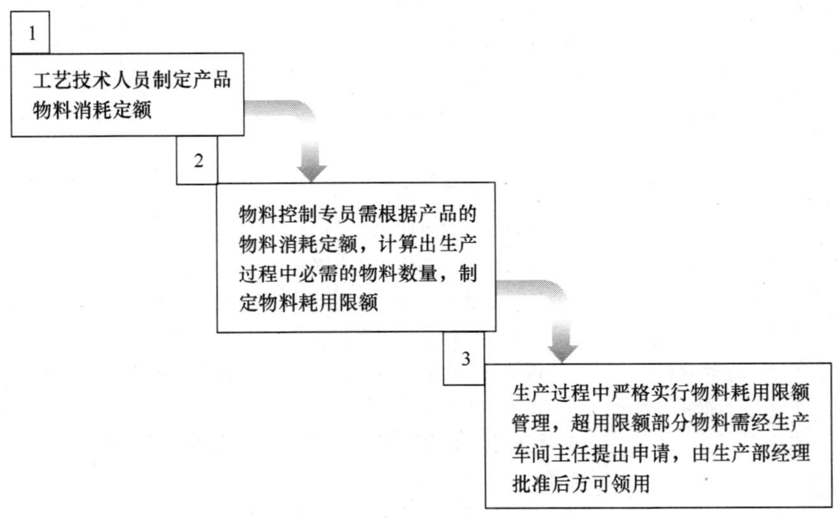

图 3—11 物料定额管理实施步骤

(4) 物料耗用登记

物料控制人员需做好各生产车间、班组的物料耗用登记，以便清楚地了解各个订单或产品的物料利用情况。

(5) 退料及物料回收

对班组或加工剩余物料应及时清理退库，或办理退料手续，不得形成账外料。物料控制专员应组织回收废旧料，落实生产线修旧利废计划，按月公布车间、班组废料回收的节约成果。

4. 物料使用监督

为了加强物料控制力度，物料控制专员需负责现场使用的监督，防止各车间员工在物料使用过程中违反物料使用规定，制止物料浪费，及时发现有可能造成物料损失的隐患。现场巡检的主要目标和内容见表 3—5。

表 3—5　　　　　　现场巡检的主要目标和内容

序号	目标	主要内容
1	了解物料到位情况	(1) 新产品所需的物料和配件 (2) 进口物料和配件 (3) 定做的配件 (4) 特殊要求的物料和配件 (5) 采购计划限定数量的物料和配件 (6) 贵重的物料和配件
2	了解物料质量	(1) 物料是否表里如一 (2) 物料的各个部位、各个侧面品质是否一致 (3) 物料品质是否与入库检验时一致 (4) 物料的质量是否与生产的产品所要求的质量一致 (5) 该质量等级的物料能否实现产品的使用功能 (6) 物料有无人为或自然损坏 (7) 该质量等级的物料是否在加工时增加了工作量而造成工时浪费 (8) 该质量等级的物料是否利用率不高而使得总物料成本上升
3	了解物料利用情况	(1) 员工是否反映或抱怨物料定额偏低 (2) 在作业现场是否有较多的报废品或报废物料 (3) 物料耗用的比例是否与完成的零部件比例大致相同
4	查看物料有无无效耗用现象	(1) 直接物料浪费，如加工错误而导致报废、人为损坏、丢失、变质、过期等 (2) 间接物料浪费，如多余功能造成物料浪费、工序问题造成物料浪费、设备问题造成物料浪费、设计或操作不合理造成物料浪费 (3) 使物料成本上升，如零散采购物料使采购成本增加、大量囤积暂时不用的物料造成资金占用、物料规格与型号不符、既定物料缺乏、采用了替代性物料而造成的浪费
5	了解有无物料的挪用及替代现象	(1) 所选用的替代物料质量与所需物料什么不同，对产品影响如何 (2) 有无替代的必要性，替代后对其他产品影响如何 (3) 替代物料的利用率如何

续表

序号	目标	主要内容
6	检查新物料使用情况	（1）新物料的性能是否稳定，是否适合产品生产需要 （2）新物料利用率如何，成本在什么范围之内 （3）新物料的供应情况如何 （4）新物料是否是最佳选择，有无更好的物料可使用

3.3　物料处理与核算

3.3.1　废料处理管理

1. 废料处理方法

废料是指报废的物料，经过长期使用后，已失去原有功能而本身无可用价值的物料。根据废料的种类和废弃程度，应采取不同的处理方法，具体如图 3—12 所示。

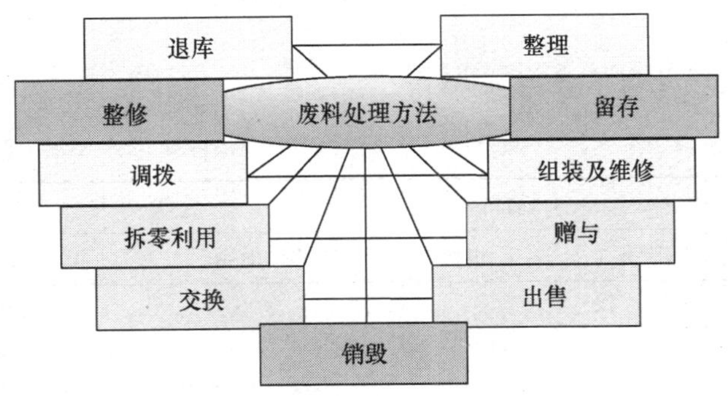

图 3—12　废料处理方法

2. 废料处理程序

对废料进行处理时，应先分析废料产生的原因，再按规定对其进行处理，具体处理程序如图 3—13 所示。

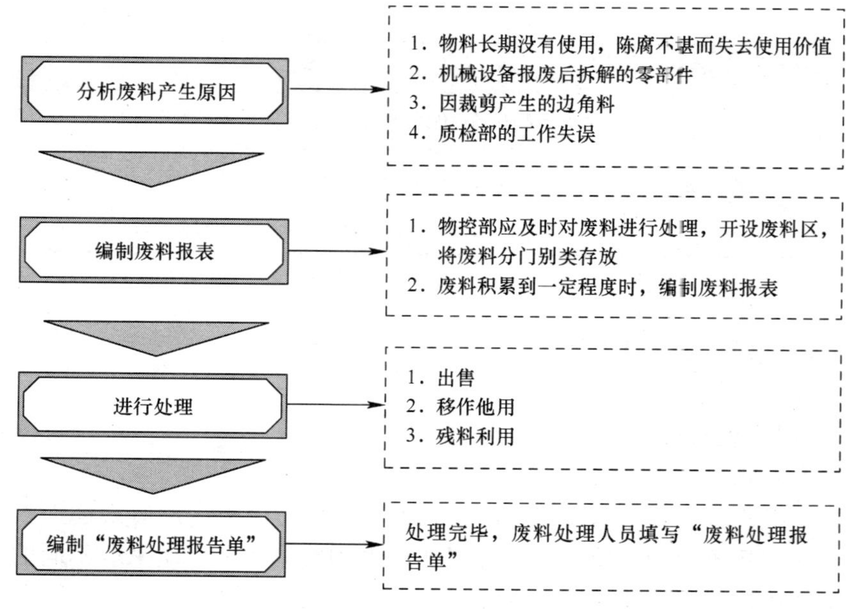

图 3—13　废料处理程序

3．废料处理报告单

编号：　　　　　　　　　　　　　　　　　　　日期：　　年　月　日

物料编号		物料名称		数量	
处理方式	□废弃　□出售　□移作他用　□改造				
处理说明					
损失分析	账面价值				
	处理收入				
	处理支出				
	损失金额或价值				

审核人：　　　　　　　　　　　　　　　　　　废料处理人：

4. 废料预防措施

（1）防止物料的腐蚀

各班组应注意减少物料闲置，长期不用应退回仓库，以便采购人员与供应厂商商谈以旧料换新料。另外，为防止酸碱和湿气的侵蚀，可选用耐酸碱不易锈蚀的材料。

（2）建立严格的物料收发制度。

（3）保养设备

定期对设备进行保养与维护，减少设备报废产生的废料。

（4）清洁仓库环境

保持仓库环境清洁，预防虫咬现象发生，减少因虫咬产生的废料。

3.3.2　物料使用核算

1. 明确物料使用核算内容

物料使用核算主要是对各种产品的物料消耗情况、各订单的物料消耗情况以及各部门的物料消耗情况的核算，具体的核算内容见表3—6。

表3—6　物料使用核算内容

项目号	项目名称	具体内容
1	日常物料使用核算	（1）日常物料耗用统计是指以统计台账的方式记录各车间、各订单的物料耗用情况 （2）日常物料耗用统计可以清楚地记录每天的用料，并成为日后考查有关数据的原始凭证
2	各部门物料使用核算	（1）各车间生产加工工序不同，所消耗物料品种、规格、型号、数量也不相同 （2）各部门物料耗用统计是将各部门在不同时期所消耗的物料进行统计，这对各部门进行物料核算、物料控制具有重要作用
3	单一产品物料使用核算	每种产品都要消耗很多种物料，将其生产过程中所消耗的全部物料进行统计，清楚掌握每种产品的物料成本

续表

项目号	项目名称	具体内容
4	订单物料使用核算	将生产订单的各种产品物料消耗进行统计，把握该订单的物料消耗成本，从而计算其利润，为营销决策提供分析资料
5	工厂所有产品物料使用核算	对工厂的各类产品进行物料消耗统计，为产品的大量生产提供决策依据

2. 物料使用核算程序

物料使用核算工作是一个收集资料、整理资料、分析资料的过程。其具体核算程序如图 3—14 所示。

第1步——收集物料使用资料

收集物料消耗定额标准以及物料消耗的基本数据等相关资料

第2步——进行物料资料分类

根据产品物料消耗、订单物料消耗、部门物料消耗等进行归类

第3步——进行归纳合并

按需要对相关项目进行归纳合并

第4步——进行物料核算

通过统计、核算计算出各产品、各订单、各部门的物料用量、材料利用率、消耗物料的金额、单位产值耗用成本等

第5步——进行物料使用分析

通过以上各数据与物料消耗定额标准进行比较、分析，掌握成本变动情况

第6步——找出差距原因

对比分析找出差距，并分析产生差距的原因

第7步——编制分析报告

根据上述物料消耗统计分析结果，编制统计分析报告

图 3—14　物料使用核算程序

3.4　物料采购与库存

3.4.1　物料采购管理

1. 物料请购

(1) 请购单填写规范

物料需求部门或班组需先填写请购单，送交采购部，采购部根据需求情况进行物料采购工作。请购单的填写规范如图 3—15 所示。

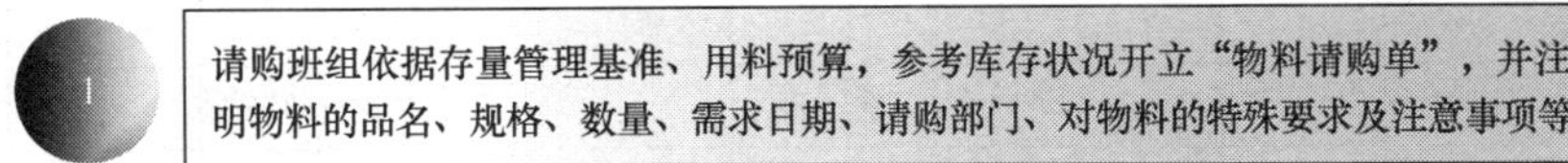

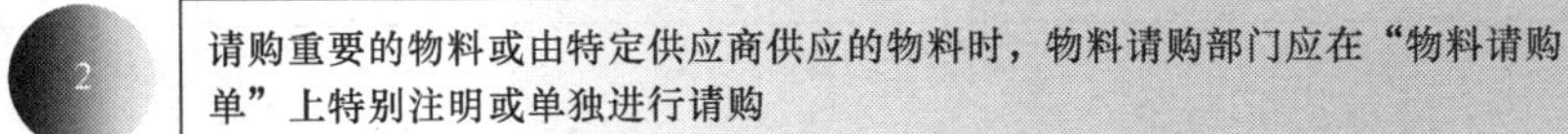

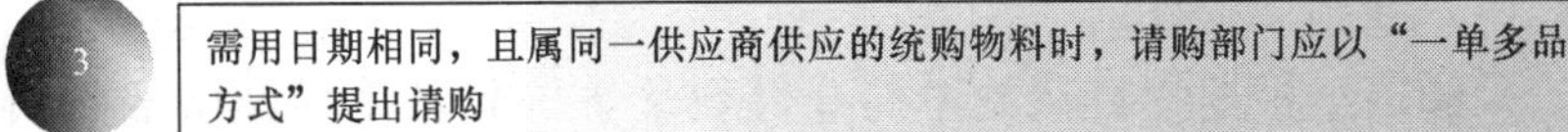

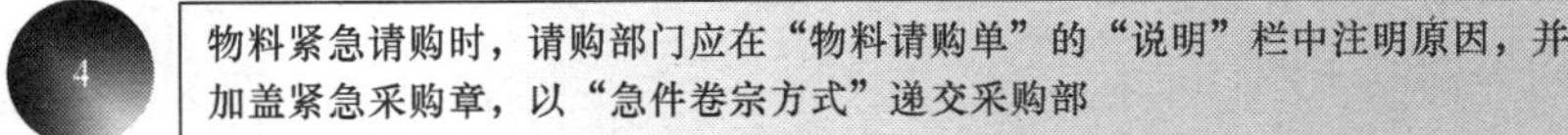

5
物料检验需要精密设备或繁杂的工序检验后方可采用时，请购部门应在“说明”栏中注明物料检验所耗费的期限

图 3—15　请购单的填写规范

(2) 物料请购单

编号：　　　　　　　　　　　　　　　　　　　　日期：　　年　月　日

<table>
<tr><td rowspan="7">请购项目</td><td colspan="5">物料名称</td><td colspan="2">物料规格</td><td>物料编号</td><td>请购部门</td><td>请购数量</td></tr>
<tr><td colspan="5"></td><td colspan="2"></td><td></td><td></td><td></td></tr>
<tr><td rowspan="3">用途说明</td><td colspan="4" rowspan="3"></td><td colspan="2">需要日期</td><td></td><td>预算编号</td><td></td></tr>
<tr><td colspan="2">总经理</td><td></td><td>上级主管</td><td rowspan="2"></td></tr>
<tr><td colspan="2">物控总监</td><td></td><td>经办人</td></tr>
<tr><td>料别</td><td colspan="9">□原材料　□辅助材料　□燃料　□零配件　□其他</td></tr>
<tr><td>交货情况</td><td colspan="9">□一次交货　□分批</td></tr>
<tr><td>说明</td><td colspan="10"></td></tr>
<tr><td rowspan="5">询价记录</td><td>供应商名称</td><td>单价</td><td>总价</td><td>交货期及品质</td><td>供应商选择</td><td rowspan="3">参考资料</td><td>库存量</td><td></td><td>可用天数</td><td></td></tr>
<tr><td></td><td></td><td></td><td></td><td></td><td colspan="2">请购量</td><td>可用天数</td><td></td></tr>
<tr><td></td><td></td><td></td><td></td><td></td><td colspan="2">前次购买单价</td><td>供应商</td><td></td></tr>
<tr><td></td><td></td><td></td><td></td><td></td><td>总经理</td><td></td><td></td><td>采购部经理</td><td></td></tr>
<tr><td></td><td></td><td></td><td></td><td></td><td>物控总监</td><td></td><td></td><td>采购专员</td><td></td></tr>
</table>

2. 物料采购程序

(1) 编制采购计划

采购班组根据物料请购单与仓储数量等资料计算最经济的物料采购数量等，并根据确定的采购数量、采购对象、采购方式、采购时间等编制采购计划。

(2) 编制采购预算

采购班组考虑企业的销售计划与资金支付能力，根据物料采购计划选用合适的方法编制采购预算。

(3) 选取供应商

选取供应商的步骤如图 3—16 所示。

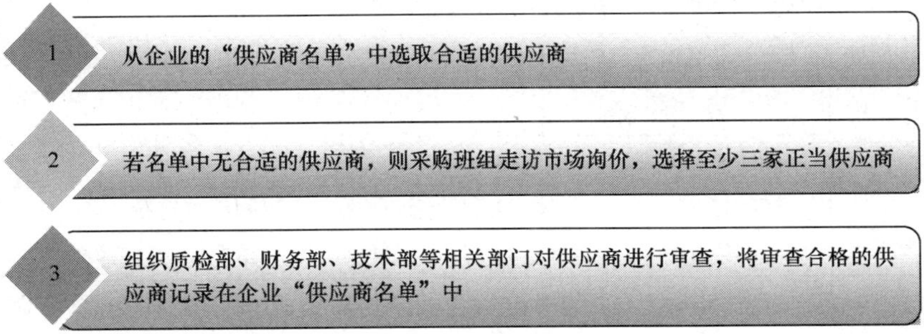

1 从企业的“供应商名单”中选取合适的供应商

2 若名单中无合适的供应商，则采购班组走访市场询价，选择至少三家正当供应商

3 组织质检部、财务部、技术部等相关部门对供应商进行审查，将审查合格的供应商记录在企业“供应商名单”中

图 3—16　选取供应商的步骤

(4) 选择采购方式

企业采购金额大小不同，物料的特性与需求量不同，采购方式也不同。采购方式的选择方法见表 3—7。

表 3—7　　采购方式的选择方法

采购方式		采购方式选择标准
招标采购		企业所采购的物料总金额超过 100 000 元时，必须采用竞标的方式进行采购
直接采购	集中采购	具有共同性的物料，集中采购可降低费用时，采购班组应根据请购需求定期进行采购
	长期采购	凡经常使用且用量比较大的物料，采购部应联合其他部门对供应商进行考核，考核通过后与供应商签订长期供货协议

(5) 签订采购合同

采购班组与供应商进行商洽或谈判，与供应商签订采购合同。

3.4.2　物料库存控制

1. 库存物料分类控制

根据现代仓储管理技术 ABC 分析法，对仓库物料进行系统分类。ABC 分析法是指按成本比重高低，将仓库内各类物料分为 A、

B、C 三类，对不同类别的物料采取不同的控制方法。ABC 分析法的划分标准、控制方法及适用范围见表 3—8。

表 3—8　　ABC 分析法的划分标准、控制方法及适用范围

类别	划分标准		控制方法	适用范围
	占储存成本比重	实物量比重		
A 类	70%左右	不超过 20%	重点控制	品种少、单位价值高的存货
B 类	20%左右	不超过 30%	一般控制	介于两者之间的存货
C 类	10%左右	不低于 50%	简单控制	品种多、单位价值低的存货

2. 原材料库存控制

(1) 制定库存基准量

根据库存原材料的储存成本对整个库存成本的影响程度，确定 A、B、C 三类原材料的库存基准量。

1) 确定 A 类原材料库存基准量。A 类原材料库存基准量的确定步骤如图 3—17 所示。

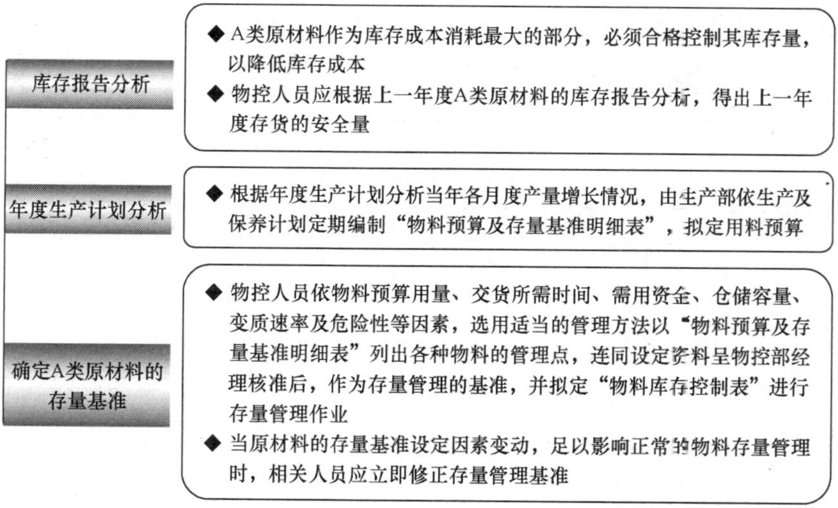

库存报告分析

- ◆ A类原材料作为库存成本消耗最大的部分，必须合格控制其库存量，以降低库存成本
- ◆ 物控人员应根据上一年度A类原材料的库存报告分析，得出上一年度存货的安全量

年度生产计划分析

- ◆ 根据年度生产计划分析当年各月度产量增长情况，由生产部依生产及保养计划定期编制“物料预算及存量基准明细表”，拟定用料预算

确定A类原材料的存量基准

- ◆ 物控人员依物料预算用量、交货所需时间、需用资金、仓储容量、变质速率及危险性等因素，选用适当的管理方法以“物料预算及存量基准明细表”列出各种物料的管理点，连同设定资料呈物控部经理核准后，作为存量管理的基准，并拟定“物料库存控制表”进行存量管理作业
- ◆ 当原材料的存量基准设定因素变动，足以影响正常的物料存量管理时，相关人员应立即修正存量管理基准

图 3—17　A 类原材料库存基准量的确定步骤

2）确定B类原材料库存基准量。B类原材料库存基准量的确定步骤如图3—18所示。

制订B类原材料的用量计划	◆ B类原材料由主管人员依据去年的平均季用量，并参照今年的销售目标与生产计划设定，若产销计划有重大变化（如开发或取消某一产品的生产，提出扩建及增产计划等），应修订月用量
确定B类原材料的存量基准	◆ 物控人员应考虑物料预算用量，在精简采购成本、仓储成本的原则下，酌情以“物料预算及存量基准明细表”设定存量管理基准加以管理。但是，当物料存量基准设定因素变动时，相关人员必须修正其存量管理基准

图3—18　B类原材料库存基准量的确定步骤

3）确定C类原材料库存基准量。C类原材料库存基准量的确定步骤如图3—19所示。

制订C类原材料的用量计划	◆ C类原材料由生产部依据生产用料基准，逐批拟定产品用料预算，临时需求物料直接由生产车间定期拟定用料预算
确定C类原材料存量基准	◆ 由生产管理人员于每月25日以前，依上月及去年同期各月份的耗用数量，并参考市场状况，拟定次月的预计销售量，再乘以各产品的单位用量，设定预估月用量

图3—19　C类原材料库存基准量的确定步骤

（2）设定原材料的请购点

请购点的计算公式如下：

请购点＝采购作业期间的需求量＋安全存量

采购作业期间的需求量＝采购作业期限×预估月用量

（3）进行原材料差异分析

A、B、C类原材料的差异分析方法如图3—20所示。

A类原材料差异分析	物控人员应于每月 10 日前就上月实际用量与预算用量进行比较（内购物料用），或前 3 个月累计实际用量与累计预算用量进行比较（外购物料用），其差异率在管理基准（各工厂自订）以上者，需填制"物料使用量差异分析月报表"，送生产部分析原因，并提出改善对策
B类原材料差异分析	物控人员以每月或每 3 个月为一期，于次月 10 日前就最近一个月或 3 个月累计实际用量与累计预算用量进行比较，其差异率在管理基准以上者按科别填制"物料使用量差异分析月报表"，送生产部分析原因，并提出改善对策
C类原材料差异分析	对于订货生产的用料，由生产部于每批产品制造完成后分析用料异常

图 3—20　原材料的差异分析方法

3. 成品库存控制

除了对原材料库存进行控制外，还应根据购销情况和配送中心与客户的距离，对成品的库存进行控制，具体的控制方法见表 3—9。

表 3—9　成品库存控制方法

产品种类	控制方法说明	
A类产品	严格控制	要求准备最完整、最精确的作业记录，享有最高的作业优先权
	库存配置	A类产品应放置在最靠近客户的配送中心，客户订货后，确保马上就能送到客户手中，以便及时提供优质服务
B类产品	正常控制	按工厂正常方式调节库存数量，定期进行数据检查
	库存配置	根据购销情况、出入库频率适当堆码及摆放
C类产品	简单控制	简化控制流程，减少控制工作量。只进行简单记录，检查次数应尽量减少
	库存配置	采取最经济的存储方式，为 A、B类产品的存放提供空间

第 4 章　现场安全管控

4.1　安全规定落实

4.1.1　安全管理制度起草

安全管理制度是规范班组现场作业人员行为的标准之一，企业只有不断完善现场作业的安全管理制度，才能防止安全事故的发生，保护作业人员的人身安全。所以，企业应根据自身的安全管理需求，起草出符合实际情况并利于执行的安全管理制度。

安全管理制度的起草需要经过以下六个步骤，每个步骤的具体内容如图 4—1 所示。

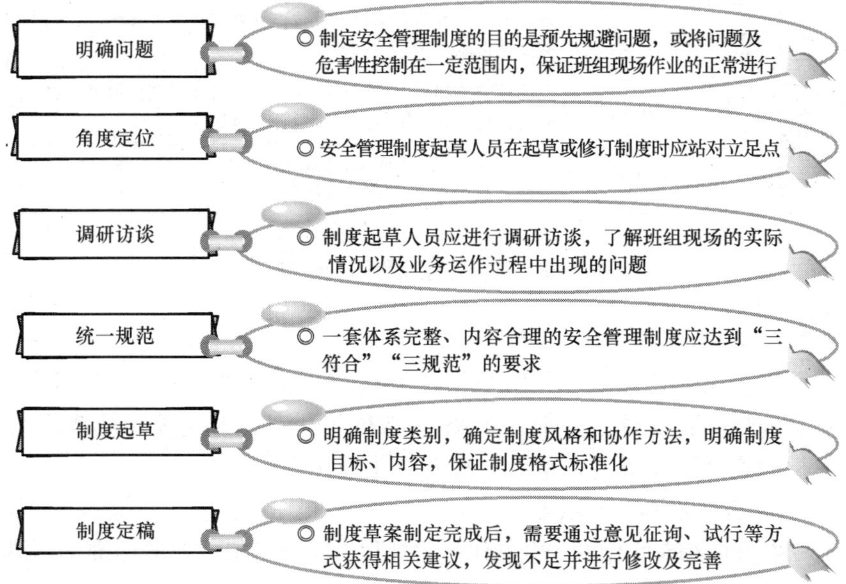

图 4—1　安全管理制度的制定步骤

4.1.2 安全管理流程设计

企业在进行安全管理流程设计之前，首先应对安全管理流程的概念有一个清楚的认识，并在此基础上掌握安全管理流程图的绘制方法。只有这样，企业才能设计出适合班组现场安全管理的流程。安全管理流程图绘制的具体步骤如图4—2所示。

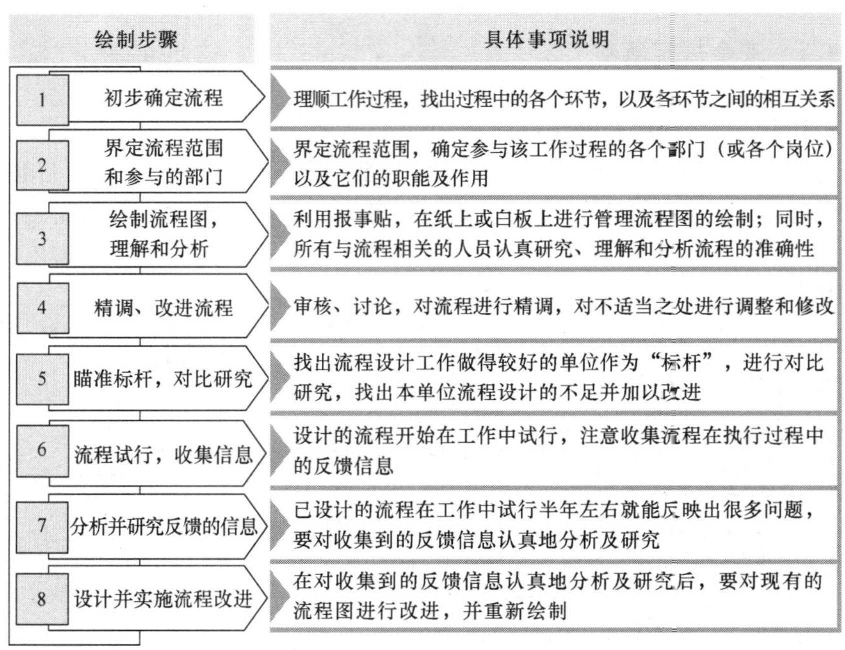

图4—2 安全管理流程图的绘制步骤

4.1.3 安全操作技术规程

安全操作技术规程是对班组作业过程进行指导并保证作业过程安全的最基础文件。企业应严格制定安全操作技术规程，规范班组成员的安全操作行为，从而实现安全化现场作业。

1. 安全操作技术规程的编制

企业应编制实用的安全操作技术规程，实现班组作业的标准化，提高作业效率。安全操作技术规程的编制原则与内容具体如图 4—3 所示。

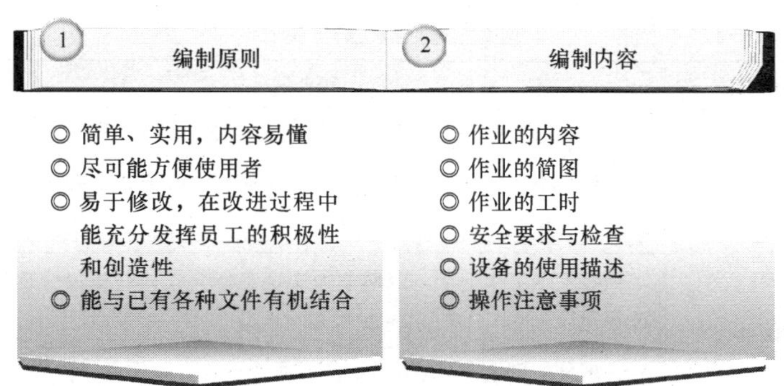

图 4—3　安全操作技术规程的编制原则与内容

2. 安全操作技术规程执行要求

班组在现场作业中执行安全操作技术规程时应达到以下基本要求，具体如图 4—4 所示。

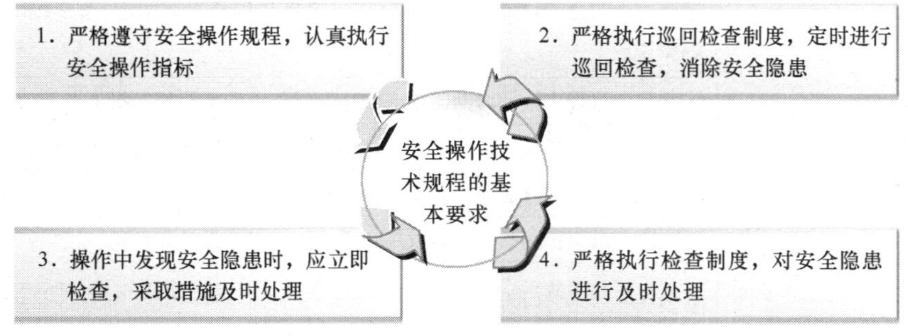

图 4—4　安全操作技术规程的基本要求

4.1.4　安全管理责任划分

企业为了进一步强化班组现场的安全管理，应明确班组安全管理责任与职责分工。班组安全责任制明确了班组中所有岗位人员在安全工作中的具体任务、责任和权利，直接体现了班组安全管理的要求，它是组织集体劳动、保证安全管理的基本条件。

班组各岗位的安全责任具体见表4—1。

表4—1　　　　班组各岗位的安全责任

岗位	安全责任
班组长	贯彻执行现场安全生产工作方针，领导班组进行安全作业生产
	执行安全管理相关规章制度，带头做好安全管理工作，并监督班组成员的作业情况
	做好安全工作记录，定期参加安全工作会议，并提出合理的安全改善建议
	合理分配班组人员的工作，不准强令员工冒险作业
	及时检查现场的安全防护措施，及时向上级汇报并提出整改措施
	对班组内员工进行安全教育及指导，监督班组成员防护用具的使用及维修情况
	发生工伤事故后迅速组织抢救伤员、保护现场，及时向领导汇报情况
班组作业人员	认真学习并严格遵守安全操作技术规程和相关规章制度，确保不违章作业
	在作业过程中，及时劝阻他人的违章操作或向班组长汇报
	拒绝违章指挥，不得在安全设施不完善和危险区域进行操作
	发现不安全因素后应及时向上级汇报
	熟悉劳动保护用品和安全设施，爱护施工安全设备和设施
	发生工伤事故后应及时、全力抢救伤员，并立即报告领导，保护现场
	积极参加安全改进活动，主动提出安全改进技术建议

4.2　现场安全检查

4.2.1　班前安全会管理

班前安全会是班组长执行安全工作的内容之一。班组长通过组织简短的班前安全会，向作业人员讲解每一时段的安全活动、安全工作内容以及安全事项等内容，掌握作业人员的工作情绪，对作业人员的情况进行了解，并在工作上做合理的调整。班前安全会的具体做法如图 4—5 所示。

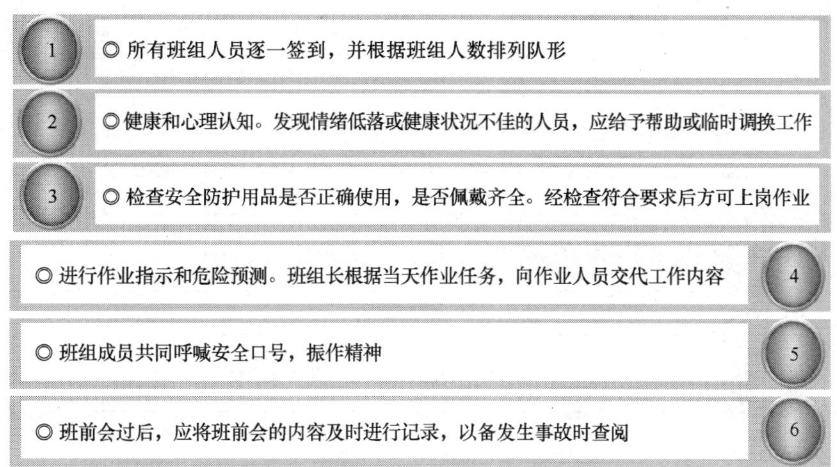

图 4—5　班前安全会的具体做法

4.2.2　现场安全检查管理

企业为了减少现场作业中潜在的不安全因素，防止作业人员受到职业危害，班组长需要定期和不定期地进行现场作业安全检查，找出现场所存在的危险源头，减少事故隐患，确保现场人、财、物的安全。

1. 班组安全检查的内容

班组长在进行安全检查时应考虑国家、地方的相关安全法律、法规以及企业的现场作业规章制度和工作流程，使安全检查的内容得到科学、合理的实施。具体在现场安全检查的内容如图 4—6 所示。

2. 班组安全检查表

通常情况下，班组安全检查表中应包括检查项目或检查点、检

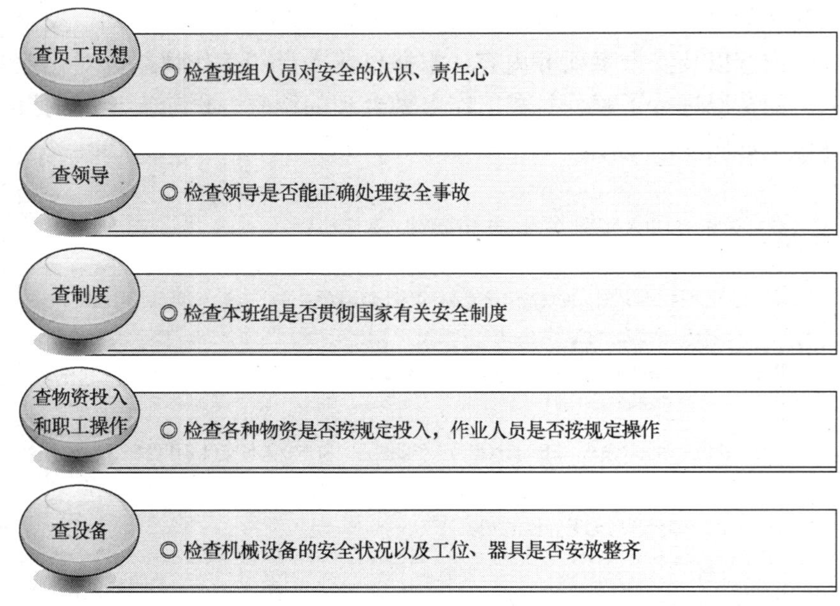

图 4—6　现场安全检查的内容

查标准、检查结果、处理情况、检查人员和检查日期。班组长可结合实际情况确定检查表的格式，然后实施。应用安全检查表一般要经过编制、实施、监督和持续改进四个步骤，如图 4—7 所示。

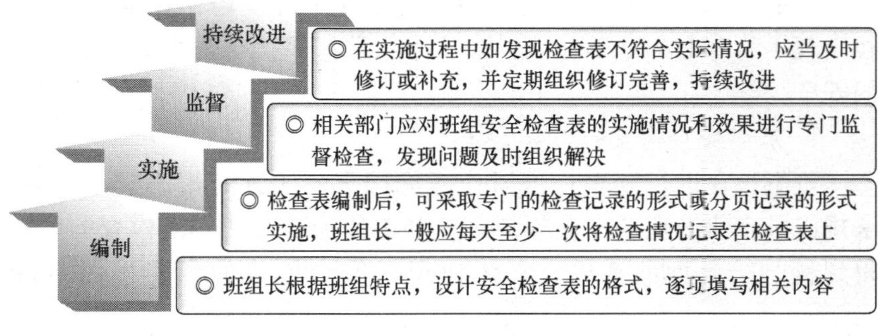

图 4—7　班组安全检查表的应用步骤

4.2.3　现场隐患发现方法

班组长要想快速地发现现场隐患，需要平时的训练，这是迅速提高班组长安全意识的有效方法。企业开展发现现场隐患的训练活动时可以按以下步骤进行，具体如图4—8所示。

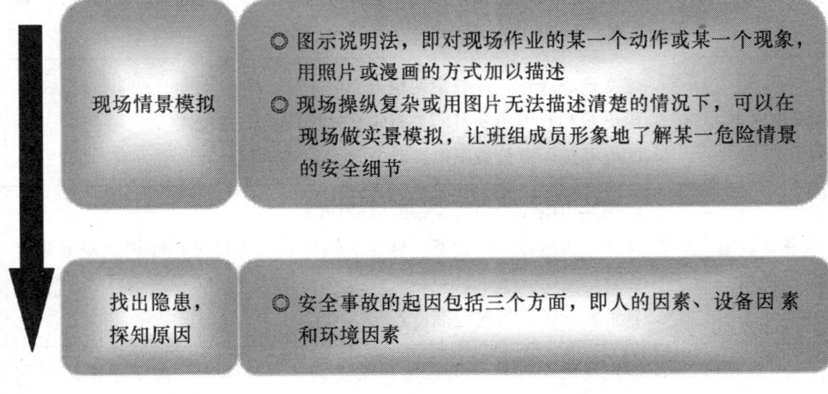

图4—8　发现现场隐患的训练步骤

通过图示法或现场演示法，组织班组成员进行讨论，分析场景并汇总存在的安全隐患以及这些隐患会产生哪种安全事故。对于存在安全隐患的危险源，班组长就要召开班组会议，组织班组成员一起分析导致隐患产生的原因，找到解决的方案并贯彻执行。

4.2.4　现场安全防护管理

现场安全防护是指企业采取相应的安全防护措施，以避免班组成员在现场作业过程中造成人员伤害和财产损失等事故的发生，从而保证人员安全和健康、设备和设施免受损害、环境免遭破坏，使现场作业顺利进行的一种状态。

针对不同的安全隐患，企业应制定不同的安全防护措施。以下是不同隐患的现场安全防护措施，具体见表4—2。

表 4—2　　现场安全防护措施

安全隐患	具体措施
重物坠落	1. 购买合格的安全帽，购入的安全帽必须经验收后方准使用 2. 应使用具有合格证的密目式安全网 3. 安全带应高挂低用，注意防止摆动碰撞。安全带上的各种部件不得随意拆除
漏电触电	1. 建立现场线路、设施定期检查制度 2. 配电箱和开关箱要有门、有锁、并能防雨、雪侵入 3. 配电系统采取分级配电，动力与照明线路要分开设置并有标记
设备、设施的使用	1. 停用或停电时，应将设备的电源切断 2. 操作人员应戴防护装备。操作手柄应有绝缘措施，停用或停电时应切断电源 3. 各种安全防护装置应准备齐全
火灾隐患	1. 制定逐级岗位防火责任制。设立义务消防组织，定期组织培训和演练 2. 不占用防火间距和消防通道。搭建的易燃物品库房应使用非燃烧材料 3. 配备足够的消防器材，并定期进行维护和保养，消防器材不得挪作他用 4. 电工、电气焊工等特种岗位人员应经消防专业知识培训合格后持证上岗 5. 班组现场严禁吸烟，设立禁烟标志，并建立用火、用电审批制度 6. 班组现场使用易燃、易爆化学危险物品时，应由专人保管和领取 7. 班组现场的可燃杂物应每天进行清理

4.2.5　现场安全整改管理

班组长在安全检查中发现安全隐患时，应及时上报相关部门制定整改方案，方案要做到“四定”，即定项目、定时间、定责任人、定实施监督复核人。

1. 整改的前提条件

班组现场安全管理的整改必须做好以下四个方面的工作，具体如图 4—9 所示。

1．提高安全管理水平，增强班组现场安全管理的针对性

2．提高班组整体技术水平，增强现场安全管理的及时性

3．提高班组整体文化水平，增强安全管理的灵活性

4．提高班组整体思想水平，增强安全管理的预见性

图 4—9　现场安全管理整改的前提条件

2. 整改的运作模式

班组现场安全管理整改的运作模式如图 4—10 所示。

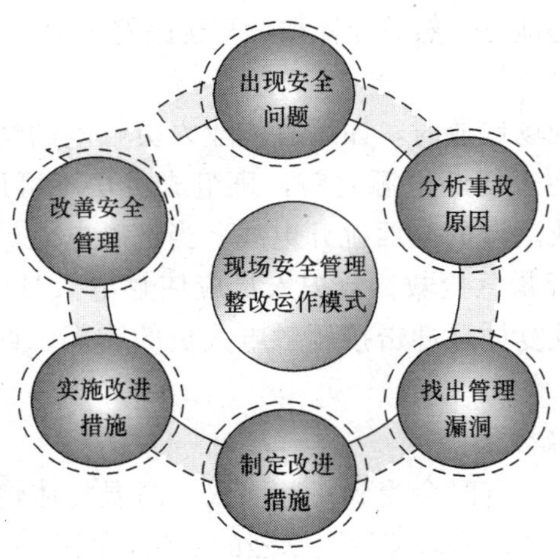

图 4—10　现场安全管理整改的运作模式

4.3　安全事故处理

4.3.1　安全事故救援方法

班组长在现场管理中，由于各种危险因素的影响，会突然遇到

一些伤害人身安全和健康，或者损坏设备、设施，造成经济损失的安全事故。班组长在遇到这些事故时必须迅速采取相应的急救措施，防止事故的不断扩大，避免给企业带来严重的后果。

以下是班组长在现场遇到安全事故时，针对各种事故采取的一些有效的救援方法。

1. 有害气体急救方法

现场作业存在的有害气体主要包括煤气、氨气、二氧化硫、硫化氢等，若这些气体超过允许浓度，容易使人吸入后中毒。

班组长如果在现场发现有员工中毒昏迷时，应采取有效的安全措施解决。首先班组长要保持清醒的头脑，对中毒区进行通风，待有害气体降到允许浓度时，方可通知救护人员进入现场抢救。救护人员在进入现场进行抢救时，切记要戴上防毒面具，并将中毒人员抬至空气新鲜的地点，然后通知救护车送医院救治。

2. 触电急救方法

班组长在现场作业时，如遇有作业人员触电的情况，首先需要切断主电源，在未切断电源之前，班组成员切不可用手拉触电者，也不能用金属或潮湿的东西挑开电线。当把触电人员抬至安全地点后，应对其进行紧急抢救。救护人员应使触电人员仰卧于平地上，并有节奏地、反复循环冲击按压触电人员的胸部，直至触电人员能自主呼吸为止。

3. 烧伤急救方法

在现场作业中有时会受到一些明火、高温物体烧烫的伤害。严重的烧伤会使人体体内环境发生剧烈的变化，产生难以抑制的疼痛。这时烧伤人员会很容易产生休克。所以烧伤的紧急救护不能延迟，要在现场立即进行。烧伤急救的方法是用冷水冲洗烧伤人员被烧伤的身体，防止烧伤面积进一步扩大，随后要及时将烧伤人员送往就近医院进行进一步治疗。

4. 创伤止血急救方法

在现场作业时，常见的创伤包括割伤、刺伤、物体打击和碾伤等，由于这些创伤会使作业人员出现大量的出血现象，造成生命危险。因此，及时止血是非常必要和重要的。班组长在遇到这类创伤时首先可用毛巾、纱布、工作服等采取止血措施，随后立即送医院检查，确定创伤的程度。

5. 骨折急救方法

作业人员的骨骼发生完全或不完全断裂时，班组长应先做好紧急处理，随后再送医院抢救。为保证受伤人员在运送途中的安全，防止断骨刺伤周围的神经和血管组织，班组长应尽量不让受伤人员有肢体活动，并利用一切有利的条件，及时、正确地对骨折处做好临时固定。班组长在对伤员进行临时固定时应注意以下事项，具体如图 4—11 所示。

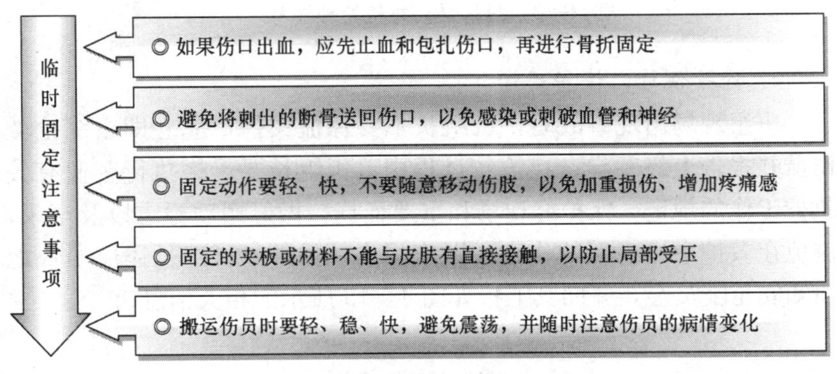

图 4—11　临时固定的注意事项

6. 眼睛受伤急救方法

在现场作业中，如遇到员工眼睛受伤时，可做以下急救处理，具体注意事项如图 4—12 所示。

4.3.2　安全事故处理流程

为了确保安全事故处理工作能够有序地进行，提高安全事故处理速度和透明度，降低因安全事故所带来的经济损失，企业需要制定合理的安全事故处理工作流程。以下是安全事故处理流程的主要程序。

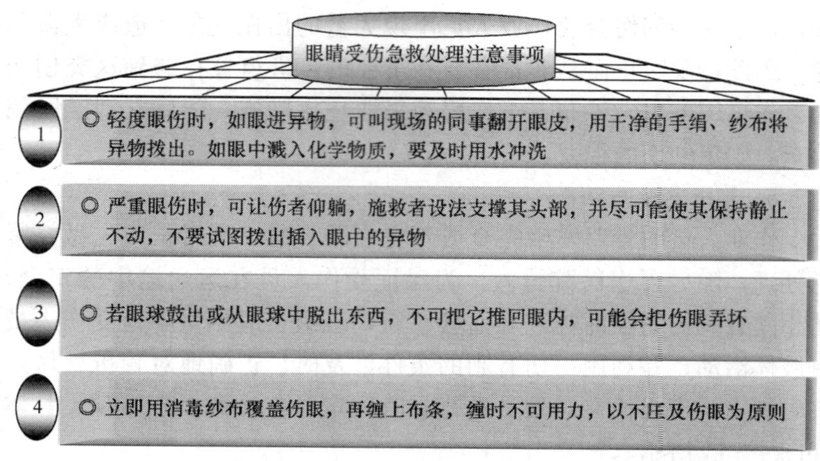

图 4—12　眼睛受伤急救处理注意事项

1. 抢救伤员，保护现场

班组现场出现事故时，班组长不要惊慌失措，应立即组织抢救伤员并报告上级领导。在抢救过程中，班组长要严格执行企业有关救护工作的规定，保护好现场和重要证据，做好搬动标志以及记录，避免在救护中出现新的伤亡和财产损失。另外，班组长还应尽快地通知安全委员会，并向其汇报如图 4—13 所示的相关信息。

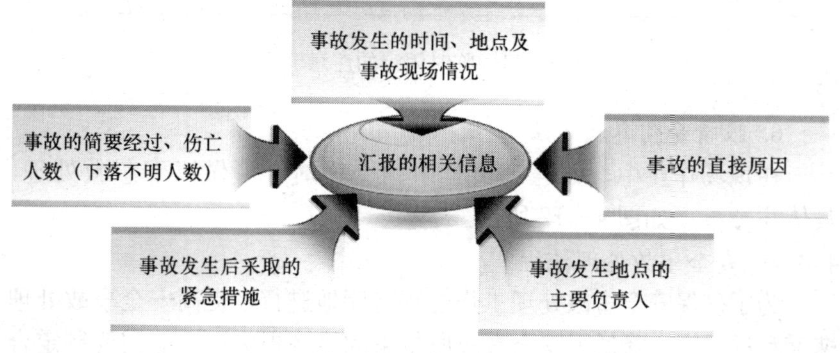

图 4—13　向安全委员会汇报的信息

2. 事故调查分析

企业安全委员会应组织成立事故调查小组，负责查清事故的情况和原因，确定事故的责任。事故调查小组对现场事故进行初步调查分析，根据人员伤亡情况确定事故的级别，并向安全委员会汇报。调查小组在收集事故有关资料时，应重点收集如图 4—14 所示的六项内容。

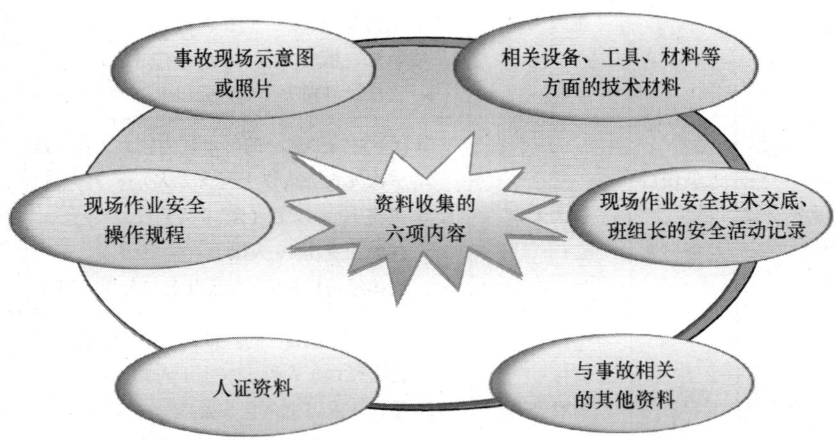

图 4—14 调查小组收集资料的具体内容

经调查小组调查后，安全委员会组织各安全事故急救小组分析事故的原因与责任，主要分析内容见表 4—3。

表 4—3 安全事故分析的内容

安全事故分析项目	主要包含内容
事故原因	分析事故的直接原因、间接原因和主要原因
事故责任	分析事故的直接责任者、领导责任者和主要责任者

3. 事故定级

经过调查小组调查分析后，安全委员会为了正确评估安全事故的损害程度，采取相应的处理措施，应确定安全事故的等级。一般情况下，相关安全事故主要包括火灾事故、设备事故、中毒事故及伤亡事故等，各种安全事故的等级及定级标准见表 4—4。

表 4—4　　　　各种安全事故的等级及定级标准

事故名称	定级依据	事故等级	具体定级标准
火灾事故	人员伤亡数量及经济损失	重大火灾	具有下列情形之一的，可视为重大火灾事故： 1. 一次死亡 10 人以上（含 10 人） 2. 重伤 20 人以上（含 20 人） 3. 残废、重伤 20 人以上（含 20 人） 4. 直接经济损失 100 万元以上（含 100 万元）
		较大火灾	具有下列情形之一的，可视为较大火灾事故： 1. 一次死亡 3 人以上（含 3 人） 2. 重伤 10 人以上（含 10 人） 3. 残废、重伤 10 人以上（含 10 人） 4. 直接经济损失 30 万元以上（含 30 万元）
		一般火灾	具有下列情形之一的，可视为一般火灾事故： 1. 一次死亡 1 人以上（含 1 人） 2. 重伤 5 人以上（含 5 人） 3. 残废、重伤 5 人以上（含 5 人） 4. 直接经济损失 20 万元以上（含 20 万元）
设备事故	设备状态及经济损失	重大设备事故	导致设备报废或直接经济损失在 50 000 元以上
		较大设备事故	设备受损严重，直接经济损失为 5 000～50 000 元
		一般设备事故	零部件损失，直接经济损失在 5 000 元以下
中毒事故	伤亡人数	特别重大中毒事故	突发有毒品泄漏事故导致 100 人以上中毒，或者 10 人以上死亡
		重大中毒事故	发生急性中毒 50 人以上 99 人以下，或死亡 5 人以上 9 人以下
		较大中毒事故	发生急性中毒 10 人以上 49 人以下，或死亡 1 人以上 4 人以下

续表

事故名称	定级依据	事故等级	具体定级标准
伤亡事故	伤亡人数及中断的工作日数	特大死亡事故	一次死亡人数10人（包括10人）以上
		重大死亡事故	一次死亡人数在3人（包括3人）以上10人以下
		死亡事故	一次死亡人数在1人以上3人以下
		重伤事故	造成肢体残缺或视觉、听觉等器官受到严重损伤，一般能引起人体长期存在功能障碍，或劳动能力有重大损失的伤害
		轻伤事故	指员工负伤休息1个工作日以上，构不成重伤

4. 制定与实施处理方案及整改办法

（1）制定处理方案及整改办法

事故认定后，安全委员会组织召开安全事故研究会议，负责制定事故处理方案与整改办法。研究会议参加人员包括安全委员会、各安全急救小组和相关管理部门人员。

（2）实施处理方案及整改办法

安全事故处理方案及整改措施经安全委员会审核及审批后，由安全急救小组和相关部门组织实施，现场作业相关人员配合执行。

5. 编制安全事故报告

安全事故进行处理及整改后，由实施的安全急救小组和相关部门组织共同编制安全事故报告，报安全委员会审批后，由相关部门将报告归档保存。事故报告的内容应包括如图4—15所示的六点内容。

6. 事故通报

事故处理完成后，安全委员组织安全事故总结会议，并在会议上向企业全体人员通报事故情况，以杜绝类似问题的重复发生。

4.3.3　安全事故分析方案

在班组现场中，发生安全事故的原因大致可分为自然原因（不

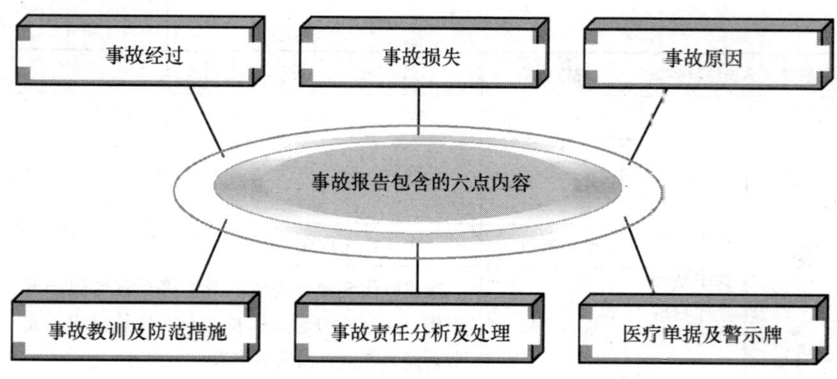

图 4—15　事故报告中所包含的内容

可抗力原因)、人为原因（危险行为）和物的原因（危险状态）。其中人为原因（危险行为）主要包括接近危险场所、安全装置功能关闭、服装或保护用具使用不当、机械器具使用不当、监督及联络不充分等，具体内容见表 4—5。

表 4—5　　班组现场危险行为的内容

危险行为	详细内容
接近危险场所	◎ 接近有可能出现触电、跌倒、挤压等危险的场所 ◎ 在指定场所以外吸烟，搭乘载货用升降机 ◎ 车辆等运输工具超速、超载，行驶时横冲直撞 ◎ 未遵守高温作业（焊接作业）的安全规定 ◎ 保存、取用、处理有害化学物品 ◎ 横跨传送带 ◎ 靠近有坠物危险的场所 ◎ 接近其他任何有危险标志的场所
安全装置功能关闭	◎ 未安装安全装置或安全装置功能关闭 ◎ 安全装置中断运行或使用不当
服装或保护用具使用不当	◎ 未使用保护用具 ◎ 保护用具使用不当或用途不当 ◎ 未穿着指定的服装或未遵守着装要求

续表

危险行为	详细内容
机械器具使用不当	◎ 机械器具使用不当，任意调整机械装置的速度 ◎ 使用不合适的机械装备、工具、夹具等 ◎ 使用未做好充分准备的机械器具
触碰运行中的机械装置	◎ 维护、加油、清扫时触碰运行中的机械装置 ◎ 给通电状态中的电气设备加油或进行修理、焊接、检查、擦拭等 ◎ 给危险品容器或机械装置加压、加热，进行修理、焊接、检查、清扫等
速度不稳定	◎ 随意调整机械装置的速度（超速、低速等） ◎ 对机械装置进行不必要的调整
物品取用不当	◎ 取用打火器具、可燃物、爆炸物、压力容器、重物等时未采取安全防护措施
放任危险状态不管	◎ 放任机械装置的持续运行 ◎ 进行不恰当的码放、清扫等整理、整顿活动
危险的姿势或动作	◎ 危险的动作或姿势（如跑、蹦、扔、跃上、跳下等） ◎ 不必要的行为（如打闹、闲聊、打斗等） ◎ 勉强搬运过重的重物
监督及联络不充分	◎ 没有监督或不执行管理监督者的指示 ◎ 错误警报 ◎ 未实施规定的安全教育或未参加安全教育

4.3.4 安全事故预防预案

<table>
<tr><td rowspan="2">方案名称</td><td rowspan="2">安全事故预防预案</td><td>编　　号</td><td></td></tr>
<tr><td>执行部门</td><td></td></tr>
<tr><td colspan="4">一、目的
为了达到以下目的，公司按照《中华人民共和国安全生产法》，结合本公司的实际情况，特制定本安全事故预防预案。
1. 积极应对可能发生的现场作业安全事故，高效有序地组织开展事故抢险救灾工作。</td></tr>
</table>

续表

方案名称	安全事故预防预案	编　号	
		执行部门	

2. 最大限度地减少人员伤亡和财产损失，维护社会稳定和正常工作生活秩序。

二、适用范围

本方案是指在本公司现场作业中可能发生的造成人员死亡或重伤以及其他性质特别严重的安全事故，其中主要的事故包括如下图所示的范围。

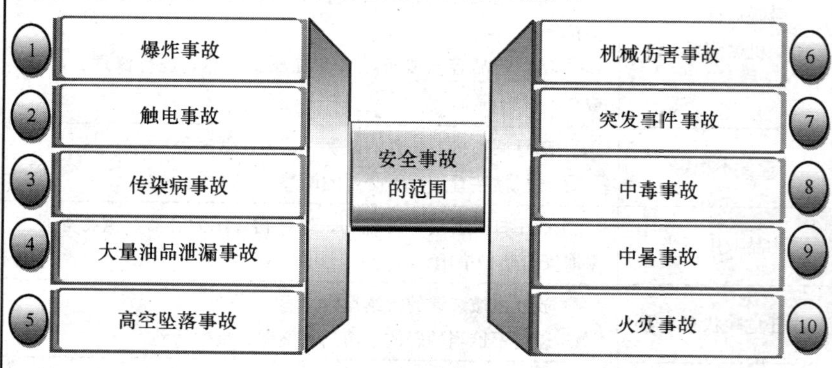

安全事故范围

三、组织机构的职能和职责

公司成立安全事故应急领导委员会，由伤员救援组、物资抢救组、消防灭火组、保卫疏导组、抢险物资供应组、技术处理组、后勤供给善后组、现场临时医疗组、技术处理组等小组组成。在日常现场作业中，各安全事故应急工作小组应广泛开展相关的知识培训，发生安全事故后，应及时汇报公司安全事故应急领导委员会并及时组织有效、有序的救援工作。以下是安全事故应急领导委员会、安全事故应急救援各小组的职能和职责。

1. 安全事故应急领导委员会的职能和职责

(1) 负责组织事故现场所有操作的指挥和协调。

(2) 保证现场人员和应急反应行动的执行。

(3) 控制紧急情况，协调好消防、医疗、交通管制、抢险救灾等各救援小组的联系工作。

(4) 组织现场事故评估。

2. 伤员营救小组的职能和职责

续表

<table>
<tr><td rowspan="2">方案名称</td><td rowspan="2">安全事故预防预案</td><td>编　　号</td><td></td></tr>
<tr><td>执行部门</td><td></td></tr>
<tr><td colspan="4">

（1）引导现场作业人员从安全通道疏散。
（2）对受伤人员进行营救并将其移至安全地带。
3. 物资抢救小组的职能和职责
（1）抢运可以转移的场区内物资。
（2）将可能引起新危险源的物品转移到安全地带。
4. 消防灭火小组的职能和职责
（1）启动场区内的消防灭火装置和器材进行初期的消防灭火自救工作。
（2）协助消防部门进行消防灭火的辅助工作。
5. 保卫疏导小组的职能和职责
（1）对场区内外进行有效的隔离工作和维护现场应急救援通道畅通的工作。
（2）疏散场区内外的人员撤出危险地带。
6. 抢险物资供应小组的职能和职责
（1）迅速调配抢险物资、设备至事故发生地。
（2）提供和检查抢险人员的装备及安全配备。
（3）及时提供后续的抢险物资。
7. 后勤供给善后小组的职能和职责
（1）迅速组织后勤必须供给的物品。
（2）及时输送后勤供给物品到抢险人员手中。
（3）做好伤亡人员及家属的稳定工作，做好受伤人员医疗救护的跟踪工作，与保险部门做好伤亡人员及财产损失的理赔工作。
8. 现场临时医疗小组的职能和职责
（1）对受伤人员做简易的抢救和包扎。
（2）及时将重伤人员转移到医疗机构就医。
9. 技术处理小组的职能和职责
（1）根据现场作业的内容及特点，制定应急反应方案，为事故现场提供有效的技术储备。
（2）应急预案启动后，根据事故现场的特点，及时向各应急救援小组提供科学的技术方案和支持，有效地指导应急反应行动中的技术工作。
（3）保护事故现场，调查和了解事故发生的主要原因及相关人员的责任。
四、安全事故紧急情况的处理程序
安全事故紧急情况的处理程序如下图所示。

</td></tr>
</table>

续表

方案名称	安全事故预防预案	编　号	
		执行部门	

1.事故发生后，班组长应立即报告救援小组进行施救，上报安全委员会

2.救援人员对伤员进行简单救护，并对其进行必要的处理

3.事故调查小组对事故原因进行调查，确定主要责任人

4.对造成事故的主要责任人进行处罚

5.事故处理后应及时总结经验教训，避免类似事故再次发生

安全事故紧急情况的事故处理程序

编制人员		审核人员		批准人员	
编制日期		审核日期		批准日期	

第 5 章　现场设备管理

5.1　设备安装与操作

5.1.1　设备安装管理

对于企业新购入的设备，首先需要进行安装。设备管理人员应组织相应人员进行设备的安装工作。设备的安装一般按照设备安装定位、设备安装找平和设备的固定放置三个程序来进行。

1. 设备安装定位

设备安装的位置需要满足生产工艺的需要及维护、检修、技术安全、工序连接等方面的基本要求。

设备在车间的安装位置、排列、标高以及平面间相互距离等，都应符合设备平面布置图及安装施工图的规定。设备在定位时需要考虑的具体因素如图 5—1 所示。

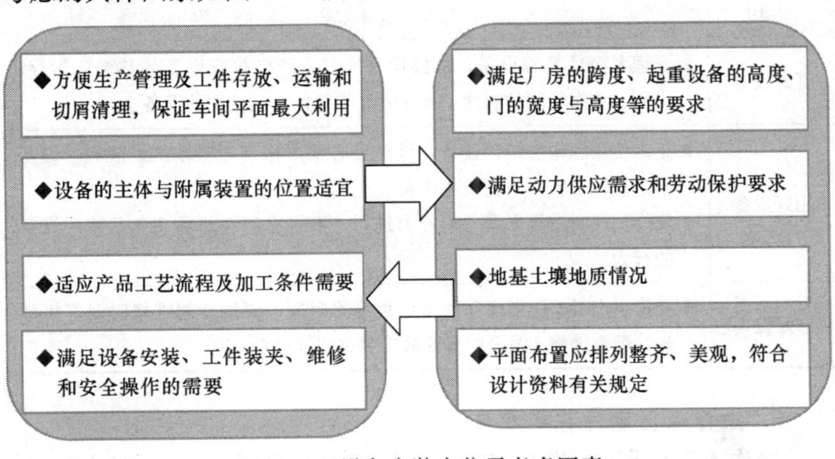

图 5—1　设备安装定位需考虑因素

2. 设备的安装找平

设备进行定位后，需选定找平基准面的位置，以便进行设备的安装固定。设备安装时的基准面一般以支撑滑动部件的导向面（如机床导轨）或部件装配面、工具和夹具支撑面及工作台面等为找平基准面。

3. 设备的固定放置

除少数可移动的设备外，绝大部分设备须牢固地固定在设备基础上。尤其对于重型、高速、振动大的生产设备更是如此，以避免发生安全事故。

5.1.2 设备操作管理

在机械设备使用过程中，人、机、环境三大因素直接影响着机械设备使用性能的优劣。要提高机械设备使用性能，必须加强机械设备操作管理。

1. 设备操作管理基本要求

在使用设备的过程中，相关人员必须管好设备、月好设备、修好设备，具体的设备操作管理要求见表 5—1。

表 5—1　　设备操作管理的基本要求说明

要求	具体内容
管好设备	● 管理者必须管好设备，保持设备完好，严格执行设备的移装、封存、借用、调拨等管理制度。操作者必须管好自己使用的设备
用好设备	● 正确使用和精心维护设备，操作者必须严格遵守操作维护规程，设备不带故障运转，不超负荷作业 ● 安排生产时应根据设备的能力进行，不得有超性能和超负荷使用设备的行为
修好设备	● 安排生产时，应考虑和预留计划维修时间，要按计划维修时间停机维修，配合维修人员及时排除故障并维修好设备

2. 操作人员操作基本要求

操作人员使用设备时，需要具备基本的职业素质，即会使用、会维修、会检查、会排除故障，操作人员的操作基本要求如图 5—2 所示。

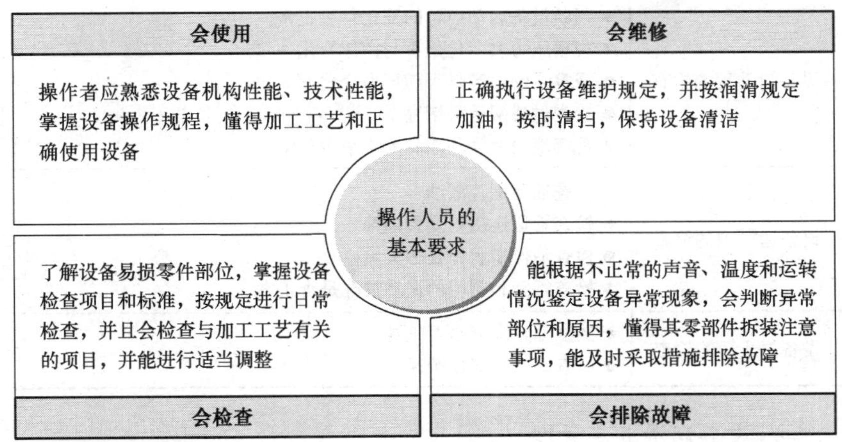

图 5—2 操作人员操作基本要求

5.2 设备维护与养护

5.2.1 设备润滑管理

1. 设备润滑系统的检查

设备维护保养过程中，需对设备的润滑状态进行检查。设备润滑系统的检查包括设备启动前的检查、设备启动后的检查、设备运行中的检查和设备停止后的检查。具体的检查内容见表 5—2。

表 5—2　　设备润滑系统检查内容

检查时间	检查内容
设备启动前的检查	● 检查设备润滑部位是否存在“跑”“冒”“滴”现象 ● 检查润滑油油位指示针位置 ● 检查润滑油是否变质或乳化 ● 检查润滑油油温是否在正常范围内 ● 检查压力表是否正常

续表

检查时间	检查内容
设备启动后的检查	● 判断设备启动声音的变化是否正常 ● 观察压力表变化是否与操作变化一致 ● 观察泵的声音是否随压力变化而变化 ● 检查过滤网是否堵塞 ● 观察滴油速度和油滴大小是否正常
设备运行中的检查	● 检查油池是否漏油 ● 检查管道连接处是否漏油 ● 检查油位指示针是否失灵 ● 检查管路和阀门的振动情况是否正常
设备停止后的检查	● 测试油箱温度是否正常 ● 检查阀门的磨损情况

2. 设备润滑五定管理

设备维护人员应将设备按照一定标准分类，并根据其类别特点制定相应的设备五定润滑管理办法。设备润滑五定管理的内容如图5—3所示。

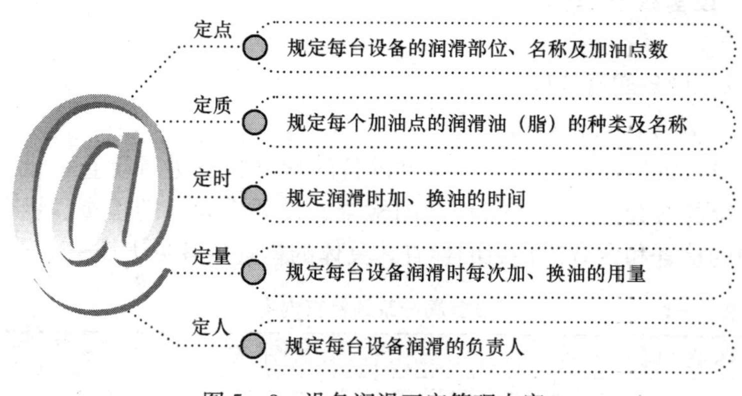

图 5—3　设备润滑五定管理内容

5.2.2　设备点检管理

1. 设备点检的分类

设备点检工作分为日常点检、定期点检、精密点检三种，具体点检的工作说明见表 5—3。

表 5—3　　设备点检工作说明

分类	工作内容	对象	周期	目的	实施者
日常点检	◆ 点检、清扫、给油、排水、调整、维修	所有设备	每日	保证设备每日正常运行，不发生故障	使用部门
定期点检	◆ 编制点检标准和计划，落实计划 ◆ 与操作人员进行沟通，进行设备故障的讨论、分析，并处理、改善设备故障	重点设备	定期	保证设备达到规定运行水平	设备部
精密点检	◆ 设备故障调查分析 ◆ 精密点检器具管理等	精密仪器	不定期	保证设备达到规定的性能和精度	设备部

2. 设备点检的执行

(1) 日常点检的执行

设备使用人员为设备日常点检的责任人员。设备使用人员在开展点检工作时，必须依据事先制定的点检标准进行，并将在点检中发现的设备异常和设备隐患及时向班组长汇报。

(2) 定期点检的执行

设备部制定点检标准和计划，定期对设备进行点检，并对使用人员点检发现的设备隐患进行分析处理，改善设备故障。

(3) 精密点检的执行

设备部专业点检员对精密仪器进行点检，点检时需利用专业的点检工具进行，同时记录测量数据，分析设备零件的磨损情况，达到预知维修的目的。

3. 点检不良的处理

(1) 点检不良的界定

企业在实施点检的过程中，应清楚界定点检不良的范围和程度，为不良情况的处理提供依据。点检不良的界定内容如图 5—4 所示。

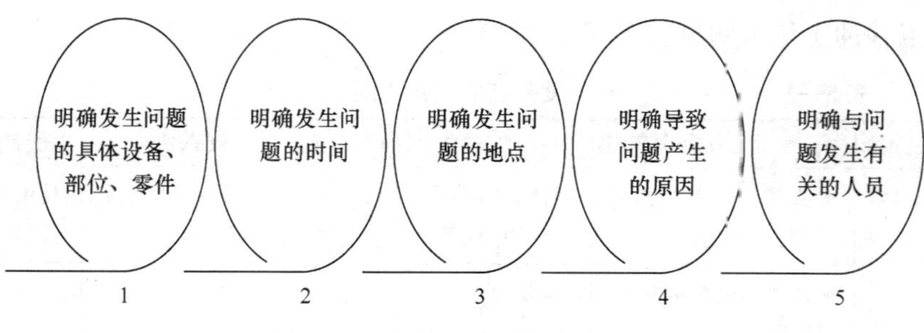

图 5—4　点检不良界定内容说明

(2) 点检不良的处理

对于不同的点检类型，其处理的方法也不相同，具体的处理方法见表 5—4。

表 5—4　点检不良的处理方法

类型	处理方法
日常点检	◆ 点检人员在日常点检中发现的问题，能够处理的当场处理，不能处理的应及时报告设备管理人员 ◆ 点检人员对点检中发现的简单问题以及对问题的处理结果，应及时、全面、准确地记入点检日志中
定期与精密点检	◆ 点检人员对点检中发现的点检标准和点检计划的不妥之处，应及时报告设备管理人员进行修正 ◆ 点检人员对点检中发现的设备异常，比较紧急的，需进行设备抢修；不太紧急的则需先编制处理计划和预算，然后进行维修

5.2.3　设备保养管理

设备的维护及保养分为日常维护保养、一级维护及保养与二级维护及保养三个级别。具体的保养要点如下。

1. 日常维护及保养

日常维护保养又分为每班保养与节假日保养。设备日常维修保养具体的操作要点见表 5—5。

表 5—5　　设备日常维修的操作要点

分类	操作要点
每班保养	◆ 设备使用人员上班前应对设备进行点检，查看有无异常状况并检查上个班组的设备运行记录 ◆ 应在设备启动前，按照设备润滑图标的规定，为设备进行润滑处理 ◆ 在确认设备无异常状况后，进行设备的空车运转，检查设备是否运转正常 ◆ 在设备的运行过程中要进行巡检，发现设备异常应立即进行停机处理，并及时通知设备保养专员 ◆ 设备使用后需进行设备的清理，并检查设备运行记录是否填制完整
节假日保养	◆ 在节假日前使用设备后，设备使用人员应花 1.5 h 左右的时间彻底地清洗设备、清除油污、进行润滑及环境清理，并由设备保养专员进行检查

2. 设备的一级保养

设备的一级保养主要以操作人员为主、设备保养专员为辅来进行，原则上以三个月为周期，干磨多尘的设备以一个月为周期。其保养内容如图 5—5 所示。

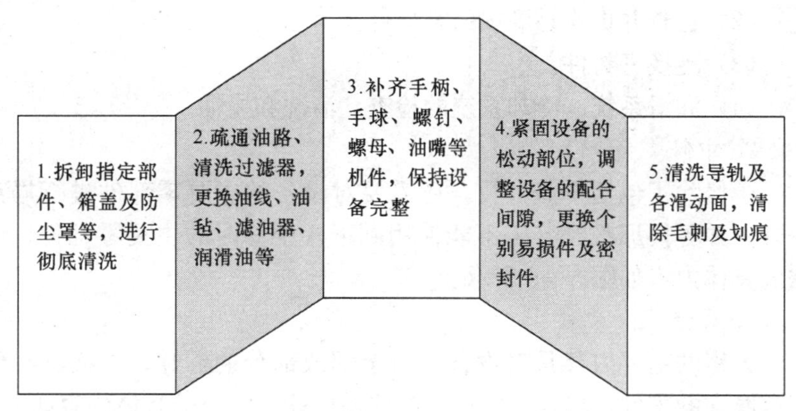

图 5—5　设备一级保养的保养内容

3. 设备的二级保养

设备的二级保养以设备保养专员为主，操作人员为辅，原则上每半年进行一次，也可在生产淡季进行。设备二级保养的保养内容如下：

（1）对设备的部分装置进行分解并检查维修。

（2）更换、修复设备中的磨损零部件。

（3）更换设备中的机械油。

（4）清扫、检查、调整电气线路及装置。

5.3 设备维修与故障

5.3.1 设备维修管理

设备维修可分为小修、中修、大修与停车大检修四项内容，具体内容如下：

1. 小修

小修的主要内容是清洗、更换和修复少量容易磨损和腐蚀的零部件，并调整结构，确保设备能够使用到下一次计划维修之时，小修的具体内容如下：

（1）检查紧固零部件。

（2）检查并更换易磨损的零部件。

（3）更换密封件。

（4）润滑系统、冷却系统的检查、清洗和换油。

2. 中修

中修除了包括小修项目，还需要对设备的主要零部件进行局部修理，并更换那些经鉴定不能使用到下次中修时的主要零部件。中修的具体内容如图 5—6 所示。

3. 大修

大修的主要内容是对设备进行全部或部分的拆卸，更换已经磨损或腐蚀的零件，以求恢复设备的原始性能。大修的具体内容如下：

（1）中小修的全部内容。

（2）更换设备上全部已磨损的零部件，使其符合设备的规定标准。

（3）检查调整设备的底座与基础，使其符合规范。

（4）更换设备内部的衬里、防腐层、保温层等。

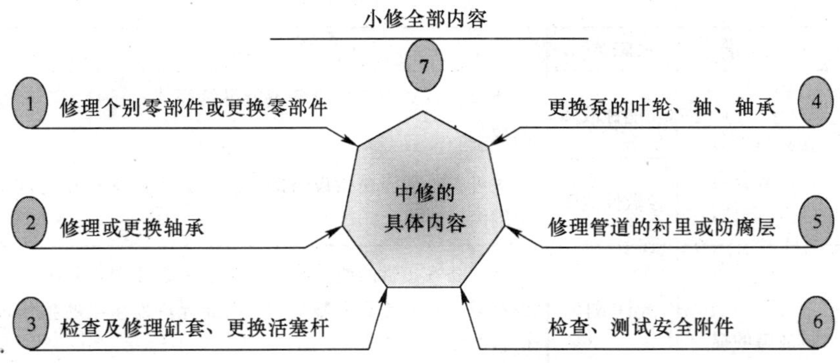

图 5—6　中修的具体内容

（5）进行技术改造。

4. 停车大检修

停车大检修的主要内容是检修几个系统或整个生产系统，以及不停车不能检修的设备。

5.3.2　设备故障处理

1. 设备故障的分类

设备故障的表现形式是多种多样的，为加快故障处理的速度，提高设备故障处理的效率，设备故障处理人员需了解设备故障的类型。设备故障的分类见表 5—6。

表 5—6　　设备故障的分类

分类标准	故障类型	具体说明
按故障发生的速度	渐进性故障	◆渐进性故障是由于各种影响因素的作用，使设备的初始参数逐渐劣化、衰减而引起的故障 ◆一般与设备零部件的磨损、腐蚀、疲劳及老化有关
	突发性故障	◆突发性故障是由于各种不利因素和偶然的外部影响的共同作用超过了设备所能承受的限度而突然发生的故障

续表

分类标准	故障类型	具体说明
按故障发生的后果分类	功能性故障	◆功能性故障是指设备不能继续完成自己规定功能的故障
	参数性故障	◆参数性故障是指设备的工作参数不能保持在允许范围内的故障
按故障的损伤程度分类	允许故障	◆设备在正常的使用条件下，随着使用时间的增长，设备渐进劣化是不可避免的，因而允许发生某些损伤但不引起严重后果的故障
	不允许故障	◆不允许故障是由于设计时考虑不周，制造装配质量不合格，违反操作规程造成的故障

2. 设备故障产生原因

生产设备故障主要原因主要有操作不当、保养不良、自然灾害、人为原因等。具体的原因见表5—7。

表5—7　　产生设备故障原因说明

原因类别	主要内容
设计问题	◆设备的设计结构、尺寸、零部件的配合、材料选择不合理等
制造问题	◆设备零部件的加工、铸锻、热处理、装配等存在问题
安装问题	◆设备的安装基础、垫铁、地脚螺栓、找平、防震等存在问题
操作保养不良	◆设备不清洁、调整不当，未及时清洗、换油 操作不当等
超负荷，使用不合理	◆加工件超规格、加工件不符合要求、超切削规范、加工件超重、超负荷使用等
润滑不良	◆不及时润滑、油质不合格、油量不足或超量、油的牌号种类错误、加油点堵塞、自动润滑系统工作不正常等

续表

原因类别	主要内容
修理质量问题	◆修理、调整、装配不合格，备件、配件不合格，局部改进不合格等
自然磨损劣化	◆设备的正常磨损、老化等
自然灾害	◆由于雷击、洪水、暴雨、地震、塌方等引起的设备故障
人为原因	◆指操作者马虎大意或操作技术不熟练或违规操作等造成设备故障
原因不明	◆通过各种手段无法查知设备故障原因

3. 设备故障处理方法

企业通过故障分析找出原因后，需提出排除设备故障的方法。故障的排除一般根据故障的性质进行。具体的处理方法如图 5—7 所示。

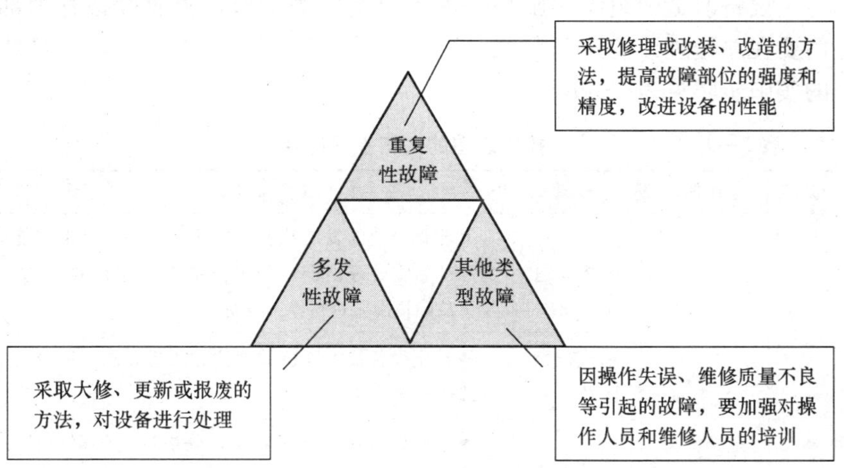

图 5—7　设备故障的处理方法

5.3.3　设备改造报废

1. 设备改造

(1) 设备改造的分类

对于老化、技术落后、能耗高、效率低、维修费用高的设备，企业可采取改造的方式来延长设备的使用寿命，提高设备的工作效率。常见的改造分类见表 5—8。

表 5—8　　　　设备改造分类

类型	特点	细分
局部改造	对设备的局部进行技术改造，提高设备的加工效率	小型工艺改造
		小型设备改造
		专项改造
安全更新	用技术先进、高效能的设备取代陈旧的技术落后设备	设备更新
系统改造	对某个生产工艺进行系统改造，使用新技术、新工艺、新材料、新设备对生产工艺流程进行新的布局	投产改造
		扩产改造

（2）技术改造实施步骤

设备改造的组织实施是一项十分重要的工作，企业设备管理部门要在总经理或总工程师的领导下，明确职责，协作实施，其具体的实施步骤见表 5—9。

表 5—9　　　　技术改造的实施步骤说明

阶段	工作项目	步骤	具体说明
第一阶段	编制设备改造计划书	分析问题	◆根据企业的发展状况，分析设备的现有生产能力和产品质量等情况，确定设备三要存在的问题、发生故障情况并进行原因分析
		形成初步改造计划	◆确定设备技术改造的部位和改进要求，形成设备改造初步计划
		形成正式改造计划	◆了解设备最新技术状况，分析计划的可行性，进行比较修改后，提交生产、工艺、技术等部门讨论，最终形成设备改造计划
		技术经济效益分析	◆对于投资 5 万元以上金额的改造项目，要进行技术经济效益分析，并计算投资回收期
		改造计划审核审批	◆如回收期恰当，可提交企业领导集体研究讨论，报总经理审批实施

续表

阶段	工作项目	步骤	具体说明
第二阶段	设备改造的实施	组织实施	◆设备改造计划审批通过后，由企业生产计划部门纳入年度生产计划，其中自制件由车间生产，外协件交专门供应商生产
		组装及调试	◆全部零部件生产完成后，由机修单位组装及调试
		设备验收	◆设备改造项目完成后，应办理验收，验收合格后有关资料由设备管理部门存档

2. 设备报废

生产现场设备需要满足规定报废条件才能进行报废处理，具体报废条件如图 5—8 所示。

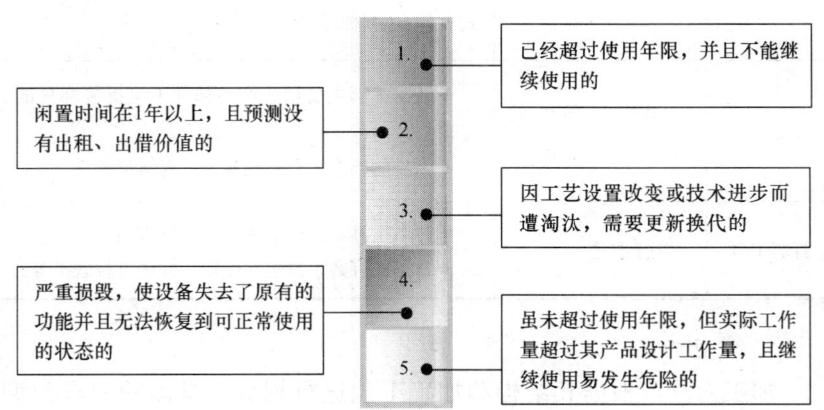

图 5—8　设备报废条件

5.4　生产工具管理

5.4.1　工具、刀具、量具分类

1. 工具类型

在生产企业中，生产工具是多种多样的，其具体的分类见表 5—10。

表 5—10　　工具分类

工具类型	作用	常见工具
测量工具	保证尺寸精度和材料的品质	◆测量工具主要用于原材料长度、角度、湿度、水平等方面的测定 ◆常用的测量工具有卷尺、钢直尺、游标卡尺、万能角度尺、湿度计、水平仪等
调试工具	保证设备的精度	◆调试工具是指对设备进行精度调整的工具 ◆常用的调试工具有活扳手、梅花扳手、内六角扳手、专用扳手等
紧固工具	用于安装或拼接	◆紧固工具主要用于将模具固定在机器上或将工件固定在模具上，使其便于加工 ◆常见的紧固工具包括旋转式伸缩夹具、手压式夹具、G形夹具等
装配工具	用于零部件的接合	◆装配工具主要用于产品部件不可拆装部分的连接 ◆常见的装配工具包括旋具、射钉枪等
打磨工具	用于打磨	◆打磨工具主要用于磨平产品的表面 ◆常见的打磨工具包括砂轮、砻床、打磨机等

2. 常见刀具

加工刀具可根据其结构和加工工艺进行划分，具体的刀具类型见表 5—11。

表 5—11　　常见刀具类型

分类标准	类型	常见刀具
按照刀具结构	整体式	◆钻头、立铣刀等
	镶嵌式	◆刀片采用焊接和机夹式
	特殊形式	◆复合式、减振式等

续表

分类标准	类型	常见刀具
按照加工工艺	车削刀具	◆外圆车刀、内孔车刀、螺纹车刀、成形车刀等
	铣削刀具	◆面铣刀、立铣刀、螺纹铣刀等
	钻削刀具	◆钻头、铰刀、丝锥等
	镗削刀具	◆粗镗刀、精镗刀等

5.4.2　工具和刀具管理

在生产过程中，工具是必不可少的，合理科学地进行工具的管理可以减轻劳动强度，提高生产效率，保障产品质量。

1. 工具、刀具的领用管理

对于生产工具、刀具的领用管理，具体的管理办法如下：

(1) 机加工操作人员的工具、刀具由使用人申请领用，车间文员开领料单，经车间主任审核、批准后使用人到仓储部领用。

(2) 装配车间使用的工具、刀具以班组名义领用，由班组长申请，车间文员开领料单，经车间主任审核、批准后班组长到仓库领用。

(3) 进口刀具除按以上程序办理之外，申请领用时，还必须经本车间主管工艺员签字后方能领用。

(4) 工具、刀具价格在200元以上的必须经生产部经理或质量部经理批准后方能领用。

(5) 所有的工具、刀具必须遵循以旧换新的领用原则。

(6) 旧的工具、刀具必须由仓库管理员保存一段时间后方可做其他处理，处理时，必须征求相关工艺员意见并详细登记其处理情况。

(7) 旧的工具、刀具超过使用年限，经修理后能保持原有精度的也不能领用。

2. 工具、刀具的登记管理

对于生产工具、刀具的登记管理，具体的管理办法如下：

（1）个人、班组的领用台账由车间主任建立，用于控制个人、班组对工具、刀具的领用计划数，以及损坏、遗失时的赔偿和超标准领用时的扣款，以便于月度和年终盘点。

（2）仓库的发放登记台账由仓库管理员负责，发放登记台账主要用于控制、监控个人、班组实际领用数量及员工调动、离职时交接手续的办理。

（3）对于人为损坏的工具、刀具超指标领用的，仓库管理员有权填写罚款单上交生产经理。

（4）仓库管理员不按规定发放和不按实际情况填写“奖励/惩罚通知单”的，将受到相应的处理。

3. 刀具的使用管理

（1）刀具使用注意事项

生产过程中，若对刀具使用不当，容易造成部件不良的现象，因此，在使用刀具的具体操作中应注意以下事项：

1）刀具有残缺不得使用。

2）装刀时，注意把垫圈上的灰尘清理干净，以防止刀具安装倾斜。

3）送料轮、履带、滚筒等部位不得黏附杂质，若有应及时清除。

4）刀具出现缺陷、老化缺损、尺寸不符合要求时，须及时调换或进行研磨。

5）加工中刀具不锋利，易造成部件跳刀、起毛、发黑等不良现象，应及时更换。

（2）常用刀具使用注意事项

对于生产加工制造类企业，最常用的刀具为铣刀类和钻刀类等类型的刀具，其使用过程中的注意事项见表5—12。

表 5—12　　常用刀具使用注意事项

刀具类型	注意事项
铣刀类	◆加工时必须注意，加工速度不能太快，尤其是弧形处 ◆灵活运用正反刀，以防止材料崩裂 ◆对材料进行加工时刀具易钝化，导致部件跳刀、变黑的，须频繁换刀 ◆对于要求严格的作业，在磨刀后需要重新进行校正，或换刀后对比样品 ◆加工过程中，薄皮类材料边缘破皮时须换刀 ◆加工槽结构工件时，刀具使用时间可稍长
钻头类	◆观察两侧刃划出的圆是否重合，不对称的侧刃影响钻孔的质量及钻头使用寿命 ◆磨削出的钻头刃要尖，根部要平 ◆磨削钻头时应注意经常在水中冷却 ◆注意：中心刃居中，两侧刃对称；两边刃口必须平；刃口倾斜度保持为 20°～30°，螺旋槽斜度可大一些；侧刃稍薄，角度小些

5.4.3　测量工具管理

1. 测量工具的分类管理

对于生产经营活动中使用的所有测量工具均实行 A、B、C 分类管理。测量工具的分类管理原则见表 5—13。

表 5—13　　测量工具的分类管理原则

类型	测量工具	分类管理
A类	◆测量标准装置 ◆用于产品终端质量检验的测量工具 ◆安全防护用的测量工具	A、B类测量工具按各自的检定周期制订检定计划并进行检定
B类	◆经营管理的测量工具 ◆工艺过程控制参数的测量工具 ◆专用测量工具	

续表

类型	测量工具	分类管理
C类	◆一次性使用或实行有效期管理的测量工具 ◆计量性能稳定，量值不易改变，且使用频次低的测量工具 ◆只用于起监视作用，不读取数据的各类仪表 ◆虽读取数据，但公差带很宽的仪表和简易的测量工具 ◆固定在生产线或设备上，不便于拆卸，又不涉及工艺参数，随大、中修进行检定的测量工具	C类测量工具实行一次性检定或有效期管理

2. 不合格测量工具管理

(1) 测量工具不合格状况

使用单位如发现测量工具处于不合格状况的，应立即停止使用，并通知质量部门处理。其具体的不合格状况如图5—9所示。

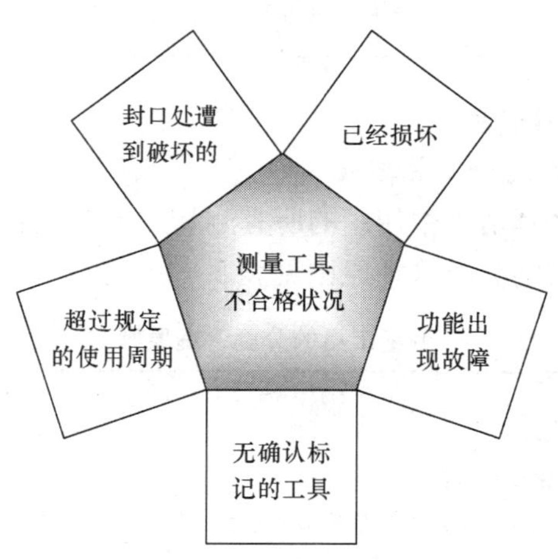

图5—9　测量工具不合格状况

(2) 不合格测量工具的处理办法

质量部应针对不同的不合格情况采取不同的纠正措施，分别进行处理。具体的处理办法如下：

1）对已经损坏的测量工具进行修理、检定，合格的重新投入使用，不能修复的按报废处理。

2）对功能出现故障的应排除故障，重新检定，合格后投入使用。

3）超过工具规定的使用周期的，应进行报废处理。

4）对封口处遭到破坏的应对示值重新进行校准，合格者重新使用，并追究当事人责任。

5）无确认标记应追究有关人员责任，并对其性能进行检定，确认合格后发合格标记并投入使用；对重新确认不合格的测量工具，通知使用单位对用该测量工具前期所测量的数据进行追踪。追踪到能够证明所测量的数据合格或该测量工具的检定周期的开始。

第 6 章　现场质量管控

6.1　现场质量检查

6.1.1　质量检验方法

生产班组质量检验主要包括生产过程中的自检、互检和专检三个环节。

1. 自检

自检主要是指生产操作人员根据工序品质控制的技术标准对其加工产品进行检验，其主要工作内容如图 6—1 所示。

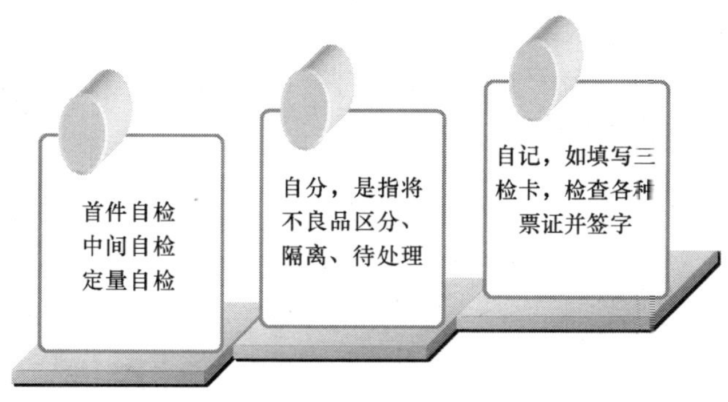

图 6—1　自检的主要内容

其中首件自检时机和主要检验内容如图 6—2 所示。

2. 互检

互检是对自检的补充和监督，同时也有利于生产人员之间协调关系和交流技术。其主要工作内容如图 6—3 所示。

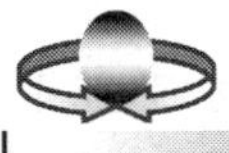

首件自检时机

◎ 新产品的第一次试制
◎ 新工艺、新材料、新设备的第一次使用
◎ 新员工第一次上岗实际操作
◎ 使用新的工具、夹具与模具
◎ 批量生产时的第一件产品

首件检验内容

◎ 图号与工作任务单是否符合
◎ 材料、毛坯或半成品与工作任务单是否相符
◎ 材料、毛坯的处理、安装是否符合规定要求
◎ 配方、配料是否符合规定要求
◎ 首件产品实际质量是否符合图样或技术规定

图 6—2　首件自检时机和检验内容

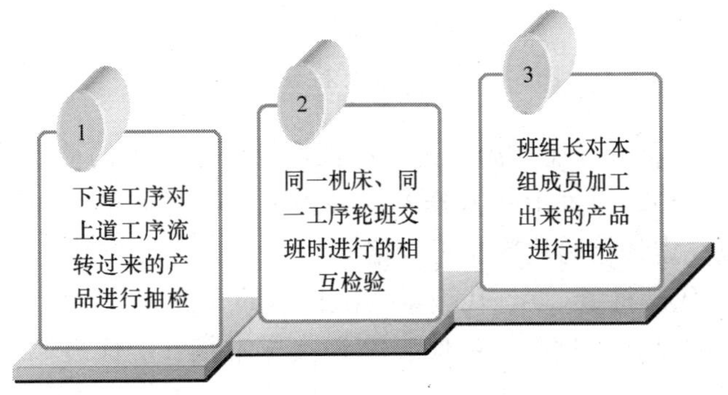

图 6—3　互检的工作内容

3. 专检

专业检验人员应严格按产品检验手册和检验规范，通过运用专业检验方法和工具对产品进行全方面质量检验，主要方法包括全检和抽样检验。其中全检适用于数量较少、价值较高的产品。下面将主要介绍抽样检验方法。

（1）抽样方法

抽样检验人员应根据抽样对象特征选择适当的抽样方法，按照抽取样本的次数不同可分为一次抽样、二次抽样、多次抽样和序贯抽样四种方法。通常情况下采用一次抽样和二次抽样。

1）一次抽样检验实施方法。即从当批检验产品中抽取一次样本，根据此次抽取样本的检验结果，决定检验批次合格或不合格。

以 N 代表批量，n 代表样本数，Ac 代表允许通过的不合格数，Re 表示拒收的不合格数，Re＝Ac＋1，d 代表样本中不合格数，操作程序如图 6—4 所示。

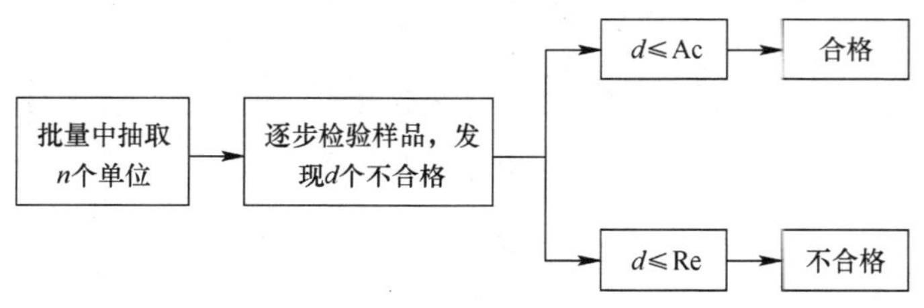

图 6—4　一次抽样检验操作程序

2）二次抽样检验实施方法。即根据第一次样本的检验结果决定合格或不合格，再抽取一次样本，并根据两次样本的结果对照检验标准，以决定该检验批次是否合格。

以 N 代表批量，Ac_1 代表第一次样本的允许通过数，Ac_2 代表第二次样本的允许通过数，n_1 代表第一次样本量，n_2 代表第二次样本量，d_1 代表第一次样本的不合格数，d_2 代表第二次样本的不合格数，操作程序如图 6—5 所示。

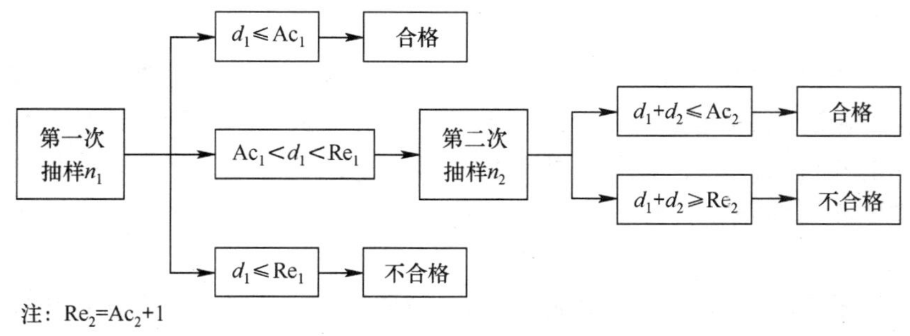

图 6—5　二次抽样检验操作程序

（2）抽样技术

抽样检验人员应根据抽样对象特征选择适当的抽样方式，抽样技术主要包括7种，具体如图6—6所示。

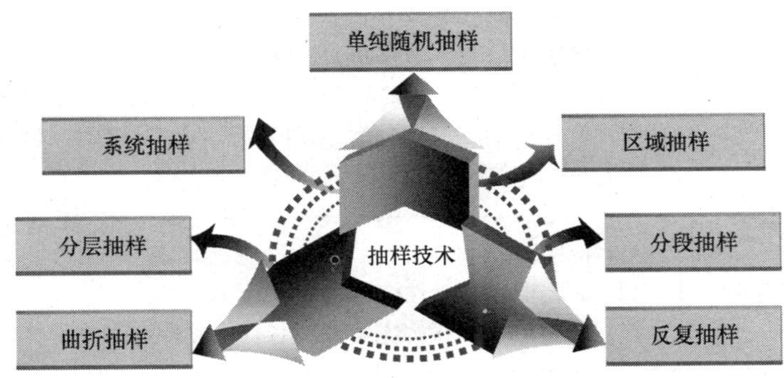

图6—6　抽样技术

（3）质量检验水平

抽样检验水平分为四类，检验人员应根据要求确定检验水平，检验水平选择条件见表6—1。

表6—1　检验水平选择条件

检验水平	适用条件
检验水平Ⅰ	（1）即使降低判断的准确性，对客户使用该产品也无明显影响 （2）单位产品价格较低 （3）产品生产过程较稳定，随机因素影响较小 （4）各个检验批次内的质量比较均衡 （5）产品批次不合格时带来的危险性较小
检验水平Ⅱ	（1）买方在产品的使用上无特殊要求 （2）单位产品价格中等 （3）产品质量在生产过程中受随机因素影响，但不是很大 （4）各个检验批次之间的质量状况有一定波动 （5）产品批次不合格时有危险性，但不是很大

续表

检验水平	适用条件
检验水平Ⅲ	（1）买方在产品的使用上有特殊要求 （2）单位产品价格较高 （3）产品质量在生产过程中容易受到随机因素的影响 （4）各个检验批次之间的质量有较大的波动或差别 （5）产品批次不合格时，平均处理费用远超过检验费用 （6）对于质量状况把握不大的新产品
特殊检验水平	（1）检验费用非常高 （2）贵重产品的破坏性检验 （3）宁愿增加对批次质量误判的危险性，也要尽可能减少样本

6.1.2 质量检查管理

质量检查主要包括质量定期检查和质量顺次检查。

1. 质量定期检查

质量定期检查是指按照一定时间间隔进行产品质量检验与确认，并于异常情况出现时及时采取相应措施的质量管理手段。其主要目的是确认产品主要品质特性和作业条件，并对不合格批次进行区分管理。

（1）适用范围

质量定期检查主要适用于下列三种作业项目：

1）需要对测量值进行管理的项目。

2）需确认是否混入不同规格产品的项目。

3）需进行破坏检验的项目，如冲压、焊接、钣金、注塑等加工作业的项目。

（2）质量定期检查步骤

质量定期检查工作的具体实施步骤如图 6—7 所示。

2. 质量顺次检查

质量顺次检查是指为防止作业不良，在检查前一工序作业内容

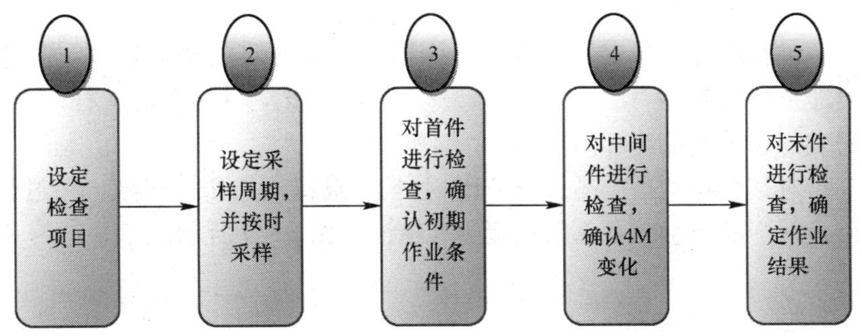

图 6—7 质量定期检查步骤

的基础上实施并确认工序的作业内容后，再向后续工序输出的检查方法。实际上质量顺次检查主要是在自主检查的基础上由第三人再重复检查一次，以弥补自主检查的遗漏，最大程度上杜绝不良现象的发生。

质量顺次检查是对产品首件、中间件、末件进行检查从而得出作业结果的过程。其具体实施步骤如图 6—8 所示。

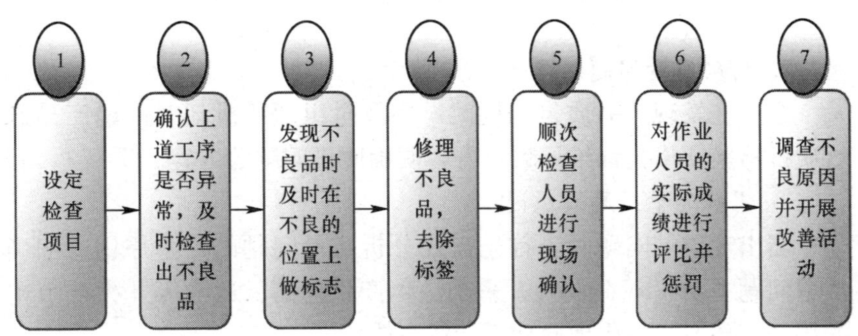

图 6—8 质量顺次检查步骤

6.1.3 质量责任管理

质量责任管理的执行是在企业推行负责人制，即确保每一细小环节、每件产品都有相应的责任人负责其质量问题。

1. 质量责任主体

进行产品质量责任管理，首先需要分析产品的整个生产过程主要涉及的权利主体。一般生产型企业主要涉及制造车间、技术部、研发部、采购部等部门。

对某企业生产产品进行 ABC 分类，选择重点研究对象，经过分析发现产品质量问题部门负责分布情况如图 6—9 所示。

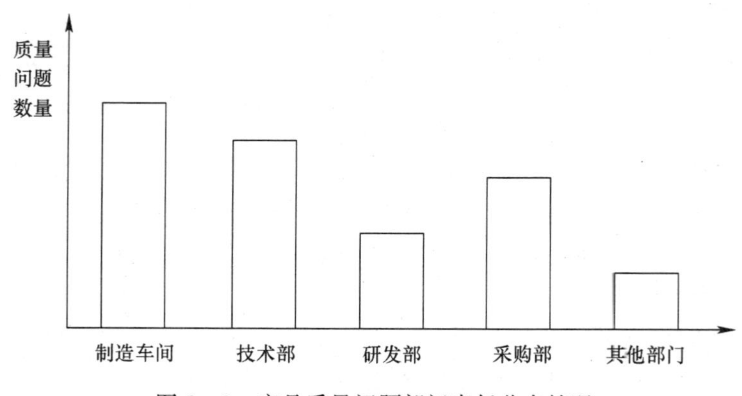

图 6—9 产品质量问题部门责任分布情况

2. 明确质量问题的具体内容

企业在发现产品质量问题时，要及时组织质量部对问题产品进行质量检验，出具详细质量报告，明确质量问题的内容。

3. 明确质量问题的原因

当出现质量问题时，首先需要分析质量问题的产生原因，明确质量问题主要出现在设计、采购、生产、仓储、运输等几大环节中的哪一个环节，相应地确认其责任主体部门。

4. 责任细化

根据质量问题的原因以及责任部门的细化分工，确认具体的操作人员、直属管理人员以及连带责任人员。

5. 实施惩罚

责任部门和相关负责人根据企业质量管理制度和相关规定，追究直接责任人和连带责任人的相关责任，视情节严重程度，进行罚款、停职、降职或辞退等处理。

6.2　不良产品处理

6.2.1　不良品问题分析

不良品可根据其性质，分为生产管理型不良、规律型不良以及人员管理型不良三种，其出现不良问题的具体原因和表现如下。

1. 生产管理型不良

生产管理型不良主要是指因企业生产产品各环节中，某一或多个环节的管理出现问题，导致的不良品问题。造成生产管理型不良的主要原因如图 6—10 所示。

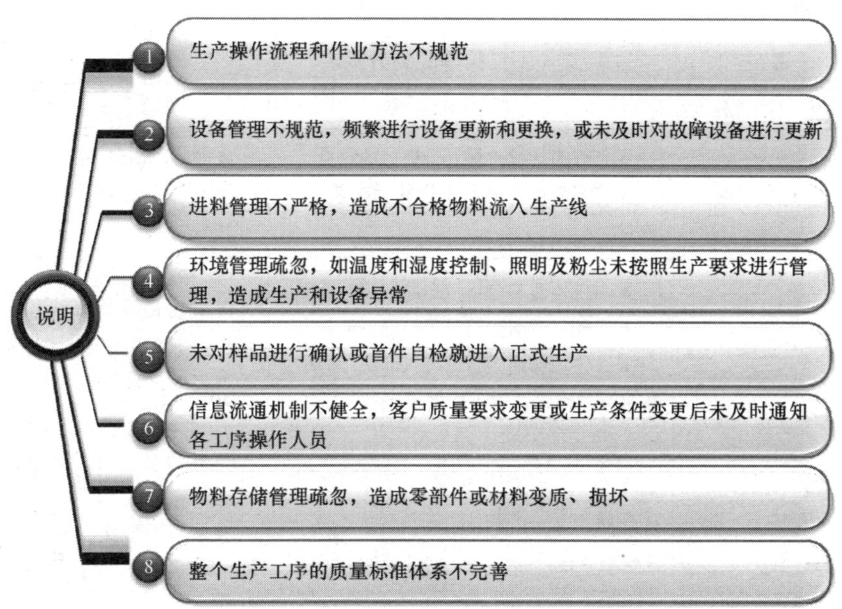

图 6—10　生产管理型不良的原因

2. 规律型不良

规律型不良主要是指因企业生产产品过程中，因忽视某些规律性变化而导致的不良品问题。如生产过程中生产模具和设备因忽视对其进行周期性养护和更换，造成生产的产品和半成品不合格。

3. 人员管理型不良

人员管理型不良主要是指因忽视生产过程相关操作人员的管理问题，造成的不良品问题。如因忽视对操作人员的专业知识和操作技能的培训、体力以及情绪等方面的管理安排，而造成生产的产品和半成品不合格。

6.2.2 不良品管理方法

1. 不良品分级管理

企业规定将不良品按照质量问题严重程度分为致命缺点、严重缺点、轻微缺点三个等级，其具体划分标准见表6—2。

表6—2　　不良品等级划分标准

等级（严重程度）	判定标准	处理方法
致命缺点	◆有可能导致质量安全事故的缺点 ◆使产品正常机能丧失并无法使用的缺点	◆外协品退回外协厂商 ◆自制品标示为废品并销毁处理
严重缺点	◆由于性能不合格使产品实用性降低 ◆在使用时需改造或更换部件的缺点 ◆在使用初期尽管没有大的使用障碍，但会导致产品使用寿命缩短	◆外协品退回外协厂商处返工或返修 ◆自制品返工、返修
轻微缺点	◆几乎不会对产品的实用性或有效使用和操作带来影响	◆外协品做特采处理或退货 ◆成品做降级处理

2. 不良品标志和存放管理

企业产品或半成品应由生产人员首先进行自检和互检，并将不良品分拣出来，隔离存放，再由专业检验人员对产品或半成品进行质量检验，最终判定不良品的应按照具体情况，根据返工及返修、降级成品或废品等具体情况判定结果，进行不良品标示，具体内容见表 6—3。

表 6—3　　不良品标示和存放管理

不良品处置方法	标示	存放管理
返工及返修	黄色标志或标签	黄色容器中或指定隔离区域
降级成品	黄色标志或降级标签	黄色容器中或指定隔离区域
废品或回收利用	红色标志或标签	红色容器中或指定隔离区域

3. 不良品处理

不良品的处理方式主要包括返工和返修、成品降级或报废等，其具体处置方式如图 6—11 所示。

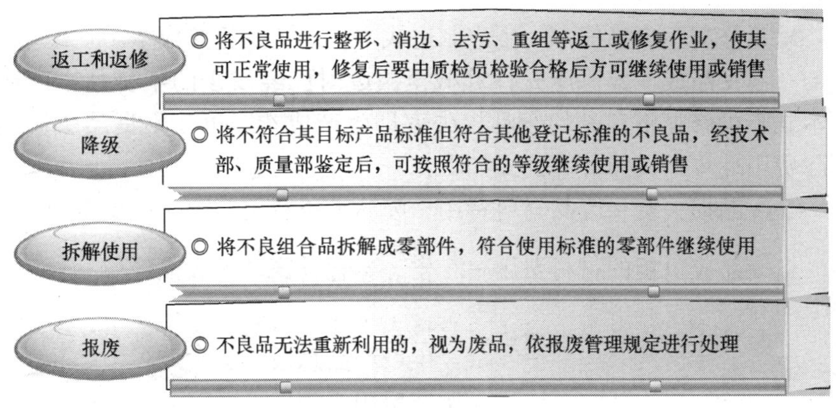

图 6—11　不良品处置方式

6.2.3　不良品成本统计

1. 不良品统计

生产班组应每日严格依据产品质量判定标准确认不良品，并将不良品数量登记在不良品统计表中，交班组长进行审核，并按月进行不良品统计汇总。表 6—4 所列为不良品统计表。

表 6—4　　不良品统计表

日期	品名	规格	批号	数量	不合格原因	处理方式	备注

2. 不良品成本统计

不良品根据其能否回收利用分为不可修复不良品和可修复不良品两类。根据其成本核算内容上的不同，不良品计算公式如下：

不良品成本＝不可修复不良品成本＋可修复不良品成本

其中，不可修复不良品成本＝废品损失费－废品残料价值－应收赔款

可修复不良品成本＝生产制造成本＋返工及返修成本

不良品成本核算应先计算截至报废时已经发生的不良品生产成本。不可修复不良品的废品损失率即生产成本，可按不良品所耗实际费用计算，具体计算公式如下：

废品损失费＝废品材料费用＋废品工资费用＋废品制造费用

$$废品应负担的材料费用=\frac{直接材料成本总额}{生产产品总数}\times 废品数量$$

$$废品应负担的工资费用=\frac{直接人工成本总额}{生产产品总数}\times 废品数量$$

$$废品应负担的制造费用=\frac{制造费用总额}{生产产品总数}\times 废品数量$$

6.3　现场质量改善

6.3.1　质量问题统计

质量部按日、月、季以及年度的周期，汇总生产部的质量报表，填制质量问题统计表（见表 6—5），并运用 QC 分析工具进行质量问

题的分析工作，最终编制质量问题报告，提交上级主管审核，质量问题统计表作为附表随报告一起提交。

表 6—5　　质量问题统计表

时间	产品名称	客户名称	联系方式	质量问题描述及原因	责任人	处理措施和结果

6.3.2　质量改善方法

1. 质量改善培训

质量管理培训主要参加人员为企业生产部门和质量部成员。企业首先确定质量管理目标，有目的地安排质量管理教育培训计划，列出各阶层人员应接受的培训，并于培训中下达质量改善目标。质量改善培训的方式主要包括内训和外训，其主要内容如下：

（1）内训

为本企业内部自行组织的培训，由本企业相关人员邀请外聘讲师进行授课。

（2）外训

选派企业优秀员工参加外界举办的质量管理讲座。

2. 关键工序控制法

关键工序控制法是指从产品所有品质特征中选定需要在生产过程中进行管理的部分，制订品质特性确认体系并进行事前预防和事后管理，以改善质量的方法。

（1）关键工序控制法适用工序

关键工序的识别一般可通过工序上方的看板及其内容进行目视管理，关键工序控制法适用工序如图 6—12 所示。

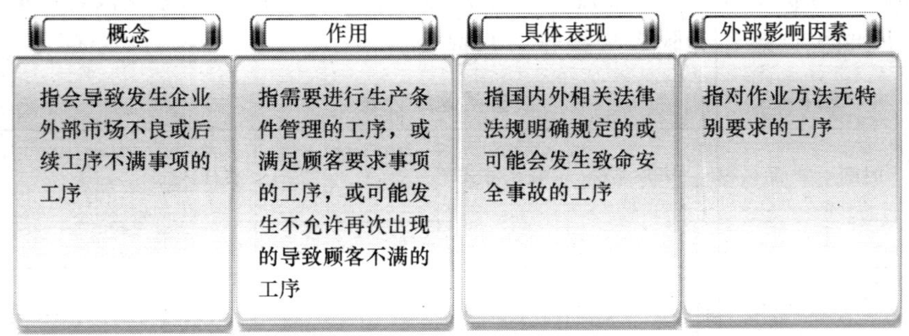

图 6—12　关键工序控制法适用工序

（2）关键工序控制法实施步骤

关键工序控制法的具体实施步骤如图 6—13 所示。

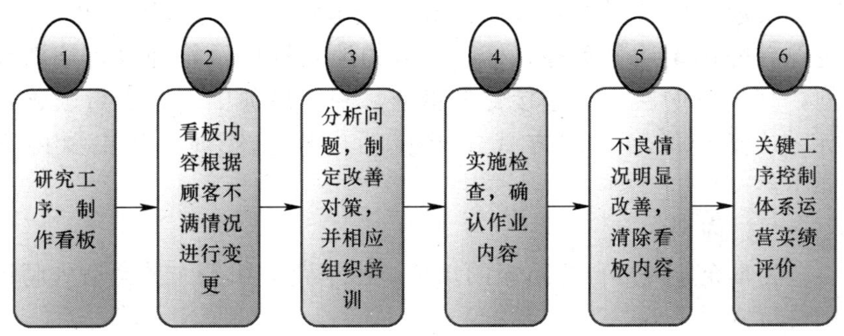

图 6—13　关键工序控制法实施步骤

6.4　质量控制工具

6.4.1　老 QC7 工具

1. 鱼骨图

鱼骨图又名因果图、石川图或特性要因图，是用于描述、整理和分析质量问题（特性）与影响质量的可能原因（要因）之间因果关系的一种图形，其通过全面系统地分析原因、寻找对策，最终促进质量问题的解决。鱼骨图的基本结构及各部分名称如图 6—14 所示。

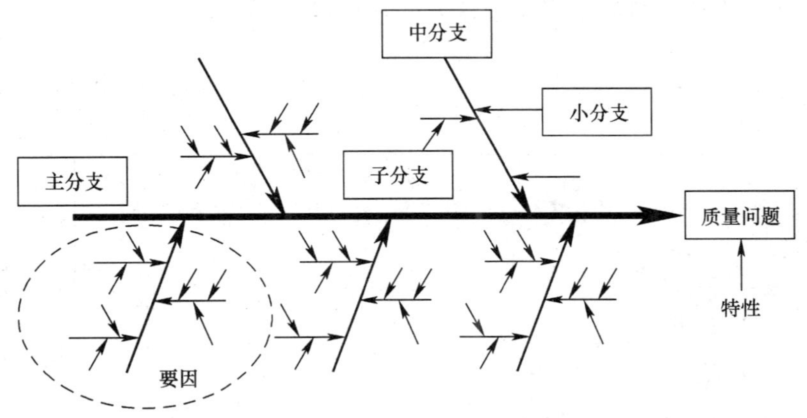

图 6—14　鱼骨图的组成

利用鱼骨图分析和解决现场质量问题时，需注意以下五项应用要点：

（1）确定原因时应集思广益，全面、充分地考虑问题。

（2）主分支要因不应超过六种，描述时避免使用“××不良”等语句。

（3）小分支和子分支要因描述应详细具体，直至能清晰地采取对策。

（4）有多少质量问题就应绘制多少张鱼骨图。

（5）应让没有参加绘制的人员参与检查鱼骨图。

2. 柏拉图

柏拉图（又称排列图、主次因素分析图），是将某一期间所收集的质量数据按照影响质量的各种原因进行分类，并按其对质量的影响程度从最高到最低进行排列，找到质量改进方向的一种简单图示方法。

如图 6—15 所示，柏拉图用双直角坐标系表示，左边纵坐标表示质量问题的频数，对应图中的柱状图，右边纵坐标表示质量问题的累积百分比，对应图中的累积曲线，横坐标表示影响质量的各类因素，按照其对质量的影响程度大小从左到右排列。

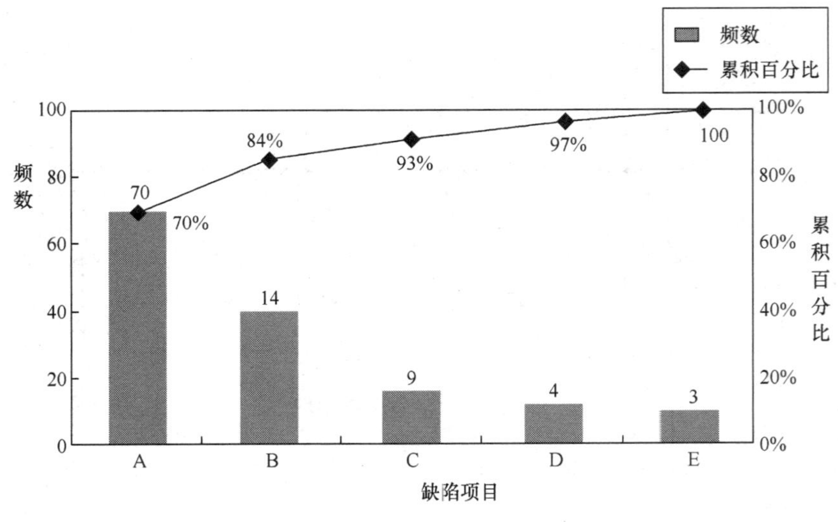

图 6—15　柏拉图基本形式

应用柏拉图进行质量问题分析与质量控制工作时，需注意以下五点内容：

（1）柏拉图的分类项目数在 5～9 项比较合适，当数据类别大于九项时，可将不重要项目归为其他类，其他类的项目不能大于前几项。

（2）使用柏拉图时，各项目的分配比例不能够相近或者相似。

（3）如果数据类别已经很清楚，无须再使用柏拉图

（4）针对确定的主要质量问题采取措施后，还可重新绘制柏拉图，对比实施后的效果。

（5）柏拉图可以与其他工具结合使用，比如和鱼骨图结合，用以确认要因。

3. 检查表

检查表又称调查表、核对表和统计分析表，它是为了便于收集数据，使用简单记号填记并统计、整理，以作进一步分析，或者作为核对、检查的用途而设计的一种表格，一般分为调查用检查表和点检用检查表。

检查表是班组长对现场质量数据进行汇总时常用的工具，它是更进一步分析探讨质量问题的基础，在制作时，需注意以下四个方面：

（1）合理设计检查表的标题，设计出来的标题要与检查表的内容相符。

（2）检查表的内容须列举全面，检查表一般包括检查者、检查时间、地点和方式等。

（3）检查项目做成易于检查的文书或考虑作为数据整理时的情况，注意层别的方法，防止层别项目的概念混淆。

（4）检查项目一般须制作合计、平均、比率等计算栏，以方便分析。

4. 层别法

层别法又称分类法、分组法，它是按照一定的层别标志，把搜集到的大量有关某一特定主题的统计数据加以归类、整理和汇总的一种方法，其主要作用如图 6—16 所示。

通过层别法可以对获得的数据进行剖析，找到质量问题的原因，在应用层别法时要注意以下四个要点：

（1）层别标志的选择要依据分层目的，并结合专业知识进行选择。

（2）分层时要符合“互斥”原则，互斥就是层与层之间不能相互重叠。

（3）分层时，不宜简单地按单一因素分层，必须考虑各个因素的综合影响效果。

（4）分层时，同一层次内的数据波动应尽可能小，层与层之间的数据差别尽可能大。

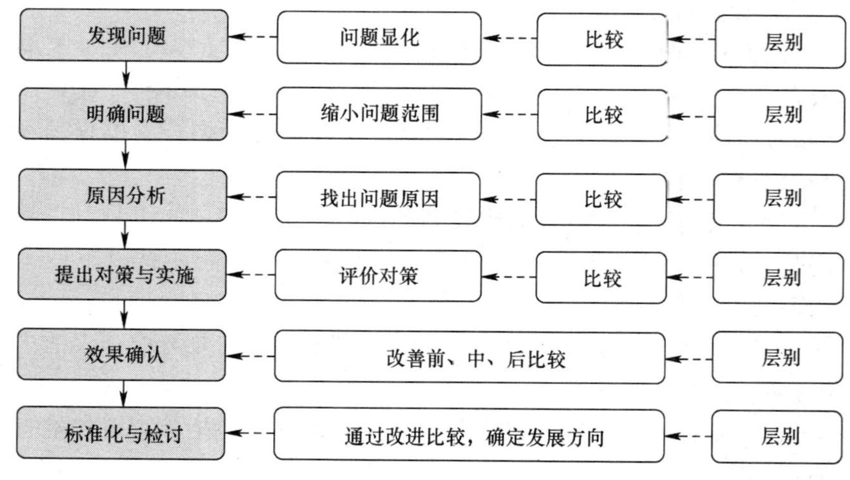

图 6—16　层别法在质量问题解决中的作用

5. 散布图

散布图，又称散点图、相关图，是将两种非确定关系的变量，成对地标在直角坐标系中，以便直观地分析它们之间是否存在相关关系的图示方法。

散布图主要是用来分析两组数据之间是否存在相关关系。一般情况下，散布图存在六种类型，其分别代表两组变量之间存在的六种关系。分析和判定散布图时，可对照如图 6—17 中的六种类型，确定变量之间的关系。

班组长在应用散布图进行分析和判断质量问题时，应注意以下四点注意事项，以便得出相对比较准确的结论。

（1）进行分析时，应将不同性质的数据进行正确分层后作图，以免影响最终判定结果。

（2）散布图中会出现个别偏离分布趋势的异常点，分析时应当查明原因并予以剔除。

（3）一般情况下至少应取 25 组以上数据进行分析，数据太少时判定结果容易出现误差。

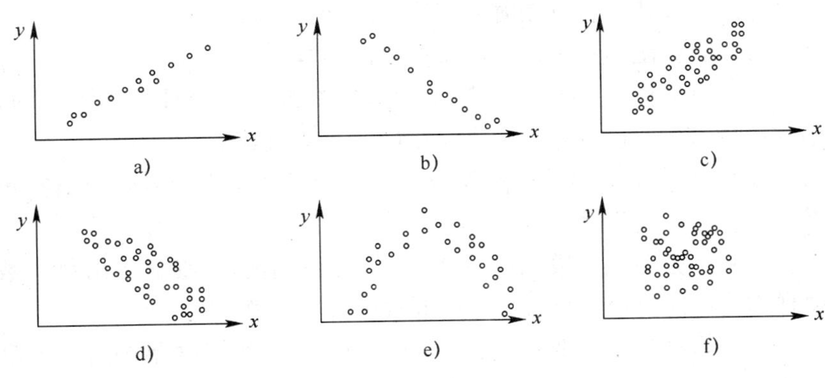

图 6—17　散布图的判定

a）强正相关　b）强负相关　c）弱正相关　d）弱负相关

e）非线性相关　f）不相关

（4）在使用散布图分析两个因素之间关系时，应当固定对这两个因素有影响的其他因素，以摒除干扰。

6. 直方图

直方图，又称质量分布图，是根据从生产过程中收集来的质量数据分布情况，画成以组距为底边（横轴）、以频数为高度（纵轴）的直方型矩形图，用来分析、判断和预测工序质量及其变化规律，并依特性分布情况进行适当调整的图形表示方法。标准形状如图 6—18 所示。

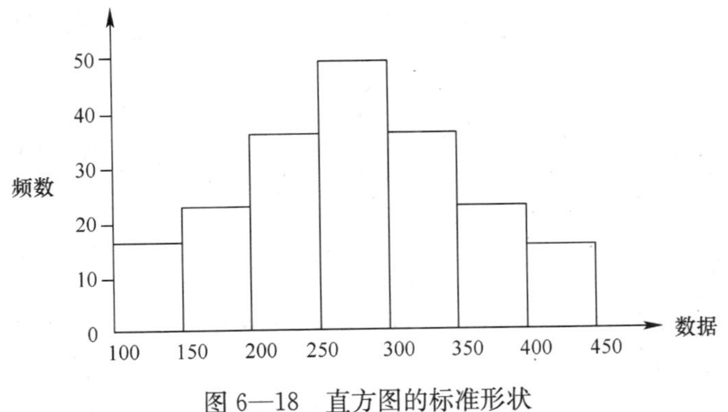

图 6—18　直方图的标准形状

班组长在使用直方图时，应注意以下五点内容：

（1）直方图适用于连续分布的数据样本。

（2）直方图适用于统计样本较大的情况，当统计样本不足时，不宜使用直方图进行分析，取样数量应不少于 50。

（3）绘制直方图时需将数据分成若干组并做好记号，分组数量在 6～20 之间较为适宜。

（4）直方图表示数据的分布情况，但不能够详细显示出每一数据样本，可能出现信息丢失，选取数据时应注意。

（5）需区分直方图与统计图的区别，直方图反映整个时期的品质分布状况，统计图只反映过去某期的状况。

7. 控制图

控制图又称为管理图、管制图，是一种通过在直角坐标系内绘制出控制界限，以描述生产过程中产品质量波动状态的图形。控制图又分计数值控制图和计量值控制图。

控制图的主要构成包括横、纵坐标轴、中心线 CL（Central Line）、上控制界限 UCL（Upper Control Limit）、下控制界限 LCL（Lower Control Limit）、数据点和波动曲线，如图 6—19 所示。

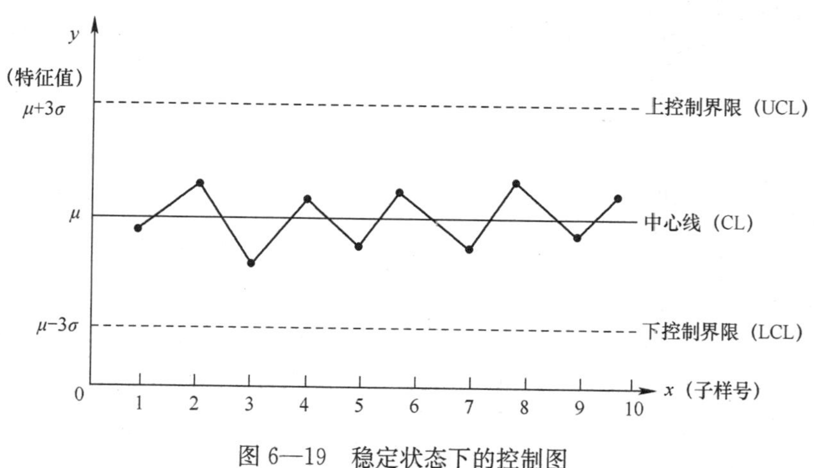

图 6—19　稳定状态下的控制图

班组长在使用控制图时，必须能够从控制图上的信息判断出工序是否正常、是否处于稳定的状态。控制图的状态主要可分为稳定状态和异常状态两种。

（1）控制图稳定状态的判定

控制图判断稳定状态的准则有三条，符合其中之一的就认为过程处于稳定状态。

1）连续 25 个点都在控制界限内。

2）连续 35 个点最多有 1 个点落在界限外。

3）连续 100 个点最多有 2 个点落在界限外。

在过程稳定的状态下，控制图上的大多数点在中心线附近随机散布，如图 6—19 所示。

（2）控制图异常状态的判定

通过控制图，判断工序质量是否出现异常状态时，可依据下面的标准。工序出现异常状态时，异常控制图分为五种情况，具体见表 6—6。

表 6—6　　　　控制图异常状态

异常状态 1	界外点的异常状态
说明	在工序控制图上，正常条件下，点超出控制界限的概率只有 0.27%，这是一个小概率事件，只有工序出现异常的时候才会发生
图例	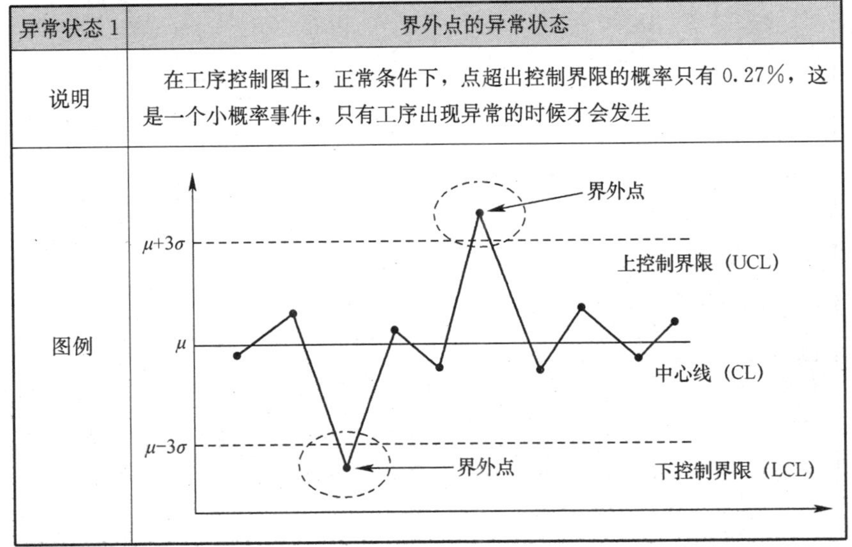

续表

异常状态 2	相对中心线，连续出现“链”的异常状态
说明	如果在控制图上连续点出现在中心线一侧时，即连续出现点“链”的情况；一般情况下，把连续出现 7 个点作为工序出现异常状态的依据
图例	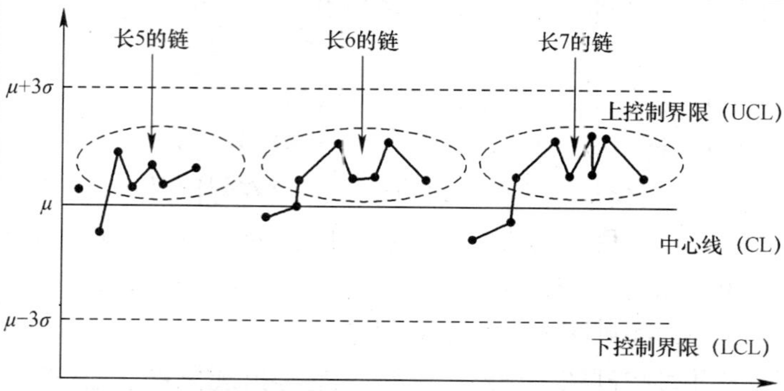
异常状态 3	点在中心线一侧多次出现的异常状态
说明	点在中心线一侧多次出现时的判断标准是连续 11 点中至少有 10 个点在中心线的一侧出现；连续 20 个点中，至少有 16 个点在中心线的一侧出现
图例	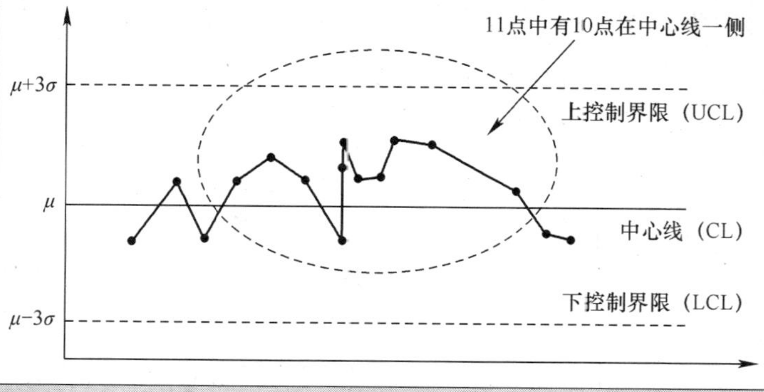
异常状态 4	点有倾向的异常状态
说明	点按次序上升或者连续下降的情况，一般把连续有 7 个点以上的上升或下降的倾向，作为工序是否出现异常的标准，这时应重点检查生产条件是否发生了变化

续表

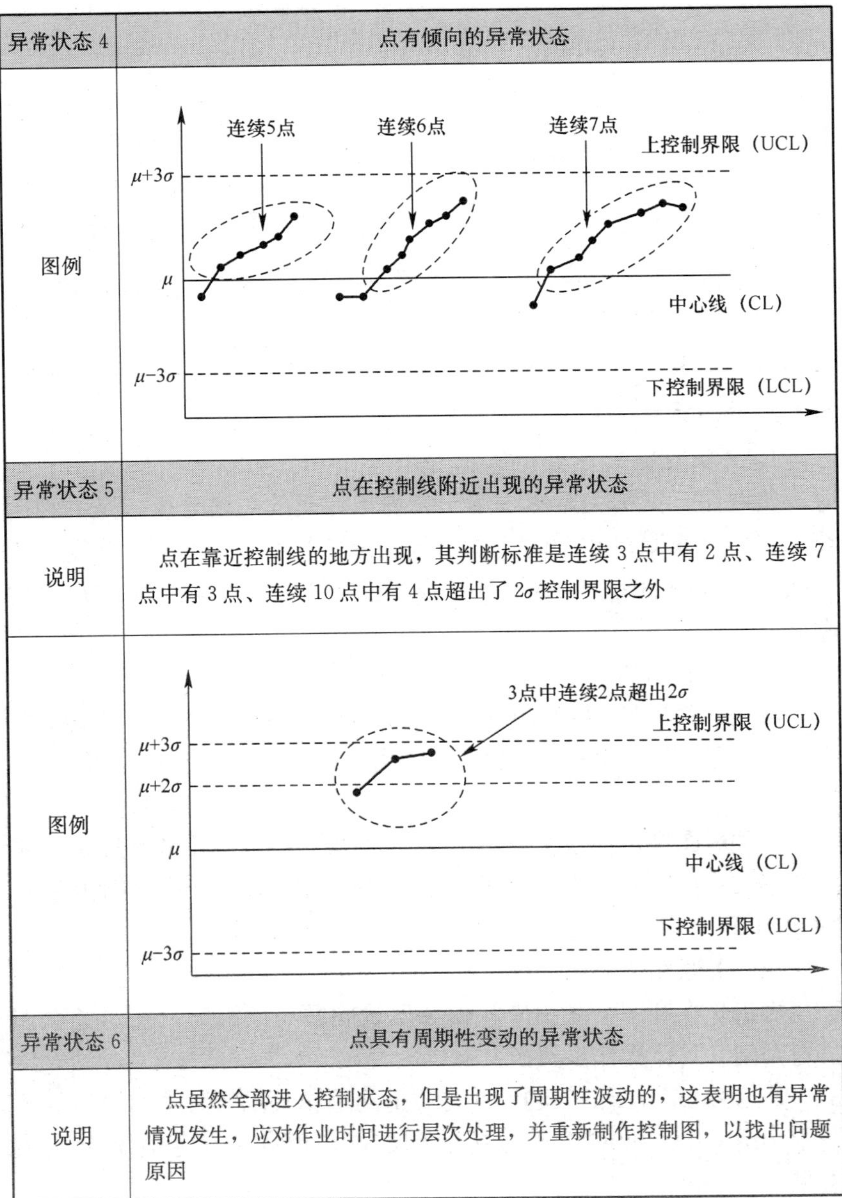

异常状态 4	点有倾向的异常状态
图例	连续5点 连续6点 连续7点 上控制界限（UCL） $\mu+3\sigma$ μ 中心线（CL） $\mu-3\sigma$ 下控制界限（LCL）
异常状态 5	**点在控制线附近出现的异常状态**
说明	点在靠近控制线的地方出现，其判断标准是连续 3 点中有 2 点、连续 7 点中有 3 点、连续 10 点中有 4 点超出了 2σ 控制界限之外
图例	3点中连续2点超出2σ 上控制界限（UCL） $\mu+3\sigma$ $\mu+2\sigma$ μ 中心线（CL） 下控制界限（LCL） $\mu-3\sigma$
异常状态 6	**点具有周期性变动的异常状态**
说明	点虽然全部进入控制状态，但是出现了周期性波动的，这表明也有异常情况发生，应对作业时间进行层次处理，并重新制作控制图，以找出问题原因

续表

异常状态 6	点具有周期性变动的异常状态
图例	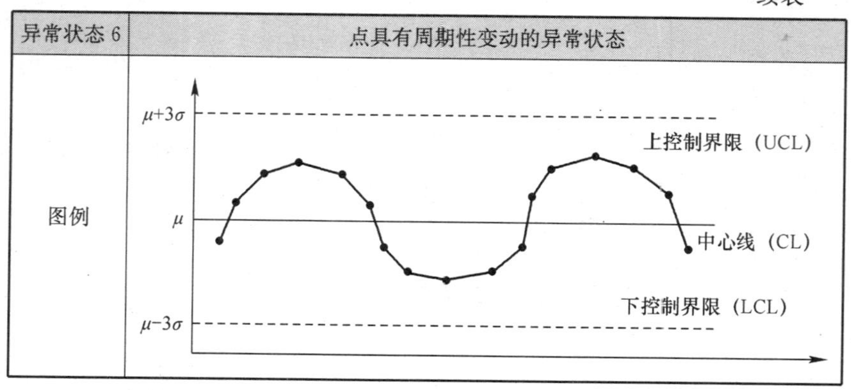

6.4.2 新 QC7 工具

1．关联图法

关联图，又称关系图，用于管理指标间的关联分析，是一种用箭头连接来表示事物之间“原因与结果”“目的与手段”等复杂逻辑关系，并从此逻辑关系中寻找出主要因素和解决问题方法的图表。

（1）关联图的类型

常见的关联图主要有四种：中央集中型关联图、单项汇集型关联图、应用型关联图和关系表示型关联图。具体样式和简介如图 6—20 所示。

在关联图中，箭头只进不出是“问题”，箭头只出不进是“主因”，箭头有进有出是“中间因素”，箭头出多于进的中间因素是“关键中间因素”。

（2）关联图的应用步骤

班组长在利用关联图来找现场质量问题与原因时，需对关联图进行判别。具体操作步骤如下：

1）确定需分析的问题，并将质量问题相关的管理者和员工组成一个小组，小组针对所需分析的问题，广泛收集信息，充分发表意见。

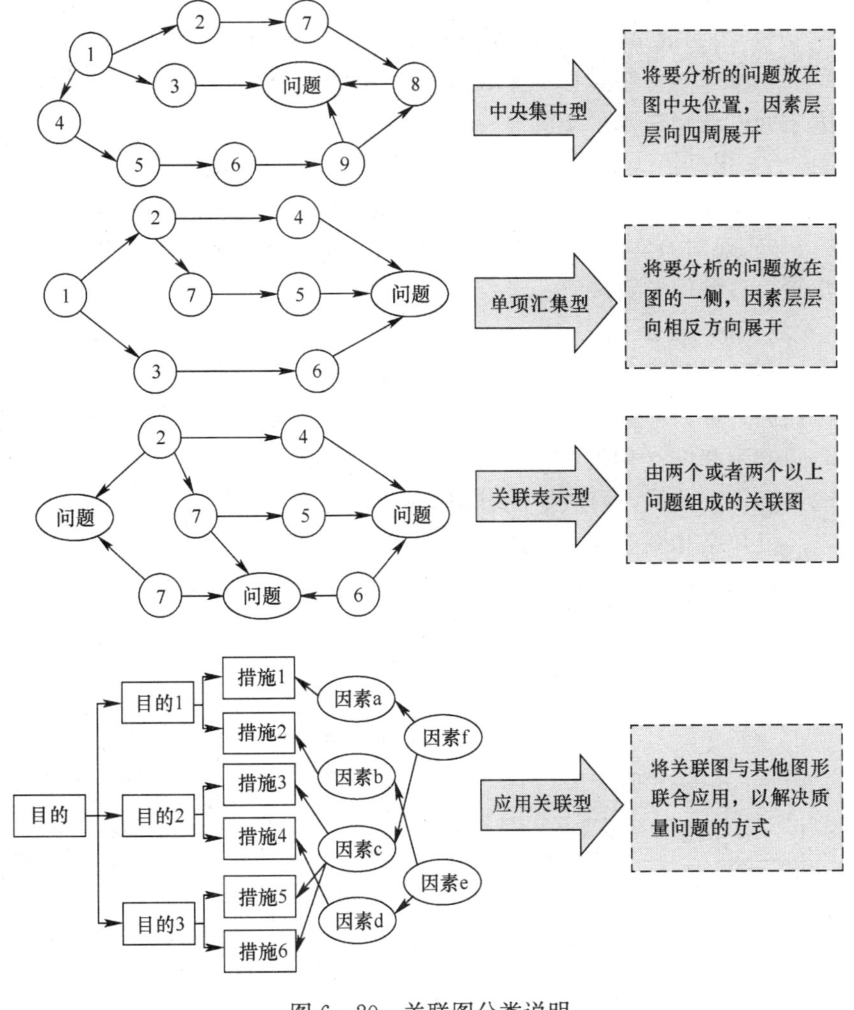

图 6—20　关联图分类说明

2）小组成员应运用头脑风暴等方法列出质量问题所有可能的原因，将分析出的原因列在纸上，并用圈线（或方框）圈起。

3）找出各因素和问题之间的逻辑关系，并用箭头连接，形成关联图草图，箭头应从原因指向结果、手段指向目的。

4）小组成员需对草图提出修改意见，并且根据意见修改和完善草图，修改时应尽量减少或消除交叉箭头，并且理清所有问题或原因之间的逻辑关系。

5）根据箭头的指向，确定出要因和问题，将图中的要因用粗线圈起，图中的问题用双线圈起，并制定问题的解决对策。

6）对对策实施结果进行分析总结并作必要修正调整，重复以上步骤，直到问题解决。

2. 亲和图法

亲和图法又称 KJ 法、A 型图解法，是一种把收集到的大量的各种数据、资料，甚至工作中的事实、意见、构思等信息，按其相互之间的亲和性（相近性）归纳整理，使问题明朗化，并使所有人员取得统一的认识，有利于问题解决的方法。

（1）亲和图的基本构成

亲和图的基本构成主要由大框、小框和表示因果关系的箭头线组成，如图 6—21 所示。

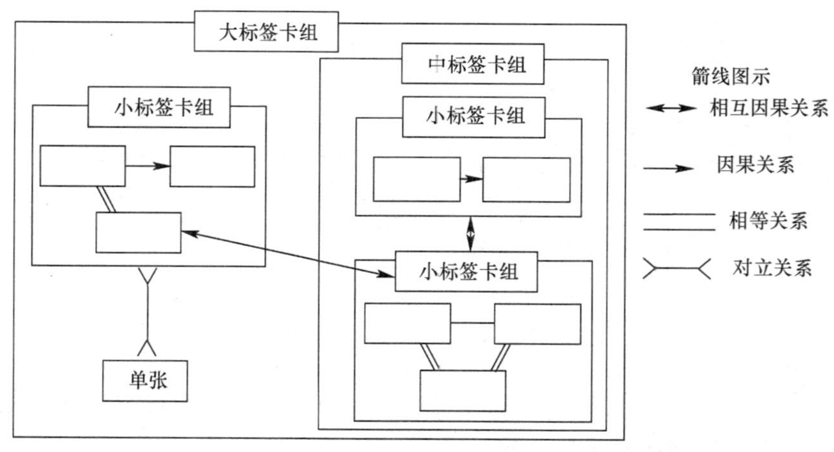

图 6—21　亲和图的基本构成

（2）亲和图的应用步骤

班组长在应用亲和图时，一般按以下八个步骤进行现场质量问题的分析，具体步骤如下：

1）确定主题。通过相关人员的调查研究，确定亲和图要解决的主要问题，如产品不合格率过高、缺陷出现次数过多等的质量问题。

2）收集相关的信息材料。针对主题收集相关信息材料的方法主要有直接观察法、文献调查法、面谈调查法、个人思考法和团队思考法。

3）信息材料卡片化。把收集到的信息材料用准确的词汇和语言概括地记录到卡片上，且语言文字的表达不要抽象化。

4）汇总卡片。仔细阅读卡片，把那些内容相近（即具有亲近感）的卡片归集到一起，作为一组。对于不能归类的卡片，单独分成一组。

5）制作标签卡。对于内容相似或相近的卡片组，写出一张能代表该组内容的标签卡。该卡片的表述不能失掉本组卡片的原意，且不要表述太过于抽象。

6）继续制作标签卡。将内容相似的卡片组继续汇总，汇总成中标签卡组，为该组制作标签卡。

7）制图。将各组卡片适当排开，确定组内和组间相互关系，把卡片按所确定位置进行排列，归为一类的卡片用框框起，用各种表示因果关系的箭头表示。

8）分析。通过分析各组卡片之间的相互关系，明确关键性的质量问题、指导性原则和方针等。

3. 系统图法

系统图法是把要实现的目的、需要采取的措施或手段，系统地展开分析，并绘制成图，以明确问题的重点，并寻找最佳手段或措施的一种方法。因这类图形主要由方块和箭头组成，形状似树枝，所以又名树型图、树枝系统图、家谱图、组织图等。

系统图主要包括结构因素展开型系统图、措施展开型系统图、探究原因型系统图三种，具体样式如图 6—22 所示。

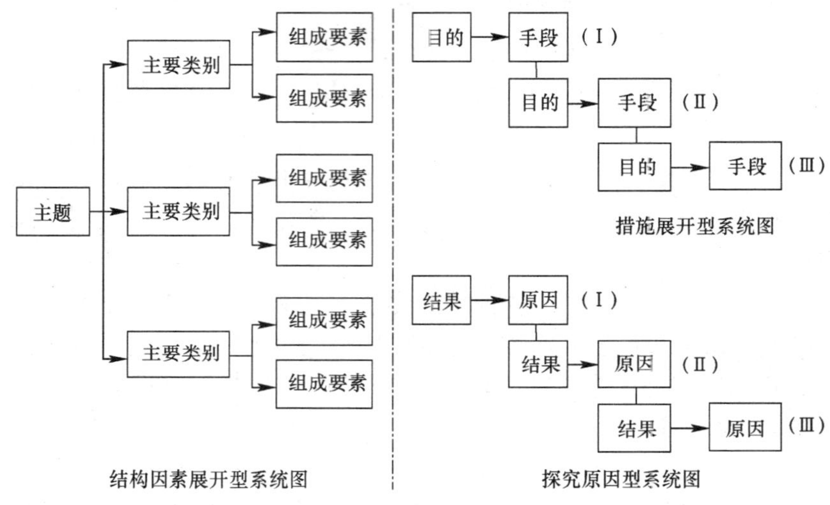

图 6—22　三种系统图

班组长在使用系统图法分析现场质量问题时，应按照一定的步骤进行，具体如下：

(1) 确定最终目标。确定第一层次的目的，并以此作为最终目标。最终目标的描述文字应当简明、妥当、准确。

(2) 提出问题解决措施。从最终目标开始，逐次向低一层次展开。

(3) 评价问题解决措施。按照可行的、有待调查和不可行的三类，对问题解决措施进行评估，并及时完善、增补和删减。

(4) 制作统一规格卡片。将目的以及筛选后的手段、措施等，逐一制成统一规格的卡片，并对其进行评价，选择可行的措施。

(5) 初步建立系统图样式。将卡片按照“目的—手段”链的形式排成系统图形式，最后加上连线，顺次提出解决措施。

(6) 确认目的。对初步建成的系统图用归纳法从最低层次开始顺次向上层确认，直到最终目的为止。

4. 矩阵图法

矩阵图是以矩阵的形式分析问题与因素、因素与因素、现象与因素之间相互关系的一种图表工具。矩阵图是通过在多维问题的事件中找出成对分析的对象，分别排成行和列，找出期间行与列的关系，并用“◎”“○”或“△”等不同的符号表示各因素之间关系的强弱，从中确定关键点的一种分析方法。

（1）矩阵图法的常用类型

常被班组长用来分析现场质量的矩阵图主要包括以下两种：L型矩阵图、T型矩阵图。具体如图 6—23 所示。

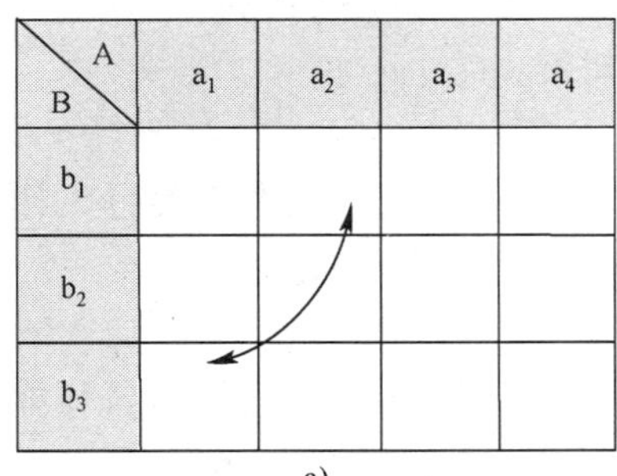

a)

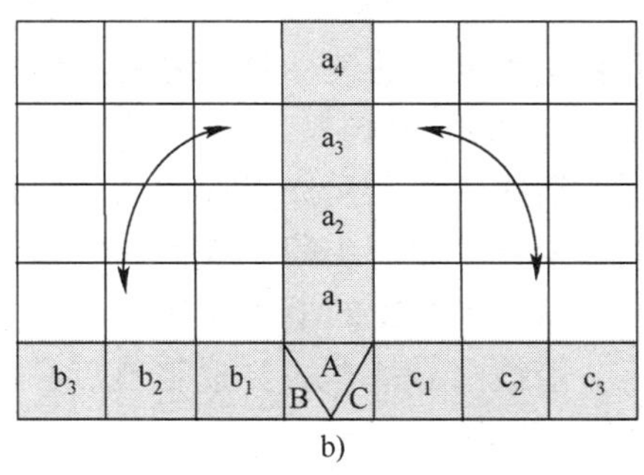

b)

图 6—23　矩阵图

a）L 型短阵图　b）T 型矩阵图

在质量管理工作中，L 型矩阵图主要适用于目标与手段、原因与结果的关系分析；而 T 型矩阵图可用于分析质量问题，如“不良现象—原因—工序”三者之间关系，也可以用于分析探索材料新用途的“材料成分—特性—用途”之间的关系等。

（2）实施步骤

在质量管理工作中，矩阵图的一般实施步骤如下：

1）确定分析对象。讨论小组可利用系统图或关联图等工具辅助思考，确定分析的问题和因素群，如质量特性与要因、不良原因与对策等。

2）选择矩阵图类型。根据分析的对象之间的关系及矩阵图的特性选择适当的矩阵图类型。

3）绘制矩阵图。对各因素群进行分析，展开行与列的排列因素，并计入矩阵图中。

4）因素关系分析。根据实际经验对相交的因素关系进行评价和标记，一般可分为“强相关”“弱相关”以及“不相关”三种，并用不同的符号表示。

5）初步建立系统图样式。将卡片按照“目的—手段”链的形式排成系统图形式，最后加上连线，顺次提出解决措施。

6）制定对策。根据各因素关系程度确定必须控制的重点因素，并针对因素间的关系寻找解决问题的对策。

5. 箭线图法

箭线图法，又称矢线图法、双代号网络图法，是为要实行工作的计划，使用箭线和节点表示出必要作业顺序关系的图。

（1）箭线图的组成要素

箭线图最基本的要素是节点和箭线，具体的图示记号和名称如图 6—24 所示。

图示记号	名称
○	节点（Event，Node），表示计划的起点、重点和作业的结合点
⟶	作业（Job，Activity），表示具有一定内容的作业
- -➤	虚拟作业（Dummy），表示作业间的相互关系不涉及使用时间
①、②	①、②：节点中的作业顺序（Event number）
① —A➤ ② —B➤ ③	A是B的紧前作业，B是A的紧后作业
① —A➤ ② ③ —B➤ ④	A与B为平行作业
①- -➤② ➤ ④；①↓③——↑④	①与②之间存在逻辑关系，使用- -➤来表示

图 6—24　箭线图组成要素

(2) 关键路线的确定步骤

路线，是指自箭线图起点开始，顺着箭线的方向，经过一系列连续不断的作业直至箭线图终点的通道。一条路线上各项作业的时间之和是该路线的总长度。在一个箭线图中有很多条路线，其中总长度最长的路线称为“关键路线”，关键路线上的各作业为关键作业，关键作业的周期等于整个工程的总工期。

班组长在运用箭线图法时，最核心的一项工作就是要确定出关键路线，以便确定主要作业，并对其进行重点管理和控制。关键路线的确定步骤如下所示：

1) 参数设定。用 i、j 表示作业节点，$t(i, j)$ 表示本作业的持续时间，那么 $t(h, i)$ 表示紧前作业的持续时间，$t(j, k)$ 表示紧后作业的持续时间。

2) 计算最早、最晚开始和结束时间。

ES——表示作业最早可能开始时间，$ES(i, j)=\max[ES(h, i)+t(h, i)]$。

EF——表示作业最早可能结束时间，$EF(i, j)=ES(i, j)+t(i, j)$。

LS——表示作业最晚必须开始时间，$LS(i, j)=\min[LS(j, k)-t(i, j)]$。

LF——表示作业最晚必须结束时间，$LS(i, j)=\min LS(j, k)$。

3) 计算作业时差。用 TF 表示作业的总时差。总时差表示在不影响工程总工期的条件下，作业最早开始时间可以推迟的时间，$TF(i, j)=LS(i, j)-ES(i, j)$。用 FF 表示作业的自由时差。自由时差表示在不影响工程总工期的条件下，工序最早结束时间可以推迟的时间，$FF(i, j)=ES(j, k)-EF(i, j)$。

4) 确定关键路线。总时差 TF＝0 的作业为关键作业，这些作业按照先后顺序，就组成了关键路线。应对这些作业加以重点控制，以免延误项目工期。

6. 矩阵数据分析法

矩阵数据分析法（Matrix Data Analysis Chart），是在矩阵图的基础上，将各个因素放在行和列，在行列交叉点处用数据定量描述这些因素之间的对比关系，并对这些数据进行计算和分析，从而整理、分析出重要因素的一种定量分析问题的方法。

班组长在运用矩阵数据分析法时，应注意以下三点，以提高矩阵数据分析法使用效率和效果。

（1）矩阵中的数据既可以运用主观感觉进行赋值，也可以运用测量获得的数据。

（2）矩阵数据分析法是定量分析问题的方法，应用时计算量大，应借助计算机来求解。

（3）矩阵数据分析法可以结合亲和图使用，先用亲和图将因素分成几个主要方面，然后利用矩阵数据分析法对各个主要方面进行成对对比，经过汇总统计，依重要性进行排列。

7. 过程决策程序图法

过程决策程序图法（Process Decision Program Chart，PDPC），又称为过程决定计划图法、重大事故预测图法，起源于日本，其核心思想是在制订计划或设计方案时，对可能出现的障碍和结果进行预测，并制定相应的应变措施以保持计划的灵活性，

PDPC法力图确定可能出错的所有事项，并指出预防或更正它们所需的应对措施。它起源于操作研究，目前已发展为质量控制和产品与过程设计中的一个预防和更正的重要方法。

根据PDPC法的核心内容，可绘制PDPC法的概念图如图6—25所示。

班组长在运用PDPC法时，应注意以下三点：

（1）重视PDPC法的特点

PDPC法的特点是对任务进行宏观控制并能够帮助企业管理者对重大事件进行决策，但不能用来汇集所有具体问题，无法获得全部微观信息。

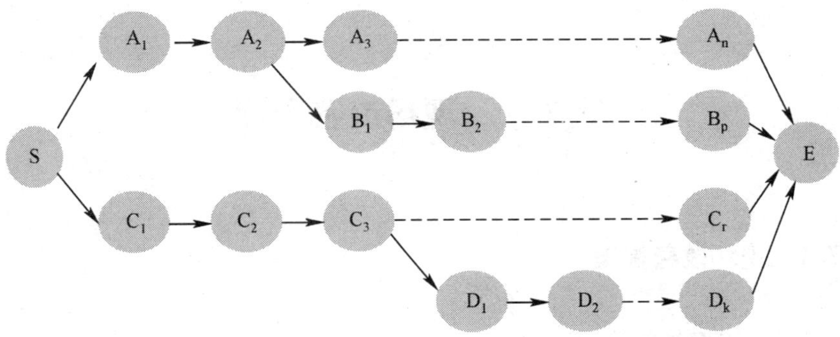

注：S指计划或任务的起点　　　　　E指计划或任务目标终点

A_1，A_2，…，A_n、B_1，B_2，…，B_p、C_1，C_2，…，C_r、D_1，D_2，…，D_k指过程对策或方法

——→ 指时间延续或事态发展的过程　　- - -→ 指省略的过程步骤

图 6—25　PDPC 法的概念图

(2) 要把控全局观念

PDPC 法是对决策过程进行描述的一种方法，企业通过 PDPC 法能够按照时间顺序掌握任务或者目标状态的变化情况，从而对全局进行判断和把控。

(3) 动态使用 PDPC 法

PDPC 法是一种动态方法，随着新问题、新步骤或新情况的出现，应及时动态地修订 PDPC 图，并告知使用者，从而达到信息共享的目的。

第 7 章　现场改善管理

7.1　现场改善提案

7.1.1　提案推行管理

1. 推行提案管理方法

推行提案管理制度可以培养改善的习惯和能力，有效提高产品质量、保证操作安全。其具体的方法见表 7—1。

表 7—1　推行提案管理方法

方法	具体说明	可获得效果
强制手段	◆制定推行方针 ◆主管领导要求 ◆进行目标管理 ◆采取绩效竞争的方式	◆提高生产力 ◆能源节省 ◆提升品质 ◆提高安全性 ◆降低工时 ◆降低成本
培养教育	◆公司外派训练 ◆举办发表会、演讲会 ◆张贴海报和标语等	◆可以培养改善的习惯 ◆可以培养提出建议的能力 ◆塑造改善的企业氛围

2. 提案管理推行步骤

推行提案管理制度，可以收集更多的解决方案，以便有效地解决问题、弥补生产管理的不足，从而提高生产效率。提案管理的推行步骤如图 7—1 所示。

成立改善提案小组
制定、审核改善提案制度
对员工进行宣传教育
在示范单位试行提案制度
复审提案制度
提案制度的全面推广
提案表格制定
提案制度实施
提案制度执行的效果跟踪
提案制度执行的成果发布

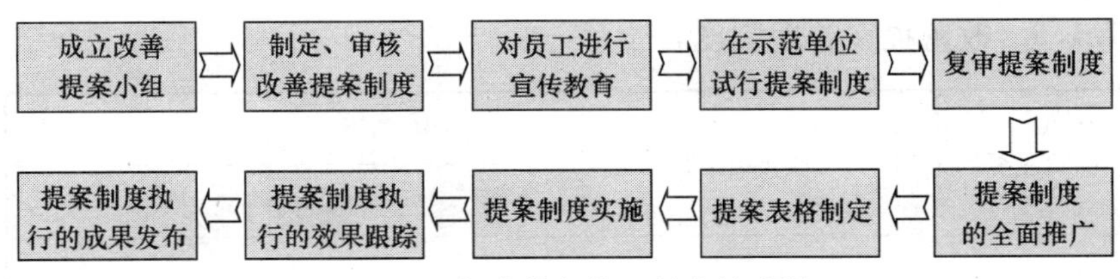

图 7—1　提案执行管理的实施步骤

7.1.2　改善提案管理流程

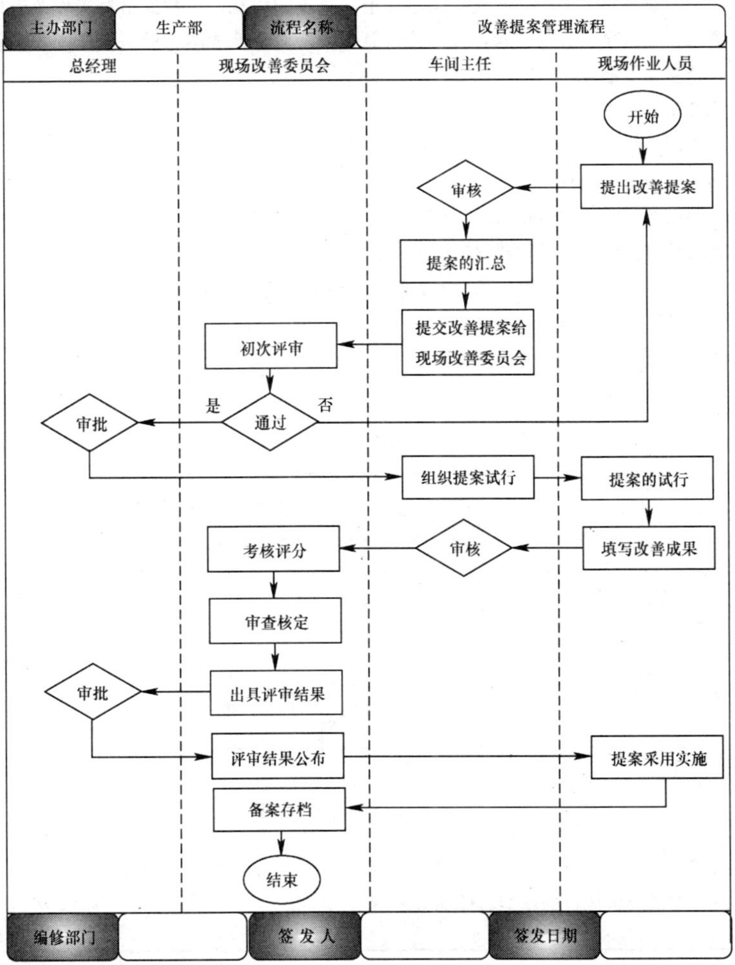

主办部门
生产部
流程名称
改善提案管理流程
总经理
现场改善委员会
车间主任
现场作业人员
开始
提出改善提案
审核
提案的汇总
提交改善提案给现场改善委员会
初次评审
是
通过
否
审批
组织提案试行
提案的试行
填写改善成果
审核
考核评分
审查核定
出具评审结果
审批
评审结果公布
提案采用实施
备案存档
结束
编修部门
签发人
签发日期

7.1.3 改善提案管理制度

制度名称	改善提案管理制度	编　　号	
		执行部门	

第 1 章　总　　则

第 1 条　目的

为激发全体员工的工作士气，积累并推广员工的智慧，不断提出对工作改善的建议与方法，促进全员参与改善，提高改善意识，从而降低成本、提高生产现场的管理水平，特制定本制度。

第 2 条　范围

本制度适用于对现场改善提案管理的相关事项。

第 3 条　术语解释

本制度的改善提案是指对生产现场和生产辅助部门在工作中存在的所有不合理或需改善的地方提出的合理化建议或可实施的方案。

第 2 章　改善委员会组织结构与职能

第 4 条　改善委员会组织结构

改善委员会组织结构如下图所示。

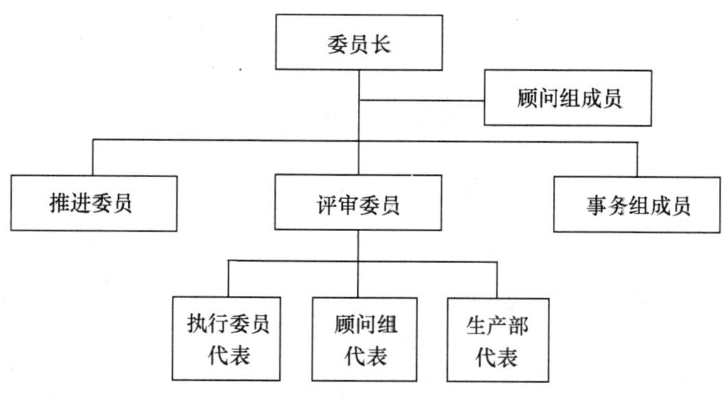

改善委员会组织结构图

第 5 条　改善委员会职能

改善委员会各成员的职能具体如下表所示。

续表

制度名称	改善提案管理制度	编　　号	
		执行部门	

改善委员会职能划分表

改善委员会成员	职能
委员长	1. 制定改善提案体制的方针、年度计划与目标 2. 跟踪改善提案体制的实施情况、成果 3. 任命相关人员、审定奖励成果及活动经费 4. 负责各职能部门的协调工作
推进委员	1. 负责与提案者的日常联络、提案跟踪与指导 2. 负责提案的初审工作及提案的推广工作 3. 负责各提案实施效果的跟踪、确认与评估工作 4. 定期参加改善提案的相关会议 5. 负责培训、指导本单位员工的问题意识、改善意识
评审委员	1. 定期参加提案评审工作 2. 定期参加改善提案的相关会议
事务局成员	1. 负责各种会议的组织工作 2. 负责改善提案的宣传工作，改善提案的整理、存档等工作 3. 负责改善提案活动实施的总结、相关制度的制定与完善 4. 负责改善提案活动经费管理、奖励活动的组织与主持

第 3 章　改善提案的管理

第 6 条　提案的受理范围

1. 改善提案受理范围

(1) 管理体制，有利于公司文化建设、有利于现场管理、提高团队士气等合理化建议或方案。

(2) 品质改善，降低不良损失额、提高产品一次合格率等方面的提案。

(3) 降低成本，效率提升、作业方法改善、工艺流程改善、工装夹具或设备改善、物流改善、布局改善、消耗品使用量降低及其他成本降低方法的提案。

(4) 生产技术，生产方式改善与变革的方法与建议，新生产技术的建议、实施方案等提案。

续表

制度名称	改善提案管理制度	编　　号	
		执行部门	

(5) 有关安全生产、生产环境改善、5S改善提案。

2. 改善提案不受理范围

非建设性的批评、抱怨、涉及人身攻击内容，以及无具体改善内容或内容重复的提案等将不予受理。

第7条　提案的提出

1. 生产现场所有人员均可提出提案，提案者可为个人或团体，团体提案应设组长。

2. 改善提案内容与现行的作业标准、加工标准有冲突时，应先经相关人员确认后，列出临时标准后实施，实施达到预期效果后修改现行标准。

第8条　提案的审核

1. 提案提出后，交车间主任对提案是否直接申报做出判断，未实施确认的项目应在车间内实施确认效果后填表申报。

2. 车间主任确认后，应指导提案人填写改善提案专用表，并将本车间的提案汇总并交改善委员会事务局进行初审。

第9条　提案初步评审

1. 改善提案的初步评审由改善委员会根据改善提案专用表进行分类汇总，然后按各类别进行评定。改善提案评审标准如下。

改善提案评审标准表

序号	评价指标	评分标准		评分
1	创新度（25分）	模仿	本期提出	0～5分
			在此之前有类似的方法或制度	
		应用	本期提出	0～5分
			对本职工作没做到位进行更正的提案	5～10分
			在此之前没有类似的防范、提案或制度	10～15分
		创新	在应用条件的基础上	15～20分
			能更高层次考虑问题（即超出本职工作范围）	
			改善提案对改革的促进有非常大的作用	20～25分

续表

制度名称	改善提案管理制度	编　号	
		执行部门	

序号	评价指标	评分标准		评分
2	可实施性（20分）	困难	就目前的条件或即使有其他方面的支援、投资，提案都无法实施	5～10分
		可实施	通过一些其他方面支援或投资即可实施	10～15分
		易实施	不需任何投资或支援即可实施	15～20分
3	实施效果（35分）	一般	提案已实施，但经济效益收益很小	0～10分
		显著	节省费用在0.5万～1万元	10～25分
			效率、合格率提升10%～20%	
			执行率提升5%～10%	
		效益巨大	节省费用在1万元以上	25～35分
			效率、合格率提升20%以上	
			执行率提升10%以上	
4	推广性（20分）	无	只限于本工位、本班组	0～5分
		一般	可在本工位推行	5～15分
			可在本车间内推行	
			可推广到其他部门	
		极广	可本部门内推行	15～20分
			可作为标准化文件	
			可在整个事业部内全面推行	

2. 评审委员保持高度素养，对改善提案的评审必须遵循公平、公开、公正的原则。

3. 对于团体提案以主导人员（以组长负责）为主体进行评审。

第10条　改善提案的试行

初步评审通过后，各实施部门应认真执行改善提案，每月填写成果报告表呈直属主管核定后，转呈改善委员会。

续表

制度名称	改善提案管理制度	编　号	
		执行部门	

第 11 条　改善提案的详细评审

1. 改善委员会依据所报的 3 个月的成果报告表及改善评审标准，进行详细的评审。

2. 改善委员会进行详细评审后，出具评审结果，确定改善方案是否可行，报总经理审批。

3. 如提案可行则颁布施行，如提案不可行则提案撤销。

第 4 章　改善提案的奖励

第 12 条　评审等级

1. 对于改善提案通过，且颁布实施的，则根据提案者填写的内容实行分类表彰和奖励。

2. 根据评审分数确定改善提案的等级，优秀提案将获得部门表彰和奖励。评审等级的划分如下表所示。

评审等级及比例

评审等级	鼓励	一般	良好	优秀
评分	65～75 分	75～85 分	85～95 分	95～100 分

第 13 条　奖项设置

奖项设置如下表所示。

改善提案奖项设置

奖项	奖励标准
改善提案奖	1. 采用者颁发 200～800 元人民币的提案奖金 2. 未采用者发 80 元人民币的参与奖金
成果奖励	依提案改善成果评分表，可核发 800～1 200 元人民币的奖金
追加奖励	提案经实施后，经定期追踪效益，成果显著、绩效卓越者，由委员会核计实际效益后，报请核发 2 500～12 000 元人民币的追加奖金
团体特别奖	以团队为单位，6 个月内，每人平均被采用 4 件提案以上者，向团队前三名发 300～700 元人民币奖金

第 5 章　附　　则

第 14 条　提案内容如涉及专利法者，其权益属本公司所有。

第 15 条　本制度呈总经理核定后公布实施，修改时亦同。

编制人员		审核人员		批准人员	
编制日期		审核日期		批准日期	

7.2　动作分析与工时观测法

7.2.1　标准工时观测法

标准工时观测法，是指对所发生的事或人的行为直接观察和记录。在观察过程中，调查人员所处的地位是被动的，也就是说调查人员对所观察的事件或行为不加以控制或干涉。企业运用标准工时观测法对标准工时进行计算，它是生产现场改善最常用的办法。

1. 标准工时构成

对生产现场进行改善，首先需了解标准工时的构成，其具体的构成要素如图7—2所示。

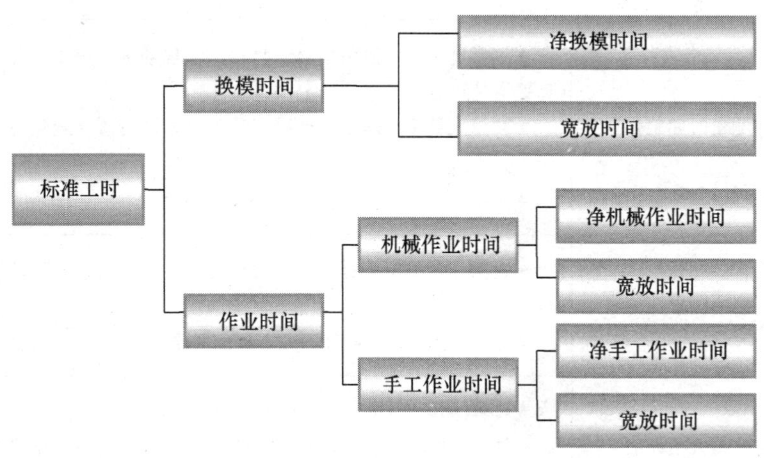

图7—2　标准工时构成要素

2. 标准工时观测法实施步骤

标准工时观测法实施步骤见表7—2。

表 7—2　　标准工时观察法实施步骤

标准工时观测步骤	具体要求
选择观察对象	◆操作人员必须是合格的工人，且与工作适合 ◆操作者需经过良好的训练 ◆操作者在适宜的工作环境、正常的机器运作状态下用正常速度操作
记录并收集有关资料	◆常见资料收集内容包括：被观测者基本资料，使用机器、工具等设备资料，工作环境资料，详细的工作方法及操作动作单元，工作材料的规格，预期工作结果及测定人员的姓名、测定时间及地点
划分工作单元	◆在不影响观测记录的前提下，工作单元划分越短越好 ◆人力的操作时间与机器操作时间应分开划分 ◆可变单元、超长单元应单独划分出来
测量时间工作	◆通常情况下，使用秒表测时法，在现场进行测量，并计算平均时间 ◆测量人员站在操作人员后方易观察处进行，并避免与操作人员谈话 ◆测量时应保证被测量人员的标准化操作
影响因素评比	◆对操作者的熟练程度、努力程度、工作环境、一致性进行评价 ◆正常时间＝平均时间×(1＋评比系数)
改善方案评估	◆计算操作人员因私事、疲劳及作业中的迟延时间 ◆注意工作环境变化，高温、嘈杂的作业环境下，宽放时间应适当增加
计算标准工时	◆标准工时＝正常时间＋宽放时间

7.2.2　现场动作分析法

现场动作分析主要包括人体动作分析和人机配合动作分析。

1. 人体动作分析

对人体动作进行分析可以发现人员操作时的闲暇时间和无效动作，以便进行作业简化，提高工作效率，降低成本。

人体动作分析的主要方法包括目视动作分析法、动作要素分析法、影片分析法等，具体的方法介绍如图 7—3 所示。

目视动作分析法	动作要素分析法	影片分析法
用目视观察的方法寻找可改进的工序，保证动作的经济性	对构成工作的各项动作要素进行分解，检讨是否有不必要的动作要素存在	使用摄影机对各种操作行为拍摄影片，通过对影片的分析，找出操作人员动作上的缺陷

图 7—3　人体动作分析方法

2. 人机配合动作分析

生产现场的人机配合分析主要是为了寻找人机配合之间可改善的项目，从而提高生产效率，具体分析步骤见表 7—3。

表 7—3　人机配合分析步骤

步骤	工作内容
预备调查	◆通过询问、收集有关资料来了解生产、设备、布局、工序流程等状况
明确作业顺序	◆明确操作人员及各机器设备的作业周期及各项作业的先后顺序
测算作业标准时间	◆准确测算各项作业的标准时间，作为分析的数据依据
绘制人机程序图	◆绘制人机配合分析图，有效、直观地显示人员、机器作业的先后及同步关系
寻找等候时间	◆分析人机程序图，找出等候时间最长的部分，探讨改进方案
制定改进方案	◆制定改进方案，改变作业顺序，或在等候时间执行其他作业
继续实施改进	◆改善后再绘制人机程序图，探讨是否有其他改进方案

7.3 目视管理法

7.3.1 目视管理的内容

目视管理法是指综合运用管理学、生理学、心理学、社会学等多学科的研究成果，利用形象直观而又色彩适宜的各种视觉感知信息来组织现场生产活动，达到提高劳动生产率的一种管理方法，也是一种利用视觉来进行管理的科学方法。

目视管理具有公开化和视觉显示的特点，在现场管理方面主要包括六个方面的内容，具体的内容见表 7—4。

表 7—4 目视管理内容

内容	具体说明
规章制度与工作标准的公开化	◆与现场密切相关的规章制度、标准、定额等，都需要公布于众 ◆与岗位工人直接有关的岗位责任制、操作程序图、工艺卡片等，应分别展示在岗位上，并保持其完整、正确和洁净
生产任务与完成情况的图表化	◆计划指标定期层层分解，落实到车间、班组和个人，并列表张贴在墙上 ◆实际完成情况也要相应地按期公布，并用作图法表示
视觉显示资讯的标准化	◆必须有完善而准确的资讯显示，包括标志线、标志牌和标志色 ◆采用清晰的、标准化的资讯显示符号，各种区域、通道及辅助工具均运用标准颜色，不得任意涂抹
生产作业控制手段的形象直观与使用方便化	◆在生产现场，采用与现场工作状况相适应的、简便实用的资讯传导信号 ◆各生产环节和工种之间的联络，要设立方便实用的资讯传导信号 ◆质量控制，在各质量管理点（控制），要有质量控制图，以便清楚地显示质量波动情况，及时发现异常，及时处理

续表

内容	具体说明
着装统一化与挂牌制度	◆企业内部不同单位、工种和职务之间着装统一 ◆挂牌制度包括单位挂牌和个人佩戴标志，单位挂牌，如先进工作单位等，个人佩戴标志，如胸章、胸标、臂章等
色彩的标准化管理	◆色彩是现场管理中常用的一种视觉信号，目视管理要求科学、合理、巧妙地运用色彩，并实现统一的标准化管理，不允许随意涂抹

7.3.2　目视管理的特点

目视管理的特点是以视觉信号为手段，并以公开化、透明化为原则，传达管理人员和现场作业人员的信息。具体的特点如图 7—4 所示。

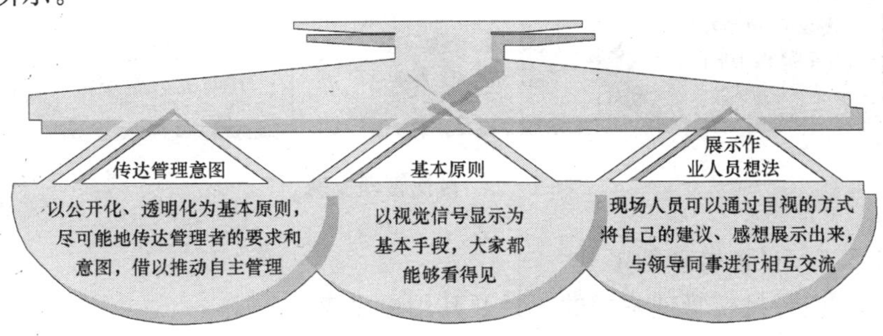

图 7—4　目视管理的特点

7.3.3　目视管理的要点

企业推行目视管理的要点主要表现在人员、设备、材料、方法等方面，其具体要点见表 7—5。

表 7—5　　目视管理要点

方面	要点说明
异常方面	◆无论是谁都能判明是好是坏
精度方面	◆能迅速判断，精度高

续表

方面	要点说明
结果方面	◆判断结果不会因人而异
人员方面	◆能详细了解人员的工作状况、技能水平
机器方面	◆能准确了解设备的使用、运行、维修保养状况
材料方面	◆能了解材料的使用、库存、存储状况
方法	◆能了解工作的顺序、周期时间、安全注意事项、质量查核点，以及变异发生时要如何处置

7.3.4 目视管理的级别

目视管理可分为初级、中级、高级三个等级，其具体的说明如图 7—5 所示。

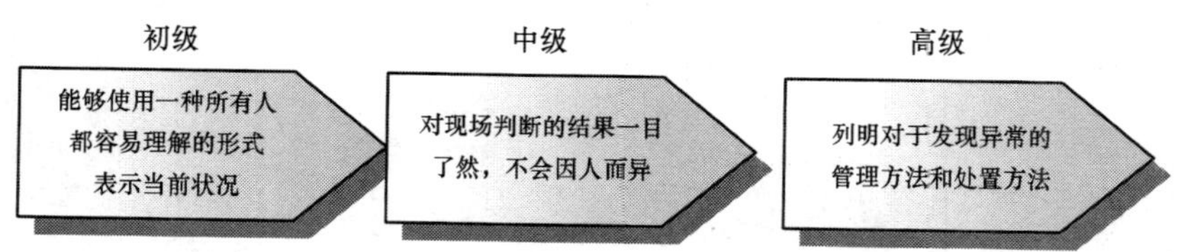

图 7—5 目视管理级别

7.3.5 目视管理的工具

推行目视管理常用的工具及其用途见表 7—6。

表 7—6 目视管理工具

序号	常用工具	使用说明
1	红牌	◆用来区分日常生产活动中非必需品
2	看板	◆展示物品的放置场所等基本状况
3	信号灯	◆工序内发生异常或运转变化时，用于通知管理人员的工具
4	作业流程图	◆描述工序重点和作业顺序的简明指示书，也称为步骤图，用于指导生产作业
5	反面教材	◆结合实物与适当说明，展示不良的现象及后果

续表

序号	常用工具	使用说明
6	提醒板	◆记录重要事项或不良现象，防止遗漏或遗忘
7	区域线	◆主要用于整理与整顿，异常原因、停线故障等
8	警示线	◆物品放置处用来表示最大或最小库存量的彩色漆线
9	生产管理表	◆揭示生产线的生产状况、进度的表示板，记入生产实绩、设备开动率、异常原因（停线、故障）等

7.3.6　目视管理的方法

开展目视管理可以借助定位法、标志法、分区法、图形法、颜色法、方向法等方法来进行，这些方法及说明见表7—7。

表7—7　目视管理的方法及说明

方法	方法说明
定位法	◆将需要的东西放在固定位置，位置的四个角可以用定位线表示出来
标示法	◆将场所、物品等用醒目的字体表示出来
分区法	◆采用划线的方式表示不同性质的区域
图形法	◆用大家都能识别的图形表示公共设施
颜色法	◆用不同的颜色表示差异和区别
方向法	◆指示行动的方向和对象
痕迹法	◆将物品的形状画在需要放置的地方
透明法	◆公用物品要开放，以便让其他人了解
监察法	◆能随时注意事务的动向
公告法	◆以公告牌的形式通知有关人员
地图法	◆将公司的布置表示出来
备忘法	◆进行记录和表单化，避免忘记与他人相关的事情

7.3.7　目视管理的推行

1. 目视管理推行对象

在不同的工作现场推行目视管理，其关注对象是有所区别的。

一般说来，企业可根据工作现场构成要素的不同，对物品管理、作业管理、设备管理、品质管理和安全管理等方面推行目视管理。其具体说明如图 7—6 所示。

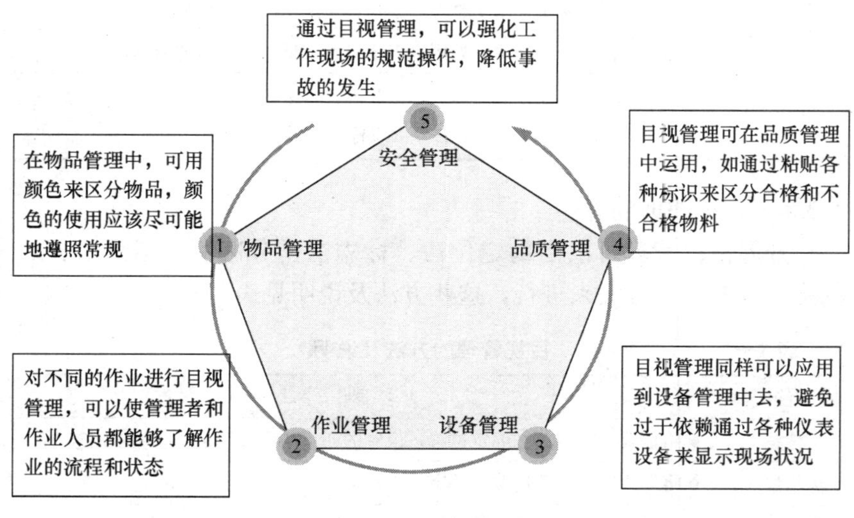

图 7—6　目视管理推行对象

2. 目视管理推行步骤

推行目视管理可以使工作现场直观化，从而保持较高的工作效率与正常的工作状态。目视管理的具体推行步骤如图 7—7 所示。

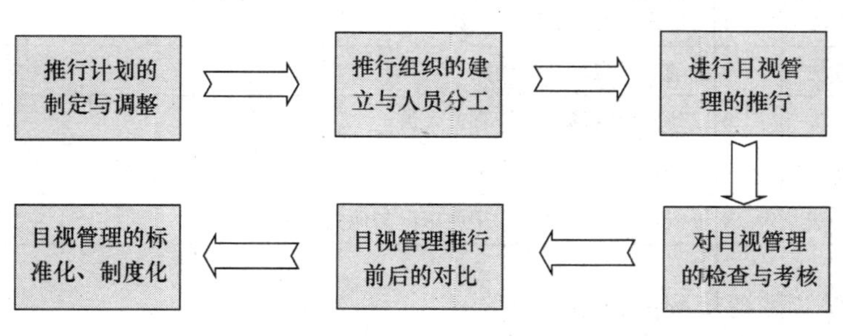

图 7—7　目视管理推行步骤

7.4　看板管理法

7.4.1　看板管理的内容

看板管理主要分为传送看板、生产看板两种。传送看板用于指挥零件在前后两道工序之间移动，生产看板用于指挥工作地的生产，规定了所生产的零件及其数量。传送看板和生产看板的例子如图7—8所示。

传送看板

零件型号：××—×××　　零件描述：装饰铆钉
所需批量：20　　容器：8cm×10cm铁质框
卡片数量：2/4　　取货地点：×××
工作设备：2124　　送货地点：×××

生产看板

零件型号：××—×××　　零件描述：装饰铆钉
所需批量：20　　容器：8cm×10cm铁质框
卡片数量：3/4　　取货地点：×××
工作设备：2124　　送货地点：×××

要求：
原料型号：××—×××，模具型号：××—×××
换模时间：5min，存储位置：×××

图7—8　传送看板与生产看板举例

7.4.2　看板管理的原则

看板管理必须严格按照规定进行，否则就会陷入形式主义的泥潭，起不到应有的效果。看板管理应遵循以下六项规则，具体如图7—9所示。

7.4.3　看板使用的方法

看板还可细分为工序内看板、信号看板、工序间看板、外协看

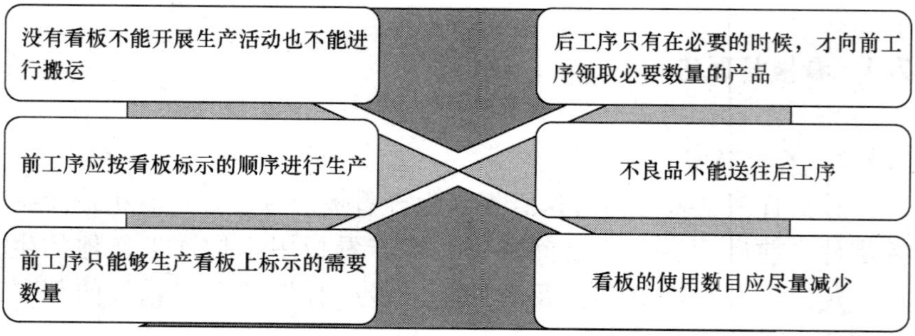

没有看板不能开展生产活动也不能进行搬运

后工序只有在必要的时候，才向前工序领取必要数量的产品

前工序应按看板标示的顺序进行生产

不良品不能送往后工序

前工序只能够生产看板上标示的需要数量

看板的使用数目应尽量减少

图 7—9　看板管理的六项规则

板。由于看板种类很多，因而其使用方法也不尽相同，其具体的使用方法见表 7—8。

表 7—8　　看板使用方法

分类	使用方法
工序内看板	◆工序内看板必须随实物，即与产品一起移动 ◆后工序来领取中间品时摘下挂在产品上的工序内看板，挂上领取用的工序间看板，然后按照工序间看板所表示的数量进行生产
信号看板	◆信号看板挂在成批制作出的产品上面 ◆如果该批产品的数量减少到基准数时就摘下看板，送回到生产工序，然后生产工序按照该看板的指示开始生产，没有摘牌则说明数量足够，不需要再生产
工序间看板	◆工序间看板挂在从前工序领来的零部件的箱子上，当该零部件被使用后，取下看板，放到设置在作业场地的看板回收箱内 ◆看板回收箱中的工序间看板所表示的意思是“该零件已被使用，请补充” ◆现场管理人员定时来回收看板，集中起来后再分送到各个相应的前工序，以便领取需要补充的零部件
外协看板	◆外协看板的摘下和回收与工序间看板基本相同 ◆回收以后按各协作厂家分开，等各协作厂家来送货时由他们带回去，成为该厂下次生产的生产指示 ◆在这种情况下，该批产品的进货至少将会延迟一回以上，因此，需要按照延迟的回数发行相应的看板数量，这样就能够做到循环进行

7.4.4 看板的实施步骤

企业在生产现场实施看板管理，可按以下步骤来进行，具体的实施步骤见表7—9。

表7—9 看板的实施步骤

步骤	具体工作内容
建立看板管理小组	◆由生产经理组建看板管理小组，其成员由生产主管、物料人员、作业人员组成
制定看板管理计划	◆看板管理小组制定看板管理实施的日程和看板管理预算，并交生产经理及财务部门进行审核批准
开展看板管理培训	◆对现场生产人员进行培训，使其了解看板管理的运行方式和要达到的预期效果
实施看板管理	◆看板管理小组需确认现场看板制作、安装，进行看板指示测试，然后实施看板管理，并监督跟进看板管理实施情况
看板管理改进	◆看板管理实施后，由看板管理小组组织看板管理评价，检验看板管理实施情况 ◆根据看板管理的不合格项与现场生产人员的反馈信息，制定看板改进措施 ◆看板管理小组负责组织执行改进措施，并修改相应的操作规范与制度

第 8 章　现场 5S 管理

5S 管理指整理（Seiri）、整顿（Seiton）、清扫（Seiso）、清洁（Seiketsu）、整齐（Shitsuke）五项活动的管理。

8.1　整理

8.1.1　整理活动推行管理

整理为 5S 活动的第一阶段，是指区分必要和不必要的，大胆地扔掉不必要物品的活动。整理的关键在于即使觉得可惜也要大胆地扔掉。通过这个阶段减少不必要物品所占的空间来确保必要的物品所占的空间。整理活动工作内容与操作方法如下：

➢ 制定区分不必要和必要品的标准。

➢ 大扫除，实施红牌作战，区分不用物品、不需物品。

➢ 进行列表编目，制作登记不用物品、不需物品的账簿。

➢ 按规定处理不用物品、不需物品。

➢ 作业人员每日自我检查，达成并维持整理效果。

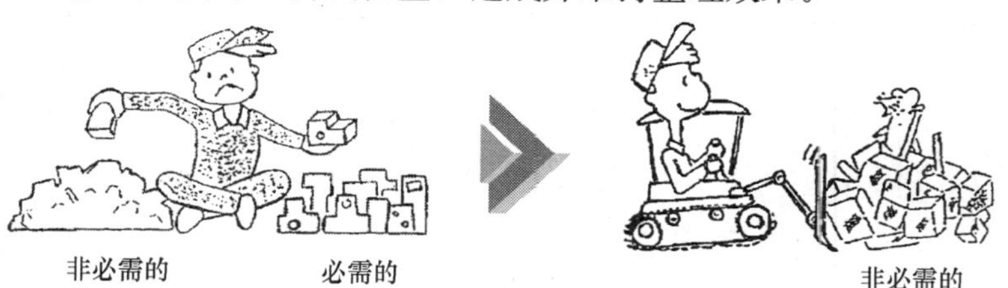

8.1.2　整理活动管理办法

<table>
<tr><td rowspan="2">制度名称</td><td rowspan="2">整理活动管理办法</td><td>编　　号</td><td></td></tr>
<tr><td>执行部门</td><td></td></tr>
<tr><td colspan="4">第 1 章　总　　则
第 1 条　目的
为确保生产现场无杂物、过道通畅，增大作业空间，减少资源浪费，提高工作效率，</td></tr>
</table>

续表

制度名称	整理活动管理办法	编　　号	
		执行部门	

同时为整理活动的推行提供依据，特制定本办法。

第 2 条　相关定义

1. 整理，即将必需品与非必需品区分开，在操作岗位上只放必需物品的行为。

2. 必需品，指经常必须使用的物品，如果没有它，就会用替代品代替，否则就会影响工作。必需物品的使用频率可能是每小时或每天都要用，也可能每一周都要用。它的处理方法就是放在工作台上，或是随身携带。

3. 非必需品，可分为下列两种：

（1）使用周期较长的物品，即一个月、三个月甚至半年才使用一次的物品，如样品、图纸、零配件等。

（2）对目前的生产或工作无任何作用的、需要报废的物品。

非必需品的处理方法就是放在仓库，同时为其建立一个档案，并定期进行检查。

第 3 条　整理的作用

1. 能使现场无杂物，过道通畅，增大作业空间，提高工作效率。

2. 减少碰撞，保障生产安全，提高产品质量。

3. 消除混杂材料的差错。

4. 有利于减少库存，节约资金。

5. 使员工心情舒畅，工作热情高涨。

第 4 条　整理活动的推行要领

1. 先区分马上要用与暂时不用的物品。一时用不着的，甚至长期不用的要区别对待。必需品亦同。

2. 将必需品的数量降到最低的程度。

3. 对可有可无的物品，不管是谁买的，无论有多昂贵，都应坚决地处理掉。

第 2 章　整理活动的推行步骤

第 5 条　现场检查

对工作场所进行全面性的检查，包括眼睛看到的和看不到的地方。例如，设备的内部、文件柜的顶部、桌子的底部位置等。特别是设备，一个大机械设备，其内部是看不见的。文件柜的顶部，桌子的底部，这些都是现场检查时应特别需要注意的地方。

归纳起来就是两点：看得见的要整理，看不到的更要进行整理。

第 6 条　进行定点摄影

续表

<table>
<tr><td rowspan="2">制度名称</td><td rowspan="2">整理活动管理办法</td><td>编　号</td><td></td></tr>
<tr><td>执行部门</td><td></td></tr>
</table>

定点摄影是指从同样的位置、同样的高度、同样的方向，对同样的物体进行连续摄影，以将工作场所内（工作岗位、设备、方法）不愿公示的地方拍下来，作为展示和自我反省的材料。步骤如下：

1. 征得被拍者的同意。应于事前对员工予以提醒，解释拍摄的目的，并征得同意。

2. 进行定点摄影。在地板上画一个点，摄影者站在点上。在所拍摄物体的中心位置也画一个点，摄影时照相机的焦点对准所拍物体上的点。

3. 照片运用。照片贴在图标上，以此为基础召开会议。在定点摄影图表上的第一阶段里记下摄影日期，贴上照片，记入评分。评分从低到高为1分、2分、3分、4分、5分。建议栏的填写较随意，可以由上级主管填写建议，也可以填写对员工的要求等。

4. 每次实施对策。取得一定的改善效果后，应再次摄影，按时间顺序贴上新照片。亦可采取定时摄影，即决定下次摄影日期的方式。

第7条　区分必需品和非必需品

管理必需品和清除非必需品同样重要。首先要判断物品的重要性，然后根据此物的使用频率来决定它的管理方法。所以对生产现场管理人员而言，准确地区分需要还是想要，是非常关键的问题。

第8条　清理非必需品

清理非必需品时必须把握好物品现在有没有使用价值，应注意使用价值，而不是原来的购买价值，也就是使用价值大于购买价值。本着这一观点，在生产现场要重点清理下列物品。

1. 货架、工具箱、抽屉、橱柜中的杂物。

2. 过期的报刊、杂志。

3. 空罐子、已损坏的工具或器皿。

4. 仓库墙角、窗台、货架上，甚至货柜顶上摆放的样品。

5. 长时间不用或已不能使用的设备、工具、原材料、半成品、成品。

6. 在办公场所、桌椅下面、显示写字板上报废的文具、过期的文件、表格、速记记录等。

第9条　处理非必需品

非必需品根据使用价值进行分类，处理方式如下图所示。

续表

制度名称	整理活动管理办法	编　　号	
		执行部门	

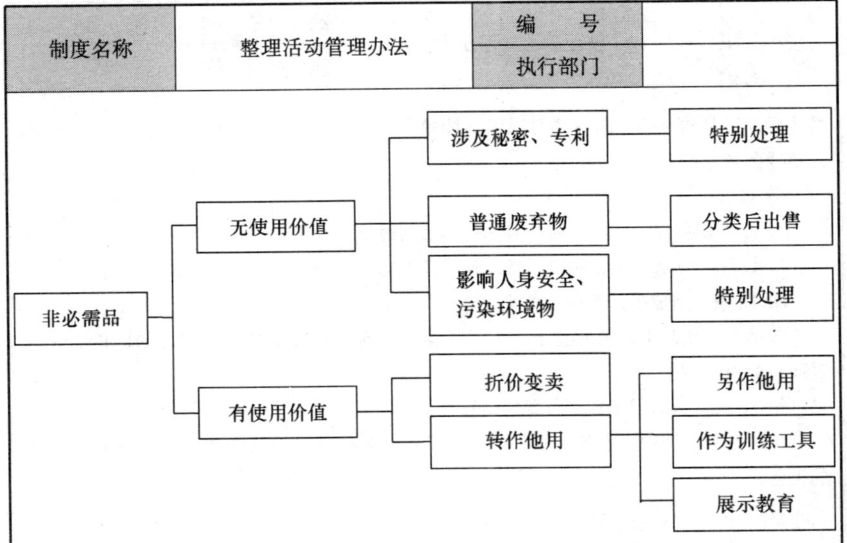

非必需品分类处理

第 10 条　每天循环整理

整理作为循环的基础工作，是一个永无止境的过程，现场每天都在变化，昨天的必需品，今天就有可能是多余的。所以，现场作业人员要养成每天循环整理的习惯，根据需要随时进行，需要的就留在现场，不需要的马上整理出现场。

第 3 章　整理活动的推行细则

第 11 条　无使用价值的物品

包括不能使用的旧手套、破布、砂纸，损坏了的钻头、丝锥、磨石，已损坏而无法使用了的锤、套筒、刃具等工具，精度不准的千分尺、卡尺等测量器具，不能使用的工装夹具，破烂的垃圾桶、包装箱，过时的报表、资料，枯死的花卉，停止使用的作业标准书，无法修理好的器具设备，过期、变质的物品等。

第 12 条　不使用的物品

包括目前已不生产的产品的零件或半成品、已无保留价值的试验品或样品、多余的办公桌椅、已切换机种的生产设备、已停产产品的原材料、安装中央空调后的落地扇、吊扇。

第 13 条　销售不出去的产品

包括目前没登记在产品目录上的产品，已经过时、不合潮流的产品，预测失误而

续表

<table>
<tr><td rowspan="2">制度名称</td><td rowspan="2">整理活动管理办法</td><td>编　　号</td><td></td></tr>
<tr><td>执行部门</td><td></td></tr>
<tr><td colspan="4">造成生产过剩的产品，因生锈等原因不能销售的产品，有使用缺陷的产品，积压的不能流通的特制产品。
第 14 条　多余的装配零件
1. 没必要装配的零件，能共通化的尽量共通化。
2. 设计时应从安全、品质、操作等方面考虑，能减少的尽量减少。
第 15 条　造成生产不便的物品
包括取放物品不方便的盒子；为了搬运、传递而经常要打开或关上的门；让人绕道而行的隔墙。
第 16 条　占据工场重要位置的闲置设备
包括已不使用的旧设备，偶尔使用的设备，领导盲目购买的却没有任何使用价值的设备。
第 17 条　不良品与良品分开摆放
包括设置不良品放置场、规定不良品的标志方法、工作岗位上只能摆放当天工作所需的必需品、规定不良品的处置方法和处置时间与流程。
第 18 条　减少滞留，谋求通道畅通
检查工作场所是否被零件或半成品塞满，通道或靠墙的地方是否摆满了卡板或推车。
第 4 章　附　　则
第 19 条　本办法由现场管理办公室负责制定，报生产总监审阅、总经理批准后执行。
第 20 条　本办法报总经理审批通过后，自颁发之日起生效实施。</td></tr>
</table>

编制人员		审核人员		批准人员	
编制日期		审核日期		批准日期	

8.1.3　整理活动检查考核细则

对现场整理活动的检查考核，班组长可分项设定查核的标准，制定“整理效果查核标准表”（见表 8—1），以便于检查考核时记录、评分用。

表 8—1　　　　整理效果查核标准表

部门：　　　　　　检查者：　　　　　　日期：　　年　月　日

项次	检查项目	等级	评分等级	查核标准	得分
1	通道状况	1 级	0	有很多东西，或脏乱	
		2 级	1	虽然能通行，但要避开，叉车（台车）不能通行	
		3 级	2	摆放的物品超出通道	
		4 级	3	超出通道，但有警示牌	
		5 级	4	很畅通，又整洁	
2	工作场所设备、材料	1 级	0	1 个月以上不用的物品杂乱放着	
		2 级	1	角落放置不必要的东西	
		3 级	2	放半个月以后要用的，且杂乱	
		4 级	3	一周内要用的，且整理好	
		5 级	4	3 日内使用，且整理很好	
3	办公桌、作业台、工作椅	1 级	0	不使用的物品杂乱	
		2 级	1	半个月才用 1 次的也有	
		3 级	2	1 周内要用的，但过量	
		4 级	3	当日使用，但杂乱	
		5 级	4	桌面及抽屉内均最低限度，且整齐	
4	料架	1 级	0	杂乱存放不使用的物品	
		2 级	1	料架破旧，缺乏整理	
		3 级	2	摆放不使用的物品但整齐	
		4 级	3	料架上的物品整齐摆放	
		5 级	4	摆放为近日用，很整齐	

续表

项次	检查项目	等级	评分等级	查核标准	得分
5	仓库	1级	0	塞满东西，人不易行走	
		2级	1	东西杂乱摆放	
		3级	2	有定位规定，没被严格遵守	
		4级	3	有定位，也在管理状态，但进出不方便	
		5级	4	任何人均易了解，退还也简单	
合计					
备注	1级：差，2级：较差，3级：合格，4级：良好，5级：优秀				

8.2 整顿

8.2.1 整顿活动推行管理

整顿就是将整理后的状态可视化（如将必需物品置于任何人都能立即取到的位置），并使整理后的状态便于维护。整顿不是简单的陈列与摆放整齐，而是要把有用的东西以最简便的方式放好，让大家都一目了然，在想要使用时可以随时取得。整顿工作的难点与问题如下所示。

整顿活动的难点与问题

☞ **常见的现象**

◎ 货架上物品无“物资收发登记卡”，管理状态不清，除当事人外，他人一时难找到

◎ 货架太高或物品堆积太高，不易拿取

◎ 没有按重低轻高、大低小高的原则摆放

☞ **常见的问题**

◎ 刚开始放得很整齐，一发料又乱了，根本没时间去整顿

◎ 物资收发登记卡挂在周转箱上妨碍发料，或者辅助仓库物品太多、太杂，胶木件仓库挂登记卡不容易，只要心中有数就行了

◎ 为图仓库省事，不按生产节拍运作，发料太多，造成车间现场混乱

◎ 货架上物品存放箱的大小不一，询问时以物品大小不一作借口，造成货架参差不齐，非常凌乱

☞ **活动的难点**

◎ 整顿要做到任何人，特别是新员工或其他部门都能立即取出所需物品

◎ 放置处的被放置物能立即取出使用，使用后能容易且迅速归位，如未归位或误放应能马上知道

◎ 在整顿不妥的情况下，尽可能了解到问题出现的原因，解决问题的根源

8.2.2　整顿活动管理办法

制度名称	整顿活动管理办法	编　　号	
		执行部门	

第1章　总　　则

第1条　目的

为了对生产现场物品进行科学合理的布置和摆放，实现必需品的“三定”，有效推进5S管理过程中的整顿活动，提高工作效率和产品质量，保障生产安全，特制定本方案。

第2条　适用范围

本方案适用于班组长在现场推行5S管理过程中的整顿活动。

第3条　关于“整顿”的定义

整顿是指将必需品放置于任何人都能立即拿取的位置，最大限度缩短寻找和放回的时间，整顿的关键在于“三定”。

续表

<table>
<tr><td rowspan="2">制度名称</td><td rowspan="2">整顿活动管理办法</td><td>编　　号</td><td></td></tr>
<tr><td>执行部门</td><td></td></tr>
<tr><td colspan="4">

第 2 章　整顿的原则

第 4 条　“三定”原则——定点、定容、定量

整顿阶段工作需遵循三定工作原则。三定是指定位置、定物品、定物品数量或质量的物品保存方法。

第 5 条　定位置

定位置是指设定物品的保管场所，标记堆放方法和确定存量的最大、最小值，使物品位置一目了然。具体操作方法如下：

1. 用地区标志和地址标志来区分。
2. 地址标志要包括单位列、行号。
3. 地区标志可用“A、B、C”或“1、2、3”表示。
4. 单位标志上面开始用“1、2、3”来表示。
5. 最上层“0 区域”（如架子顶）不能存放物品。
6. 以将来不变动为基准。

第 6 条　定品

定品是指依据物品的形态、大小、性质，适用定量概念，使其使用方便、容易，管理优越，数量应定为使用标准数，能够一目了然的计数程度。具体操作方法如下：

1. 存放架子标志。
2. 单位物品标志，明确是什么物品。
3. 方便更换标志，方便变更存放位置。
4. 物料存取搬运容易、便捷。

第 7 条　定量

定量是指要了解物品的在库量，要做到的不是“大概的程度”，而是要做到甚至数量也都能确切说出来的程度。具体操作方法如下：

1. 限制存放地点和搁板的大小。
2. 特殊标志比数字更好。
3. 明确表示最大存量（红色）和最小存量（黄色）。
4. 做到一眼能看到数量的多少。

第 8 条　“三定”原则的示例（如下图所示）

</td></tr>
</table>

续表

制度名称	整顿活动管理办法	编　　号	
		执行部门	

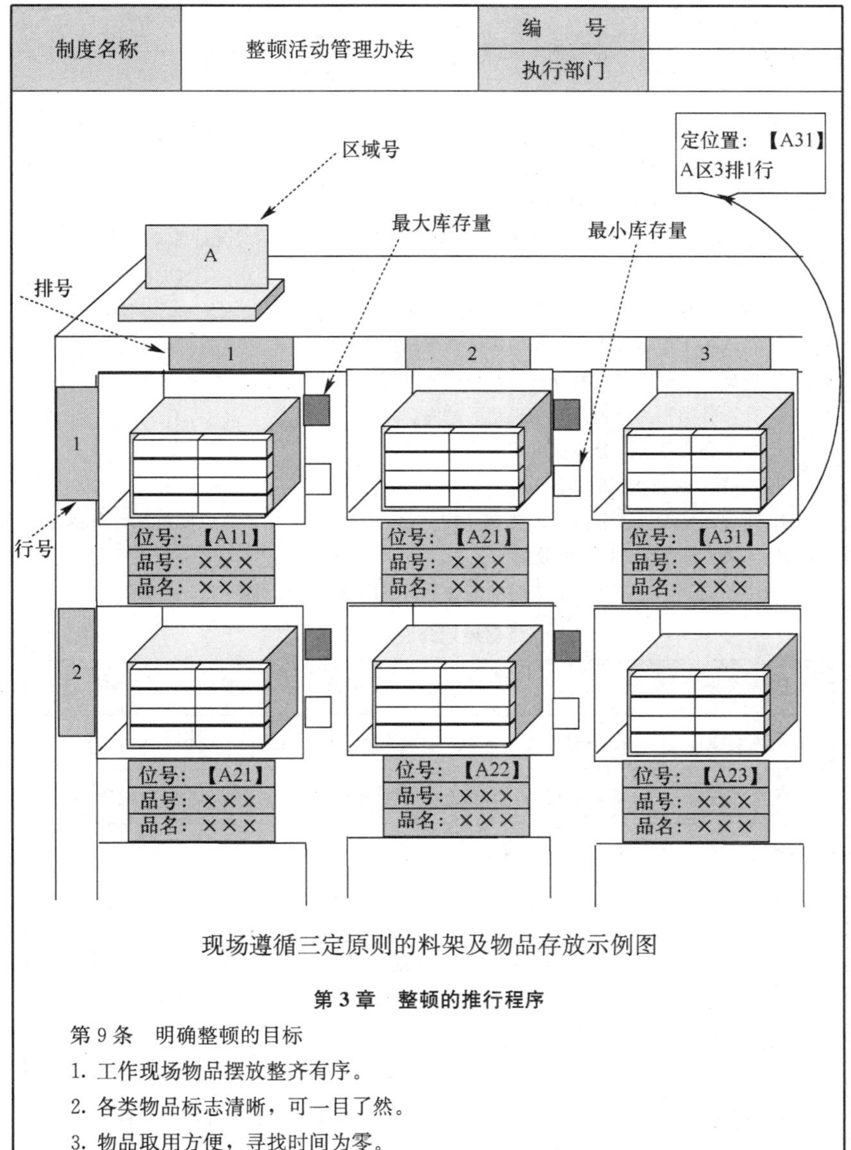

现场遵循三定原则的料架及物品存放示例图

第3章　整顿的推行程序

第9条　明确整顿的目标

1. 工作现场物品摆放整齐有序。
2. 各类物品标志清晰，可一目了然。
3. 物品取用方便，寻找时间为零。

续表

制度名称	整顿活动管理办法	编　　号	
		执行部门	

第 10 条　确定整顿时间

工作现场进行整顿的时间应是结束整理活动之后一周内开始进行。

第 11 条　分析现场的现状

在进行整理活动之后，由 5S 推进小组组织进行现场实际情况诊断，并进行分析。分析步骤包括以下五点：

1. 检查整理工作是否全部完成，确认非必需品清理完毕。
2. 将现场工作过程中，物品的传送情况用图纸表示出来。
3. 依据用品就近原则划分各类物品摆放区域。
4. 查看各类物品是否摆放在规定区域内。
5. 将现场物品实际分布情况用表格进行记录。

第 12 条　明确整顿的场所

1. 对现场情况进行分析后，在 5S 推进小组的组织下，生产班组按照各类物品的使用需求，详细划分各类物品摆放场所。

2. 用不同颜色油漆及引线来明确区分各区域用途，具体规定如下表所示。

区域划分说明表

区域划分	说明
黄色实线	即一般通道、区域、固定物品的定位线
黄色虚线	即机器设备定位线，表示移动台车、工具车等的停放位置
绿色区域	表示料区、成品区
红色区域	表示不合格品区、废品区、危险区
红色斑马线	表示不得进入、不得放置，如配电装置、消防栓处、升降梯下等区域
黄黑虎纹线	表示警告、警示，如地面突起物、易碰撞处、坑道、台阶等

3. 根据物品特征、性质和划分类别，制定标准和规范，并正确命名和标志。可视化标志的种类主要包括下表所列的五种。

续表

制度名称	整顿活动管理办法	编　号	
		执行部门	

物品可视化标志说明表

种类	举例
区域标志	楼层、车间、厂区标示牌、区域线
类别标志	原材料、半成品、完成品、不良品、合格品分类标志
名称与编号标志	物架编号、机器设备铭牌、花草名称牌
数量标志	堆积高度、存量标志
状态标志	生产、暂停（清扫、维修）等生产状态标志

4. 明确标志时应注意以下事项：标志类别相同，规格与制作应统一；根据需要，更新标志，保证标志的有效性；必要时，应注明责任人。

第 13 条　确定放置方法

1. 整顿活动中的物品放置方法及适用对象见下表所示。

区域划分标志办法

放置形式		说明	适用对象
固定位置	场所固定	物品固定放置于区域线内或某一固定位置	产成品、机器设备、工具等
	标志固定	物品放置标志保持不变	需防潮、轻放的物品
自由位置		物品放置有一定自由度，不必放回原处，按工艺流程、工序步骤进行流转移动	原材料、零部件、半成品等

2. 物品放置具体要求如下：

（1）同类物品应集中放置，并按照“先进先出”的原则进行取用。

（2）长形物品应横放，或将多个长形物品用绳捆扎束紧后竖放。

（3）各类使用频率高的工具，应依其形状画出外形轮廓，在固定场所定位，便于拿取存放。

（4）危险物品应放在特定场所保管，并用栅栏隔离。

续表

<table>
<tr><td rowspan="2">制度名称</td><td rowspan="2">整顿活动管理办法</td><td>编　　号</td><td></td></tr>
<tr><td>执行部门</td><td></td></tr>
<tr><td colspan="4">
(5) 文件应按照不同类别装入不同文件夹，放入文件柜内，并保证柜内物品明显易见。
(6) 尽量使用物料架摆放物品，提高空间利用率。
第 14 条　明确标志
对整顿区域内各类事物用标志牌标志区域、类别、物品名称、数量、用途、责任者等信息，具体标志内容如下表所示。
标志牌内容说明表
<table>
<tr><th>标志牌</th><th>标志内容</th></tr>
<tr><td>样板区域标志牌</td><td>车间名称、责任人、活动时间</td></tr>
<tr><td>工具架标志牌</td><td>班组名称、物品类别（如五金工具类、模具类等）、责任人，每层物品名称</td></tr>
<tr><td>工具柜标志牌</td><td>车间名称、所属货架类别编号、责任人、每层架上放置的物品名称</td></tr>
<tr><td>工具、物品定点标志牌</td><td>物品类别、物品名称、规格、数量、最大库存、安全库存</td></tr>
<tr><td>文件柜标志</td><td>部门名称、文件柜编号、责任人，每层放置文件的类别（如常用文件、表单等）</td></tr>
<tr><td>各类管理对象（如配电箱、消防用具等）</td><td>车间名称、班组名称、物品名称、物品编号、责任人</td></tr>
</table>
第 15 条　工作场所的定置整顿
制定定置图，清楚标志出生产场地、通道和物品存放区，明确区域责任人；同时清除与定置不符的物品。在定置工作场所要注意以下七点事项：
1. 以线条区分通道和作业区域。
2. 使用胶带或隔板划分物品存放区域，避免混乱堆放。
3. 明确规定堆放高度。
</td></tr>
</table>

续表

制度名称	整顿活动管理办法	编　　号	
		执行部门	

4. 不良品应置于明显处，以红色标示出来。

5. 及时处理状态不明物品，以免占用空间。

6. 危险物品应于指定位置、场所保管。

7. 如暂时将物品放于定位线外，需竖立标牌，标明事由和存放期限。

第16条　生产现场工序、工位和机台的定置整顿

制作工序、工位和机台定置图，安置文件架等定置硬件，标明工具、仪表、材料、半成品、机器设备及其他各种用具的定置要求。附件箱、零件货架的编号必须与零件账卡目录一致。

第17条　仓库的定置整顿

设计定置图，按指定地点和要求定置，并保证账物相符。

第18条　整顿结果的检查

整顿活动结束后，由5S推进小组负责对检查整顿的执行情况，具体检查标准参考本公司制定的“整顿活动检查考核细则”。

第19条　不合格项整改

5S推进小组对各车间、部门的整顿项目判定为不合格的，应由责任部门对不合格项进行限期整改，并经5S推进小组检验后才可确认合格。

第4章　附　　则

第20条　本办法由现场管理办公室提案并编写，生产总监审阅后提交。

第21条　本办法报总经理办公室审议通过后，自颁发之日起生效。

编制人员		审核人员		批准人员	
编制日期		审核日期		批准日期	

8.2.3　现场定置管理办法

制度名称	现场定置管理办法	编　　号	
		执行部门	

第1章　总　　则

第1条　为科学地固定生产现场的各类物品，合理配置生产现场的人、物、场所，促进生产现场管理文明化、科学化，实现5S管理，达到高效生产、优质生产、安全生产的目的，特制定本办法。

续表

制度名称	现场定置管理办法	编　号	
		执行部门	

第 2 条　本办法适用于工厂现场环境的改善与管理。

第 3 条　定置管理实施原则。

1. 有图必有物原则，每一个定制管理图都必然有与其对应的放置物品。

2. 有物必有区原则，物品放置区域划分明确。

3. 有区必有牌原则，所有物品定置区域必须悬挂标志牌，标志牌内容应按照统一要求制作。

第 2 章　定置管理实施规划

第 4 条　定置管理工作应在 5S 推进活动的过程中配合整理、整顿活动开展。

第 5 条　5S 推进过程中，5S 推进办公室应定置管理小组，负责定置管理相关活动的组织实施。

第 6 条　生产现场的定置管理内容如下表所示。

生产现场定制管理内容说明表

区域	定置内容说明
生产车间	1. 根据车间生产需要，合理设计车间定置图 2. 对工段、班组及工序、工位、机台定置 3. 对工具箱、设备定置 4. 对物品临时停滞区域定置 5. 检查现场定置
现场区域	1. 定置材料区、半成品区、成品区、返修区、废品区 2. 定置易燃易爆污染物停放区
可移动物	劳动对象定置、工卡量具定置、废弃物定置

第 3 章　工艺分析与定置现状分析

第 7 条　定置管理小组通过查阅相关资料，进行现场观察、记录，了解生产现场现有生产方法、机器设备和工艺流程的情况。

第 8 条　定置管理小组根据工艺研究分析掌握的情况，分析记录事实，确定以下问题。

1. 生产方法是否属于先进水平。

2. 生产方法是否需要改进、更新。

续表

制度名称	现场定置管理办法	编　号	
		执行部门	

3. 工艺路线、搬运路线是否科学、规范。

4. 现场信息流转是否通畅。

第9条　根据确定的问题，定置管理小组组织相关人员讨论，并拟定改进方案。

第10条　定置管理小组分析当前生产现场的人员、物品与场地的结合状态，具体状态划分标准与处理办法如下表所示。

生产现场的人物结合状态等级划分标准与处理办法

状态类型	划分标准	实例说明	处理办法
A状态	人与物处于能够立即结合并发挥效能的状态	操作人员使用的各种工具，摆放地点合理而且固定，当操作者需要时能立即拿到或做到得心应手	长期保持
B状态	人与物处于寻找状态或尚不能很好发挥效能的状态	一个操作人员需加工一个零件，需要使用某种工具，但由于现场杂乱或忘记了这一工具放在何处，结果因寻找而浪费了时间	改进
C状态	人与物没有联系的状态	生产现场中存在的已报废的设备、工具、模具，生产中产生的垃圾、废品、切屑等	消除

第11条　定置管理小组应对照标准检查生产现场的物品、信息流动情况，并按照标准要求对其进行改进，具体标准如下表所示。

生产现场物流、信息流状态标准

项目	标准
位置台账	物品摆放在何处，通过查看位置台账，可清楚了解所需物品的存放场所
平面布置图	标明物品摆放场所的具体位置
场所标志	摆放位置标明的物品编号、名称、图示等信息，表示该物品摆放在此处
现货标志	物品的自我标志，标明物品本身的名称及有关事项

续表

制度名称	现场定置管理办法	编　　号	
		执行部门	

第4章　定置管理工具设计

第12条　定置管理小组进行定置图绘制，具体标准如下表所示。

定置图绘制标准

定置图类型	安装位置	绘制要求
车间定置图	悬挂于车间醒目处	1. 现场中所有物品均应绘制在图上 2. 定置图应简明、扼要、完整，物体形状为大概轮廓，尺寸成比例，相对位置准确 3. 现场暂时没有，但以后会出现的物品应在图上标示出来，准备清理的非必需品不需要绘制 4. 定置物应用国家标准信息符号或自定义信息符号进行标注，并在图上加以说明 5. 定置图应按定置管理标准的要求绘制，但应随着定置关系的变化而进行修改
工段、班组、工序定置图	张贴在班组责任区域内	
办公室、库房定置图	悬挂于办公室、库房醒目处	
工具定置图	贴于工具箱盖内表面	
文件柜定制图	贴于资料柜内	

第13条　定置管理小组对信息媒介物进行设计，具体规则如下表所示。

信息媒介物设计规则

信息媒介物	说明	设计规则
信息符号	传递安全、环保、搬运、消防、交通等方面信息的符号	1. 有国家标准规定的符号，应直接使用国家标准 2. 国家未规定的符号，应根据行业特点、产品特点和生产特点进行设计 3. 设计符号应简明、形象、美观
定置图示板	表示现场定制情况的综合信息标志	1. 图示板应与相对应的定置蓝图相一致 2. 底色应选用淡色调 3. 图面应清洁、醒目，不易脱落
标牌	指示定置物所处状态、标志区域、指示定制类型的标志	1. 标牌应保证牢固、不易脱落 2. 底色选用淡色调，确保图案清晰

续表

制度名称	现场定置管理办法	编　　号	
		执行部门	

第5章　执行定置管理

第14条　清除与生产无关的物品。

将生产现场所有物品进行必要性分析，将判断为“非必需品”的物品进行处理，从生产现场清理出去。

第15条　按照定置图实施定置。

各车间、部门按照定置图的要求，将责任区域内的设备、器具及其他物品进行分类、搬运、转移、调整并定位，执行过程中应保证实物与定置图中所绘位置一致。

第16条　放置标准信息标志。

放置定置标志牌时，应保证牌、物、图相符，并指派专人进行管理，不得随意挪动。

第6章　附　　则

第17条　本办法由生产部制定、解释、修订。

第18条　本办法经总经理审批通过后自发布之日起执行。

编制人员		审核人员		批准人员	
编制日期		审核日期		批准日期	

8.2.4　整顿活动检查考核细则

对现场整顿活动的检查考核，班组长可分项设定查核的标准，制定“整顿效果检查考核标准表”（见表8—2），以便于检查考核时记录、评分用。

表8—2　　整顿效果评价标准表

部门：　　　　检查者：　　　　日期：　　年　　月　　日

整顿项目	合格判定标准	是否合格	说明
机器设备	1. 设备之间摆放距离远近适中，既不影响清扫维修，也不过于浪费空间 2. 设备旁备有操作规程和操作注意事项 3. 设备维修保养相关记录完整		

续表

整顿项目	合格判定标准	是否合格	说明
机台、台车	1. 无多余作业台或棚架，且位置摆放合理 2. 台、架稳固，无晃动 3. 放置需移动物品的台架有货轮，方便移动 4. 台、架置于较高的地面上，便于清理		
工装夹具	1. 无多余或具有相同功能的工具 2. 工具放置在作业者最近的地方，避免取用和归位时的过多步行和弯腰 3. 频繁使用的工具采用吊挂式或放置在双手展开的最大极限内 4. 工具还原位置有定位标记		
切削工具	1. 常用工具由固定使用者负责管理，其他工具集中由专人负责管理 2. 切削工具摆放方向一致、整齐，无堆压现象，且有定位标志 3. 工具放置区域有防锈保护 4. 采用插孔式放置的工具，其形状、大小应与放置的孔向适应		
材料	1. 材料存放在放置界限内 2. 摆放材料的周转箱或台车的边线一致，便于先进先出 3. 不良品放置于固定场所，并有标志		
配线、配管	1. 配线、配管要直线、直角安装，中间安装束套，放置稳固 2. 每条配线、配管颜色标志准确		
备品配件	1. 摆放位置固定，且有标志 2. 防潮、防锈设施完整		

续表

整顿项目	合格判定标准	是否合格	说明
危险品	1. 严格按照各类危险品存放要求和标准存放 2. 存放处使用警示标志，并标明使用规定、注意事项 3. 存放处附近配备救护设施，并张贴警示标语 4. 化学品标志注明化学品类型、名称、危险情况及安全措施等		
油类（润滑油、制动油等）	1. 分类放置，以颜色进行标志 2. 标志牌清晰，可分辨油的名称、数量及加油周期 3. 防火、公害、安全方面保护设施完备，无漏油等情况 4. 容器内无灰尘、异物的混入		
清扫用具	1. 放置位置合适，不在配电房或出入口处放置 2. 用悬挂方式放置，且下设滴水接盘 3. 簸箕、垃圾桶定位放置且保证稳固		
仓库	1. 仓库内物品分区、分架、分层摆放不同类型物品 2. 设置仓库总看板，可对现状一目了然 3. 搬运工具定位摆放，便于使用 4. 使用标准量具取量，并且严格遵守最高限量基准		
办公室	1. 部门标志准确完整 2. 办公设备及用品定位准确，且保持整洁，责任人定期点检 3. 资料档案按大、中、小进行分类，并用颜色进行标志 4. 看板、公告栏版面格局区分标志		

8.3 清扫

8.3.1 清扫活动推行管理

清扫是指在现场要营造一个整洁的环境，让现场环境变得清爽、员工心情变得舒畅，其主要工作内容如下：

➤ 擦净工作现场所有地面、墙壁、房顶以及备用品，彻底清除所有灰尘以及异物。

➤ 早期发现设备的异常、松动等，达到全员预防保养的目的，减少事故的发生。

➤ 在清扫的同时也达到检查的目的，认识到清扫就是检查。

➤ 加强沟通和交流。

清扫并不仅仅是打扫，而是生产作业过程重要的一部分，通过认真清扫工厂可发现问题，防患于未然。清扫活动重点是责任化、标准化、污垢源处理，其推进要领如下所示。

清扫活动要领与问题

1. 不要无规划地清扫，要从制定对策开始
2. 建立清扫责任区域，不留下死角
3. 人人参与，责任到每一个人
4. 最高领导以身作则
5. 执行例行扫除，清理污垢
6. 与检点、保养工作充分结合
7. 调查污染源，予以杜绝或改善
8. 建立清扫基准，作为规范

实施清扫活动的主要要点如下：

➤ 规定每日 15 min 为清扫时间，使清扫成为工作的一部分。

➤ 明确区分实施清扫的责任人、检查人。

➢ 把清扫方法标准化，配备清扫工具。

➢ 厉行作业服的洗洁和洗手，厉行养成常修头发、剪指甲的习惯。

➢ 经常消毒、杀菌，除去地上的水和油污。

8.3.2　清扫活动管理办法

制度名称	清扫活动管理办法	编　　号	
		执行部门	

第1章　总　　则

第1条　目的

促进清扫工作的标准化，以确保现场清洁，减少工业灾害，保证品质，特制定本办法。

第2条　适用范围

本办法适用于生产现场的清扫作业。

第3条　清扫工作标准

清扫活动必须使物品保持“取出即能用”的状态，其强调对卫生死角的清扫和验收。一般清扫标准，如下表所示。

清扫标准一览表

项目	具体标准	项目	具体标准
作业台（椅）	1. 无残旧破烂、掉漆、脏污、粉尘之处 2. 作业结束之后立即清扫 3. 无材料余渣、碎屑残留在台面 4. 支架油漆无脱落，夹板粉尘无飞落	办公台	1. 台面每周清洗1次，物品摆放整齐，无积尘 2. 共用办公文具、通信工具每周清洗1次 3. 台下办公垃圾下班前清倒
货架	1. 每周定期清扫1次 2. 物料上架前无脏污、粉尘 3. 入口处有脚擦垫，擦后无鞋印	文件、图纸	1. 文件柜、文件夹每月清扫1次，无污迹 2. 防潮、防虫、防火措施确实有效

续表

制度名称	清扫活动管理办法	编　号	
		执行部门	

项目	具体标准	项目	具体标准
通道	1. 路面无积水、油污、纸屑等 2. 每隔 4 h 湿水拖地 1 次 3. 无灰尘，脏污之处，白纸擦过无脏污	洗手间	1. 无杂物堆放、每天消毒处理 2. 排水、换气，照明设施齐全有效 3. 墙壁干净，地面无污水 4. 男女标志显眼
设备	1. 各种标志清晰易辨 2. 作业结束之后立即清扫 3. 电线、气管、油管无脏污、无泄漏、无破裂	门窗	1. 无脏污、破烂、乱贴乱画之处 2. 锁扣状态良好，能开能关，确实防止外界粉尘进入 3. 每周清扫 1 次

第 2 章　清扫要点及方法

第 4 条　清扫地面、墙壁和窗户

1. 了解过去清扫时出现的问题，明确清扫后要达到的目的。

2. 清理整顿地面放置的物品，处理不需要的东西。

3. 全体人员清扫地面，清除垃圾，将附着的涂料和油污等污垢清除，并分析地面、墙壁、窗户的污垢来源，想办法杜绝污染源，并改进现有的清扫方法。

第 5 条　清扫设备

1. 在进行设备清扫时需要注意以下内容：

(1) 不仅设备本身，其附属、辅助设备也要清扫。

(2) 容易发生“跑”“冒”“滴”“漏”部位要重点检查确认。

(3) 油管、气管、空气压缩机等看不到的内部结构要特别留心。

(4) 核查注油门周围有无污垢和锈迹。

(5) 表面操作部分有无磨损、污垢和异物。

(6) 操作部分、旋转部分和螺丝连接部分有无松动和磨损。

2. 清扫设备时会发现不少问题，因而对发现的问题要及时处理，可以进行以下改进。

续表

<table>
<tr><td rowspan="2">制度名称</td><td rowspan="2">清扫活动管理办法</td><td>编　号</td><td></td></tr>
<tr><td>执行部门</td><td></td></tr>
<tr><td colspan="4">

（1）维修或更换难以读数的仪表装置。

（2）添置必要的个人安全防护装置。

（3）及时更换绝缘层已老化或损坏的导线。

（4）对需要防锈保护或需要润滑的部位，要按照规定及时加油保养。

（5）清理堵塞管道。

（6）调查“跑”“滴”“冒”“漏”的原因，并及时加以处理。

第 6 条　查明污垢的发生源

1. 污染、泄漏产生的原因

（1）管理意识低落。未将污染发生源当做重要的问题来考虑。

（2）放任自流。不管污染发生源产生在何处，任其呈现破损及不正常状态。

（3）维持困难。由于清扫难度大，所以干脆放弃不管。

（4）技术不足。技术的解决方法不足，或完全未加以防范。

2. 污染发生源调查

（1）将污染的对象明确化。在进行发生源调查之前，须先确认是什么污染物。由于污染的种类、形态、严重度、产生量多少等不同，大扫除的方法、调查的方法以及对策也将完全不一样。

（2）追寻污染发生源。必须追查污染物为什么会发生及确定如何处置，并以认真的态度及有效的方法追根究底。

（3）决定污染最严重的重点部位。通过对污染源的调查，将具体的发生部位挂上标示牌，其内容包括：发生部位、状态、发生量（数字明确标示量化程度）、测定方法、防范方法（防止对策或回收方法）等。

3. 寻求解决对策

污染源对策就是思考减少污染发生量或完全不让污染发生的办法。具体对策如下：

（1）研讨各种技术，在容易产生粉尘、喷雾、飞屑的部位，装上挡板、盖板等改善装置，将污染源局部化，以保障作业安全及利于废料收集，减少污染。

（2）在设备更换、移位时，同样要将破损处修复。

（3）日常的维持管理是相当重要的，对有黏性的废物如胶纸、不干胶、发泡液等，必须通过收集装置进行收集，以免弄脏地面。

</td></tr>
</table>

续表

制度名称	清扫活动管理办法	编　号	
		执行部门	

（4）在机器擦洗干净后要仔细地检查给油、油管、油泵、阀门、开关等部位，观察油槽周围有无容易渗入灰尘的间隙或缺口，排气装置、过滤网、开关是否有磨损、泄漏现象。

（5）电气控制系统开关、紧固件，指示灯、轴承等部位是否完好。

（6）须思考高效率的收集或去除污染的方法，如下表所示。

污染源对策表

方式		具体的处理方法	改善重点
发生源对策	杜绝式：不使它发生的方法 1. 不使发生 2. 消减发生量	1. 防止滴漏：密封式、封垫方式 2. 防止飞散：门、护盖的形状、飞散方向或形状 3. 松弛、破损的修理 4. 制程设计：无粉尘、密封轴承（无油化）、无研磨 5. 防止堵塞、积尘	1. 去除 2. 擦拭 3. 修理 4. 停止 5. 止住 6. 减低 7. 不积尘 8. 集中 9. 不发散 10. 不携带 11. 切削
清扫困难处所对策	收集式：收集或去除的方法 1. 集中方法 2. 去除方法	1. 集尘能力、方法的重新修正 2. 去除、回收的方法 3. 清扫工具、收集导板、承油盘形状、大小改善 4. 洗净方法 5. 切削粉的形状、大小、飞散方向、设备本体或基座的形状	

第 3 章　检查清扫结果

第 7 条　检查项目

1. 是否清除了污染源。

2. 是否对地面、窗户等地方进行了彻底的清扫和破损修补。

3. 是否对机器设备进行了从里到外的、全面的清洗和打扫。

第 8 条　清扫的检查点

在窗框用手指抹抹看，即大致可以知道工作场所的清扫程度，也可运用白手套检查法。

续表

<table>
<tr><td rowspan="2">制度名称</td><td rowspan="2">清扫活动管理办法</td><td>编　　号</td><td></td><td></td><td></td></tr>
<tr><td>执行部门</td><td></td><td></td><td></td></tr>
<tr><td colspan="6">第 9 条　填写清扫检查结果
“清扫检查表”的用途是将库存、设备、空间有关事项，在清扫时的检查要点加以整理的表格。其主要应有以下六个项目：
1. 部门：填入检查对象的部门或工程名。
2. 检查者：填入执行检查者的姓名。
3. 分类：清扫对象的类别。
4. 检查要点：与清扫有关的检查要点。
5. 检查：检查者一边做现场巡视一边进行检查：“是”（已做到）、“否”（没做到，必须采取对策进行处理）。
6. 对策：检查中“否”的场合，要明确记载对策与完成期限。
第 4 章　附　　则
第 10 条　本办法由生产部负责解释、补充及修订。
第 11 条　本办法自______年____月____日起实施。</td></tr>
<tr><td>编制人员</td><td></td><td>审核人员</td><td></td><td>批准人员</td><td></td></tr>
<tr><td>编制日期</td><td></td><td>审核日期</td><td></td><td>批准日期</td><td></td></tr>
</table>

8.3.3　清扫活动检查考核细则

对现场清扫活动的检查考核，班组长可分项设定查核的标准，制定“清扫效果检查考核标准表”（见表 8—3），以便于检查考核时记录、评分用。

表 8—3　　清扫效果检查考核标准表

部门：　　　　检查者：　　　　日期：　　年　　月　　日

<table>
<tr><td rowspan="2">分类</td><td rowspan="2">序号</td><td rowspan="2">着眼点</td><td colspan="2">是否合格</td><td rowspan="2">对策、改善案（完成日期）</td></tr>
<tr><td>是</td><td>否</td></tr>
<tr><td rowspan="2">库存品</td><td>1</td><td>有无清除与制品或零件、材料有关的碎屑或灰尘</td><td></td><td></td><td rowspan="2"></td></tr>
<tr><td>2</td><td>有无清除切削或洗净后的零件所产生的污锈</td><td></td><td></td></tr>
</table>

续表

分类	序号	着眼点	是否合格		对策、改善案（完成日期）
			是	否	
库存品	3	有无清除库存品保管棚架上的污物			
	4	有无清除半成品放置场的污物			
	5	有无清除库存品、半成品的移动用栈板上的污物			
设备	6	有无清除机器设备周边的灰尘油污			
	7	有无清除机器设备下的水或油以及垃圾			
	8	有无清除机器设备上的灰尘、污垢、油污			
	9	有无清除机器设备侧面或控制板套盖上的油垢、手污			
	10	有无清除油量显示或压力表等玻璃上的污物			
	11	有无将所有的套盖打开，清除其中的污物或灰尘			
	12	有无清除附着于气压管、电线上的尘埃、垃圾			
	13	有无清除开关类的灰尘、油垢等			
	14	有无清除附着于灯管上的灰尘（使用软布）			
	15	有无清除段差面的油垢或灰尘（使用湿抹布）			
	16	有无清除附着于刀具治具上的灰尘			
	17	有无清除模具上的油垢			
	18	有无清除测定器上的灰尘			

续表

分类	序号	着眼点	是否合格		对策、改善案（完成日期）
			是	否	
空间	19	有无清除地板或通道上的沙、土、灰尘等			
	20	有无清除地板或通道上的积水或油污			
	21	有无清除墙壁、窗户等的灰尘或污垢			
	22	有无清除窗户玻璃上的灰尘、污垢			
	23	有无清除天花板或梁柱的灰尘、污垢			
	24	有无清除照明器具（灯泡、日光灯）的灰尘			
	25	有无清除照明器具盖罩上的灰尘			
	26	有无清除棚架或作业台等的灰尘			
	27	有无清除楼梯的油污、灰尘、垃圾			
	28	有无清除梁柱上、墙壁上、角落等处的灰尘、垃圾			
	29	有无清除建筑物周遭的垃圾、空瓶			
	30	有无使用清洁剂将外墙的污脏加以清洗			
合　计					

8.4　清洁

8.4.1　清洁活动推行管理

清洁是指维持干净、高效、安全的状态，没有灰尘以及垃圾，在问题发生时一眼就能发现问题，也就是强调要能够用眼识别现场正常与否。

清洁活动需把整理、整顿、清扫（3S）贯彻到底，做到标准化、制度化、规范化，并维持良好局面，巩固成果，又称为“3S活动”。

其工作重点包括以下三个方面：

- 一切工作都要标准化、规范化。
- 落实目视管理、标志管理。
- 及时发现现场的异常并及时处理。

班组长需根据前面 3S 活动的结果，结合清洁活动的难点与问题分析，抓住清洁活动的重点，确保顺利、有效开展并推进清洁活动，其推进要领如下。

清洁活动要领

1. 落实前面的 3S 工作，将清扫阶段的问题点加以分类，针对性实施对策

2. 目视管理、颜色管理

3. 制定 5S 实施办法

4. 制定并加强执行各类标准书、评比办法及奖惩制度，尤其有关质量、安全方面的作业标准应优先

5. 维持 3 定 5S 意识

6. 工厂及部门领导带头巡查，带动全员重视 5S 活动

注：5S 活动一旦开始，就不可在中途变得含糊不清，如不能贯彻到底，又会形成另外一个污点，而这个污点也会造成工厂内保守而僵化的气氛，要打破这种保守、僵化的现象，唯有花费更长的时间来改正……

8.4.2 清洁活动管理办法

<table>
<tr><td rowspan="2">制度名称</td><td rowspan="2">清洁活动管理办法</td><td>编　号</td><td></td></tr>
<tr><td>执行部门</td><td></td></tr>
<tr><td colspan="4">第 1 条　目的
整理、整顿、清扫的最终结果是形成清洁的作业环境。为了清扫后的状态能够长时间保持，特制定本清洁方案。</td></tr>
</table>

续表

<table>
<tr><td>制度名称</td><td>清洁活动管理办法</td><td>编　　号</td><td></td></tr>
<tr><td></td><td></td><td>执行部门</td><td></td></tr>
</table>

第 2 条　适用范围

本方案适用于生产现场清洁活动的管理。

第 3 条　职责划分

1. 5S 活动小组负责清洁制度的制定、清洁工作的计划与组织实施工作。

2. 生产现场工作人员负责按照清洁制度落实责任区域内的清洁工作。

第 4 条　清洁活动管理步骤

清洁工作的实施步骤如下图所示。

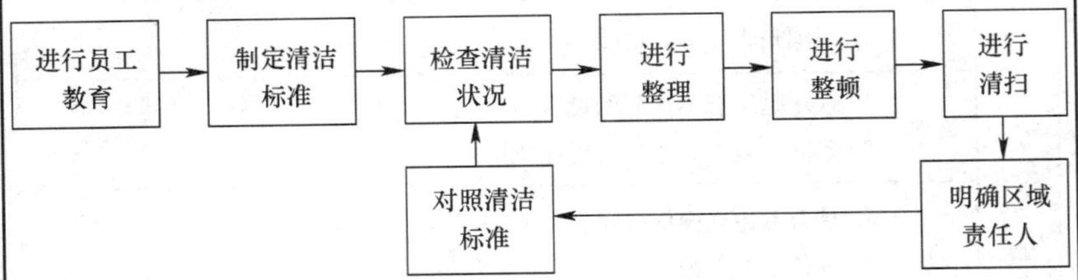

清洁实施步骤图

第 5 条　教育培训

对生产现场工作人员进行必要培训，主要培训内容包括以下四点：

1. 5S 管理观念及心理准备。

2. 整理、整顿、清扫活动的目的与目标。

3. 整理、整顿、清扫的工作规范与操作标准。

4. 清洁活动的实施流程与具体要求。

第 6 条　制定清洁标准

5S 活动小组负责制定清洁标准，按照清洁检验标准对整理、整顿、清扫成果进行检验，确定当前的清洁程度，具体清洁检查标准如下表所示。

清洁检查标准表

检查项目		清洁标准
空间	整理	1. 生产现场空间内是否堆放杂物 2. 地板是否摆放垃圾或不用物品

续表

<table>
<tr><td>制度名称</td><td colspan="2">清洁活动管理办法</td><td>编　号</td><td></td></tr>
<tr><td></td><td colspan="2"></td><td>执行部门</td><td></td></tr>
<tr><th colspan="2">检查项目</th><th colspan="3">清洁标准</th></tr>
<tr><td rowspan="2">空间</td><td>整顿</td><td colspan="3">1. 区域、场所是否有标志
2. 是否有整体位置规划图，且物品定位放置
3. 紧急通道是否明确，布局合理</td></tr>
<tr><td>清扫</td><td colspan="3">1. 地面墙面是否清洁，无污渍
2. 门、窗、墙上是否有涂画现象
3. 玻璃是否完好、洁净</td></tr>
<tr><td rowspan="3">设备</td><td>整理</td><td colspan="3">1. 现场是否有不需要的设备
2. 残旧、破损设备是否仍在使用</td></tr>
<tr><td>整顿</td><td colspan="3">1. 是否有违规操作行为
2. 设备放置是否合理
3. 标志牌是否脱落或无法清晰辨识</td></tr>
<tr><td>清扫</td><td colspan="3">1. 设备是否有灰尘、脏污、生锈、褪色、渗油、滴水和漏气之处
2. 导线、导管是否破损、老化
3. 是否及时更换滤脏、滤气和滤水装置
4. 是否定期保养和校正，人身安全保护装置是否正常</td></tr>
<tr><td rowspan="3">作业台</td><td>整理</td><td colspan="3">1. 现场是否有不用的作业台
2. 台面是否放置当天不用的材料、设备或用品
3. 是否有无法使用或多余的物品</td></tr>
<tr><td>整顿</td><td colspan="3">1. 台面上物品放置是否凌乱
2. 台面是否形状不一、高低不平、色彩各异
3. 作业台有无标志</td></tr>
<tr><td>清扫</td><td colspan="3">1. 是否布满灰尘、脏污
2. 是否有残留的材料余渣</td></tr>
</table>

续表

<table>
<tr><td>制度名称</td><td rowspan="2">清洁活动管理办法</td><td>编　号</td><td></td></tr>
<tr><td></td><td>执行部门</td><td></td></tr>
</table>

检查项目		清洁标准
通道	整理	1. 不必要的通道是否过多，浪费空间 2. 行人通道与货物通道是否混用 3. 作业区是否与通道混杂
	整顿	1. 是否标志通道位置 2. 通道是否被占用 3. 通道是否凹凸不平
	清扫	1. 是否有灰尘、积水、油污、纸屑和脏污之处 2. 设备是否长期未打蜡或刷漆
棚架	整理	1. 棚架数量是否过多 2. 棚架上是否放置不用的物品、用具或材料
	整顿	1. 摆放的物品是否因没有识别标志难以找到 2. 棚架是否过高或物品堆积过高、不易拿取 3. 不同的物品是否层层叠放
	清扫	1. 物品是否同包装一同放于棚架上，导致清扫困难 2. 棚架上是否堆积灰尘 3. 物品是否因放置时间过久而变质
文件柜	整理	1. 是否新旧文件并存，难以分清 2. 过期文件是否仍在使用 3. 文件柜内是否存放其他无用物品
	整顿	1. 文件柜是否分类存放文件，并有标志 2. 各类文件是否定位放置 3. 文件接收、发送是否有记录和底稿
	清扫	1. 文件柜内外是否干净、无污渍 2. 文件夹、文件是否破损、脏污 3. 是否采取了防潮、防虫、防火措施

续表

<table>
<tr><td>制度名称</td><td rowspan="2">清洁活动管理办法</td><td>编　号</td><td></td></tr>
<tr><td></td><td>执行部门</td><td></td></tr>
</table>

检查项目		清洁标准
办公台	整理	1. 办公用具是否过多，且有无法使用的文具存在 2. 抽屉内是否有杂物、私人物品
	整顿	1. 办公台是否挪作他用 2. 办公用具、电话是否实施定位管理 3. 办公台抽屉是否有标志牌
	清扫	1. 台面是否脏污、杂乱无章 2. 办公用具、电话等物品是否有污渍 3. 办公垃圾是否按时倾倒

第 7 条　检查清洁状况

5S 活动小组制作清洁检查用表，具体参照下表。

清洁情况检查表

序号	项目	检查时间					
		8：00	10：00	12：00	14：00	16：00	18：00
1							
2							
3							
⋮							
备注	合格用“√”表示，不合格用“×”表示						

第 8 条　执行整理活动

1. 根据清洁检查情况分析，由部门负责人在 5S 推进小组的指导下确定责任区域内整理工作的目标和计划。

2. 生产现场工作人员根据整理计划进行整理工作，区分必需品和非必需品，并对其进行处理。

3. 整理结束后，由部门负责人检查执行效果，并对不合格项提出改善要求。

续表

制度名称	清洁活动管理办法	编　号	
		执行部门	

第9条　执行整顿活动

1. 现场工作人员根据实际条件和作业规范、要求，合理地规定摆放必需品的位置，做到取拿方便。

2. 确认摆放高度、宽度及数量，制作醒目标志，做到一目了然。

3. 由部门负责人对整顿效果进行检查，改善不合格项。

第10条　清扫并明确责任人

1. 各部门将作业现场进行清扫，消除灰尘、垃圾、油渍及其他污物。

2. 由部门负责人监督执行清扫工作，并随时纠正不合格项目。

第11条　清洁责任制度化

1. 由部门负责人将生产现场划分为多个清洁责任区。

2. 部门负责人为各清洁责任区指派责任人，并在标志牌上明确说明。

3. 部门负责人定时检查各清洁区域清洁状况，并做出清洁度分析和执行效果评价。

第12条　本办法的制定与实施

1. 本办法由生产现场办公室提案并制定，其解释权归生产现场办公室所有。

2. 本办法报总经理办公会审议通过后，自颁发之日起生效实施。

编制人员		审核人员		批准人员	
编制日期		审核日期		批准日期	

8.4.3　清洁活动检查考核细则

对现场清洁活动的检查考核，班组长也可分项设定查核的标准，制定“清洁效果查核标准表”（见表8—4），以便于检查考核时记录、评分用。

表8—4　　清洁效果查核标准表

部门：　　　　检查者：　　　　日期：　　年　月　日

项次	检查项目	等级	评分等级	查核标准	得分
1	通道和作业区	1级	0	没有划分	
		2级	1	有划分，但不流畅	

续表

项次	检查项目	等级	评分等级	查核标准	得分
1	通道和作业区	3级	2	画线感觉还可以	
		4级	3	画线清楚，地面有清扫	
		5级	4	通道及作业区感觉舒畅	
2	地面	1级	0	有油或水	
		2级	1	油渍或水渍显得不干净	
		3级	2	没有污垢、划痕	
		4级	3	经常清理，没有脏物	
		5级	4	地面干净亮丽，感觉舒畅	
3	办公桌、作业台、椅子、架子、会议室	1级	0	很脏乱	
		2级	1	偶尔清理	
		3级	2	虽有清理，但还显得很脏乱	
		4级	3	自己感觉良好	
		5级	4	任何人都会觉得很舒服	
4	洗手台、厕所等	1级	0	容器或设施脏乱	
		2级	1	破损未修补	
		3级	2	有清理，但还有异味	
		4级	3	经常清理，没异味	
		5级	4	干净亮丽，还加以装饰，感觉舒服	
5	储物室或杂物间	1级	0	阴暗潮湿	
		2级	1	虽阴湿，但有通风	
		3级	2	照明不足	
		4级	3	照明适度，通风好，感觉清爽	
		5级	4	干干净净，整整齐齐，感觉舒服	
合计					
备注	1级：差，2级：较差，3级：合格，4级：良好，5级：优秀				

8.5　素养

8.5.1　素养活动推行管理

5S 活动的最后一个阶段是素养（又称习惯化），即让生产现场的规则、规定、作业方法等成为现场作业人员的习惯，在无意识的状态下也能遵守，有时刻遵守规定的决心，班组长须赏罚分明，引导作业人员下定决心遵守规定。5S 活动之间的关系及良好“素养”的表现如图 8—1 所示。

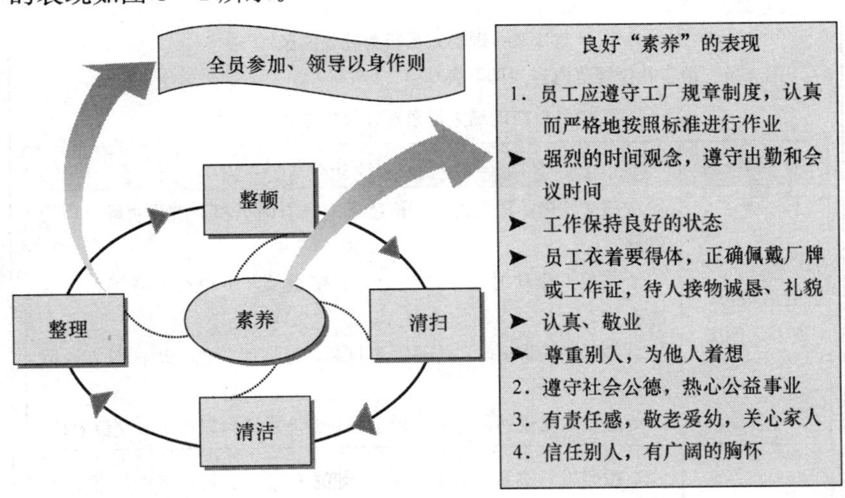

图 8—1　5S 活动之间的关系及良好“素养”的表现

8.5.2　素养活动管理办法

<table>
<tr><td rowspan="2">制度名称</td><td rowspan="2">素养活动管理办法</td><td>编　　号</td><td></td></tr>
<tr><td>执行部门</td><td></td></tr>
<tr><td colspan="4">

第 1 章　总　　则

第 1 条　目的

为使现场工作人员牢记 5S 管理规范，并自觉形成良好的工作风气，铸就团队精神，特制定本办法。

</td></tr>
</table>

续表

制度名称	素养活动管理办法	编　　号	
		执行部门	

第 2 条　适用范围

本办法适用于本公司生产现场 5S 推进过程中的素养活动。

第 3 条　素养实施目标

1. 生产现场人人有礼貌、重礼节，形成良好风气，创造和睦团队。
2. 现场员工遵守规章制度，按照标准作业。
3. 现场员工养成自觉执行整理、整顿、清扫的工作习惯，保持清洁的作业环境。
4. 创造一个风气良好的工作场所。

第 2 章　现场人员行为礼仪规范

第 4 条　语言礼仪规范内容（见下表）

生产现场人员语言礼仪规范

语言礼仪	具体要求
会话亲切、诚恳、谦虚	◎语言清晰、语气诚恳、语速适中、语调平和、语意明确、言简意赅 ◎与他人交谈时应专心致志，面带微笑，不得心不在焉，反应冷漠 ◎倾听别人讲话时，不得随意打断，应适时答话，确认对方谈话内容 ◎除技术交流外，尽量少用生僻的专业术语，以免影响交流效果
自我介绍	◎按照工厂名称、所属部门、岗位名称、个人姓名的顺序介绍自己 ◎根据情况，介绍自己的简历 ◎对外部人员可使用名片介绍自己
文明用语	◎严禁讲脏话、忌语 ◎使用“您好”“谢谢”“不客气”“再见”“不远送”“您走好”等文明用语

第 5 条　行为规范内容（见下表）

续表

制度名称	素养活动管理办法	编　号	
		执行部门	

生产现场人员行为规范

项目	具体要求
班前行为	◎做好工作前准备，保持愉悦的心情上班 ◎提前 10 min 到岗，按照规定着装并佩戴工作胸牌 ◎应主动问好上级及同事 ◎因故迟到或请假时，事先通知上级主管人员
工作台面及抽屉管理	◎办公桌只放置必需的办公用品及文件 ◎文具、茶杯、电话、文件应定位放置，方便取用 ◎重要机密文件不应直接放置工作台表面 ◎定期清理抽屉内物品，按照定位放置，不得存放私人物品
离开工作区行为	◎工作时间内不得随便离开现场工作区域 ◎需要外出时，应将地点、目的、预定返回时间向上级报告或填外出单明确表示 ◎离开工作区域时，应整理周围工具、文件等，将其归位 ◎进出大门、电梯及通道走廊时，应让客人、上司先行
班后行为	◎下班时间到点后，收拾、整理当日使用的材料、工具、用品等，将其放置于规定位置 ◎收拾工作台面，将各类物品归位，并保持台面清洁 ◎关闭机器设备、计算机、空调 ◎与上司、同事道别后离开，并确认门窗是否按要求关闭

第 6 条　工作态度规范内容（见下表）

生产现场人员工作态度规范

工作态度	具体要求
守时	◎严格遵守作息时间，不迟到，不早退 ◎参加会议、培训、洽谈或与人约定应严守时间

续表

制度名称	素养活动管理办法	编　号	
		执行部门	

工作态度	具体要求
守序	◎了解工厂历史、组织结构、规章制度、产品 ◎保持工作气氛，不得在生产现场喧哗、嬉戏 ◎上班时间不可处理私人事务，避免会见亲友 ◎生产现场不得吸烟、饮酒
履职	◎对工作充满信心，积极、乐观、负责 ◎对上司不唯唯诺诺，有问题及时提出 ◎知错必改，不强辩，不掩饰，不断追求进步 ◎按照生产现场的相关规定履行职责
惜物	◎爱护企业设备，不挪为私用或随意破坏 ◎未经允许不得随意使用他人负责物品，特殊情况下借用的，应在用后立即归还 ◎节约使用材料、用品、用具及其他消耗物品 ◎按时对责任区域内机器设备、材料、物品等进行清洁活动

第 7 条　仪容仪表规范内容

1. 现场工作人员上岗必须着工作装，保持服装整洁。
2. 内衣不得露在工作装外。
3. 不应佩戴贵重的饰品。
4. 女士化妆应淡雅朴实，不涂指甲油。
5. 工作期间应佩戴工作帽，男士不得留长发，女士长发应盘起。
6. 工作期间应保持个人卫生，保持清洁。

第 8 条　实施员工培训

5S 推进小组组织进行员工素养培训，具体培训内容如下表所示。

续表

<table>
<tr><td>制度名称</td><td rowspan="2">素养活动管理办法</td><td>编　号</td><td></td></tr>
<tr><td></td><td>执行部门</td><td></td></tr>
</table>

生产现场人员素养培训内容

培训类别	培训内容
岗前培训	1. 岗位所需专门操作技能 2. 现场操作相关的各项规章制度 3. 待人接物的基本礼仪 4. 现场环境、作息时间、通信联络办法、现场应急处理办法等
在岗培训	1. 现场相关岗位的职责和沟通方式 2. 现场操作相关的新知识、新观点、新工艺等 3. 5S 管理活动的相关活动

第 3 章　生产现场各阶段活动推进

第 9 条　生产现场每日素养活动

1. 正确穿着工作服，保持整洁。
2. 物品轻拿轻放，随手归位、摆放有序整齐。
3. 不随地放杂物、垃圾，经常清扫地面。
4. 不能确定位置的物品放到暂放区，或做暂放标志。
5. 爱护公共物品，避免在墙壁、设备上留下刮痕和污迹。
6. 按要求进行日常点检，及时报告异常现象。
7. 遵守安全操作规程，保持台面、桌面干净无尘。
8. 下班前整理好台面物品并归位，关好门窗设备，保管物品归位。

第 10 条　生产现场每周素养活动

1. 进行一次工具柜整理，清理不要物品。
2. 全面整理工作区，对暂放物进行处置。
3. 清点现场堆积的物料，只保留必要的量，及时退库。
4. 更新破损、脱落、卷角、模糊、过期的标志。
5. 清洁窗户、柜顶、货架等不常触及的部位。
6. 清洁周转用的托盘、容器和推车。

第 11 条　生产现场不定期养护活动

1. 添置与工作任务相关的工装器具。
2. 添置改进工作效率、质量和安全的装置设施。

续表

<table>
<tr><td rowspan="2">制度名称</td><td rowspan="2">素养活动管理办法</td><td>编　　号</td><td></td></tr>
<tr><td>执行部门</td><td></td></tr>
<tr><td colspan="4">

3. 及时更新信息栏内容，去掉过时和多余张贴物。

4. 根据工作任务调整工具物品的定位和标志。

5. 经常使用礼貌用语，待人有礼有节。

第 4 章　现场作业准备及过程素养要求

第 12 条　工作前的检查

把要使用的夹具、工具及辅料放在工位上并检查是否完好、足够，为晨会后生产作业做好准备。

第 13 条　私人物品的管理

为防止私人物品混入产品中，不允许在操作区内放置私人物品，应放入私人物品柜或抽屉中。

第 14 条　出勤时间管理

1. 为保证生产准时开始，应提前进入工作岗位，留有充分准备时间。

2. 上班前，在现场入口处进行考勤。

第 15 条　生产作业过程需按规范要求执行（具体如下表所示）

作业过程素养规范要求

过程情况	具体操作规范	备注
1. 按规范操作	（1）掌握操作的基本要领，规范操作，禁止做规定以外的操作 （2）为避免错误操作，须遵守工作指示系统，原则上不接受除上级以外的其他人的任何指示 （3）使用操作安全规则上所规定的保护用具	
2. 零部件、工具管理时	（1）使用零部件时，注意勿使部件弯曲、脏污或使自己受伤 （2）禁止把零部件直接放在地上 （3）为防止扭伤，可由多人换抬重物及零部件，建议使用推车 （4）为防止转运架倒下伤人，禁止垂直放置转运架	

</td></tr>
</table>

续表

制度名称	素养活动管理办法	编　号	
		执行部门	

过程情况	具体操作规范	备注
3. 异常及安全管理时	（1）如在操作过程中发现部件、操作、设备等有异常时，应马上向上级报告 （2）工作中不得擅离职守，身体不舒适、受伤或有其他事情时需请假要及时提出 （3）工作中落下螺钉、垫圈、部件等必须拾起，对装配作业，无法拾起或找不到时，应马上向上级报告 （4）为保护静电敏感器件不受静电影响，在指定的位置使用防静电用品	
4. 生产停顿时	（1）不要离开工位，可把自己周围整理一下，检查一下组装好的机器等 （2）上级有指示时要依指示行动	
5. 超时工作时	（1）是为保证生产计划的完成采用的非常措施，员工应配合工作安排 （2）确有原因或身体不适不能参加者，需向上级说明，出示必要证明获准后方可不参加超时工作	
6. 带点作业时	（1）绝对禁止触摸产品，对企图触摸产品的人，应大声提醒其注意 （2）有带电产品的工序以及要采用高压的工序一定要使用绝缘垫 （3）禁止在有带电产品的工序及采用高压的工序中使用导电垫、导电腕套等 （4）在高压工作区要挂设警示标志	

续表

制度名称	素养活动管理办法	编　号	
		执行部门	

过程情况	具体操作规范	备注
7. 搬运作业时	(1) 零部件开箱或装箱时，要通过包装票或交接单确认实物是否正确 (2) 因接触、碰撞、摩擦而易于损伤的材料、零部件不得重叠安放 (3) 禁止撞碰、禁止位置转移，应注意人身安全	

第 16 条　作业结束后素养活动检查

1. 为了防止火灾，对自己使用和负责的电源都必须关闭。

2. 为下面的工作做好准备，将本次工作持续到做完为止。

3. 精密仪器清洁之后应归回原位，量具盖好盖子。

4. 大件的上架或叠放的工装夹具，应做好清洁和防尘工作。

5. 为防止脏物、灰尘等落在产品上，造成不良影响，在特定场合要给产品加盖防护罩。

6. 加工设备清扫标准。

(1) 清扫设备时要戴好必要的保护用具。

(2) 清扫设备时，关断电源并在电源配电柜上贴警示标志“设备保养，严禁合闸”。

(3) 清扫时被移动的台架必须在清扫后放回原位。

第 6 章　休息时间素养规范要求

第 17 条　休息场所

1. 吸烟：严禁在工作区内吸烟，要到规定场所。

2. 饮食：保持开水供应区的清洁，剩水要倒入桶内。

3. 在休息区休息时，不得采用不雅或影响他人的姿势，休息后休息用椅须放回原位置，保持休息区的清洁整齐。

4. 休息时不许大声喧哗，影响他人。

第 18 条　洗手间

1. 不许乱涂乱画，不许乱扔烟头。

续表

<table>
<tr><td rowspan="2">制度名称</td><td rowspan="2">素养活动管理办法</td><td>编　　号</td><td></td></tr>
<tr><td>执行部门</td><td></td></tr>
<tr><td colspan="4">

2. 保持清洁，便后冲水，用后的纸放入纸篓中。
3. 有机溶剂等药品会引起环境污染，造成公害，甲苯、酒精、天那水、螺丝制动蜡、油漆等，绝对不能流入厕所、洗手池中。
4. 不许向厕所内乱倒杂物，防止堵塞。
第 19 条　公共场所安全
1. 去餐厅、公共场所时，不要奔跑，以免在拐弯等不能直望过去的地方发生碰撞。
2. 在餐厅和公共场所内严格遵守公共秩序。
第 7 章　其他素养规范要求
第 20 条　设备工具管理（素养活动）标准
1. 防止多余物：零件夹具、线夹等不要与一般零部件混淆。
2. 数目管理：注意班前班后工装夹具的数目清点。
3. 夹具确认：开始使用新夹具时，先充分确认其是否有副作用。
4. 使用校正后的仪器：未校正的计量器具禁用。
5. 工具检查、交换周期明确化：按规定执行。
6. 特殊工具使用：对危险或特殊工具，应明确使用规范。
第 21 条　作业规范管理
1. 严禁口头指示，须有书面指示。
2. 若变更作业，作业规范也应及时变更。
3. 生产过程中如果要变更工艺操作规范，需按工艺规范的相关规定执行。
4. 操作人员协助他人工作时应按其作业规范确认工作。
5. 追加、修订、修正作业规范的原件时，操作人员使用的作业规范文件需立即更换。
6. 设计变更涉及作业变更时，要确认作业规范是否变更。
7. 作业规范应有受控章，操作人员需使用有确认印章的作业规范。
第 8 章　附　　则
第 22 条　本办法由 5S 推行小组负责制定、修订与对外解释事宜。
第 23 条　本办法由总经理审批后颁布执行，修订时亦同。

</td></tr>
</table>

编制人员		审核人员		批准人员	
编制日期		审核日期		批准日期	

8.5.3 素养活动考核细则

对现场清洁活动的检查考核，班组长也可分项设定查核的标准，制定“清洁效果查核标准表”（见表8—5），以便于检查考核时记录、评分用。

表8—5　　清洁效果查核标准表

部门：　　　　　　检查者：　　　　日期：　　年　　月　　日

项次	检查项目	等级	评分等级	查核标准	得分
1	日常5S活动	1级	0	没有活动	
		2级	1	虽有清扫清洁工作，但非5S计划性工作	
		3级	2	开会有对5S进行宣传	
		4级	3	有5S培训、竞赛等活动	
		5级	4	活动热烈，大家均有感觉	
2	服装	1级	0	穿着脏，破损未修补	
		2级	1	不整洁	
		3级	2	纽扣未扣好，鞋带未系好	
		4级	3	劳保用品按规定穿戴	
		5级	4	穿着依规定，并感觉有活力	
3	仪容	1级	0	不修边幅又脏	
		2级	1	男士头发、胡须过长，女士化妆太浓，穿高跟鞋	
		3级	2	上两项，其中一项者	
		4级	3	均依规定整理	
		5级	4	感觉精神有活力	
4	行为规范	1级	0	举止粗暴，口出脏言	
		2级	1	衣衫不整，不讲卫生	
		3级	2	自己的事可做好，但缺公德心	
		4级	3	公司规章均能遵守	
		5级	4	主动精神，团队精神	

续表

项次	检查项目	等级	评分等级	查核标准	得分
5	时间观念	1级	0	大部分人缺乏时间观念	
		2级	1	稍有时间观念，开会迟到的很多	
		3级	2	不愿时间约束，但会尽力去做	
		4级	3	约定时间会全力去完成	
		5级	4	会适当地在约定时间前提早去做好	
合计					
备注	1级：差，2级：较差，3级：合格，4级：良好，5级：优秀				

第9章　现场成本管控

9.1　定员定额控制

9.1.1　劳动定员管理

1. 劳动定员注意事项

（1）定员范围

生产班组劳动定员编制范围包括生产班组进行正常生产所需的所有员工。按照岗位和工作性质及在生产过程中所起的作用，主要包括操作工人、学徒、技术人员、管理人员以及其他人员等。

（2）人员比例

定员编制时，应合理安排生产班组的直接生产人员和非生产人员、基本生产工人和辅助生产工人、技术人员与其他人员之间的比例关系。提高直接生产人员、技术人员、管理人员的比重，降低非直接生产人员的比重。

2. 定员方法

由于各类人员的工作性质和影响其数量的因素不尽相同，根据生产班组现场的实际情况，可灵活采用按设备定员，按劳动效率定员，按岗位定员，按比例定员，按组织机构、职权范围和业务分工定员五种方法进行定员编制。

（1）设备定员法

对于以机器设备操作为主的生产班组的直接生产工种，可根据机器设备的数量、工人的看管定额和设备的开动班次来计算定员人数。其计算公式如下。

$$定员人数=\frac{为完成生产任务所必需的设备台数\times每台设备开动班次}{生产人员定额}\times出勤率$$

（2）劳动效率定员法

对于以手工操作为主的生产班组的直接生产工种，可按照生产任务或者工作量和公认的劳动效率来计算定员人数，其计算公式如下。

$$定员人数=\frac{每一轮班应完成的生产任务}{工人的劳动效率}\times出勤率$$

（3）岗位定员法

对于以岗位看管为主的工种，可根据生产人员看管或操作的设备的工作岗位数、岗位工作量等因素计算定员人数，其计算公式如下。

$$定员人数=\frac{共同操作的各岗位生产工作时间总和}{工作时间-休息与生理需要时间}\times出勤率$$

（4）比例定员法

对于辅助生产人员和非直接生产人员，可根据生产部员工总数和员工比例计算定员人数，其计算公式如下。

定员人数＝生产部门员工总数×定员比例×出勤率

（5）组织机构、职权范围和业务分工定员法

对于管理人员和技术人员，可根据其职责范围、业务分工和工作量来计算定员人数。首先确定管理体制、组织机构，然后确定各职位工作职责范围和工作量，设置单位人员所能承受的工作量，计算定员人数。

9.1.2 材料消耗定额管理

材料消耗定额，是指在保证产品质量的前提下和一定的生产、技术组织条件下，结合产品和工艺要求，生产单位产品或完成单位生产任务所必须消耗的材料数量。具体来说，材料消耗定额主要包括原材料消耗定额和辅助材料消耗定额两大类。

1. 收集制定消耗定额资料

（1）从生产部、材料仓库获取有关原材料领用、发放的记录单，以及按产品计算的原材料使用量统计表单等相关文件。

（2）从采购部获取原材料实际采购文件，如订购单及相关统计表单。

（3）从材料仓库获取进料入库单、退货单以及相关统计表单。

2. 计算消耗定额

各种材料的消耗定额，必须本着保证产品质量、节约的原则制定，具体制定方法包括经验判断法、统计分析法、实际测量法、工艺计算法等。

（1）经验判断法

经验判断法是根据相关人员的经验判断，依靠经验和物料的消耗量进行确定的一种定性分析和定量分析相结合的方法。其计算步骤如图 9—1 所示。

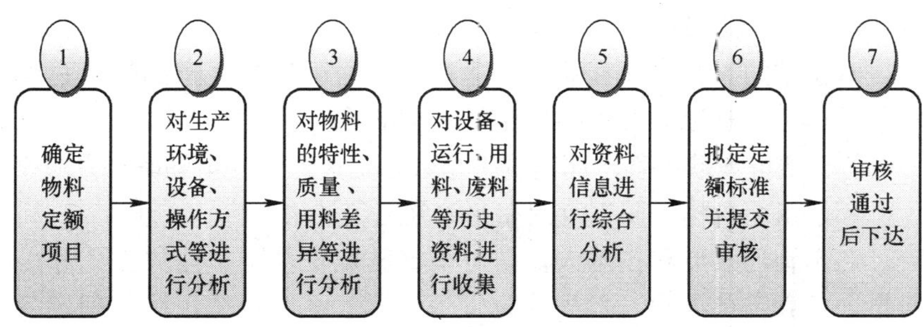

图 9—1　经验判断法计算流程

（2）统计分析法

统计分析法是指对各种生产统计数据进行分析、整理、归纳和总结，以推算出物料消耗定额的一种方法。其计算步骤如图 9—2 所示。

（3）实际测量法

实际测量法是指对生产现场物料的耗用量进行测试，根据测试结果确定物料定额指标的一种方法。其计算步骤如图 9—3 所示。

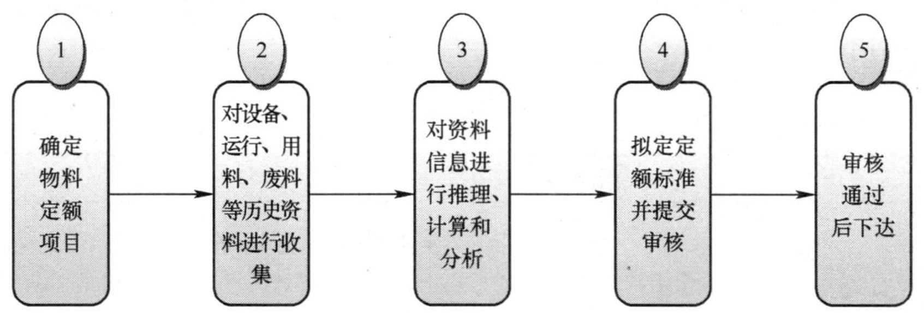

图 9—2 统计分析法计算流程

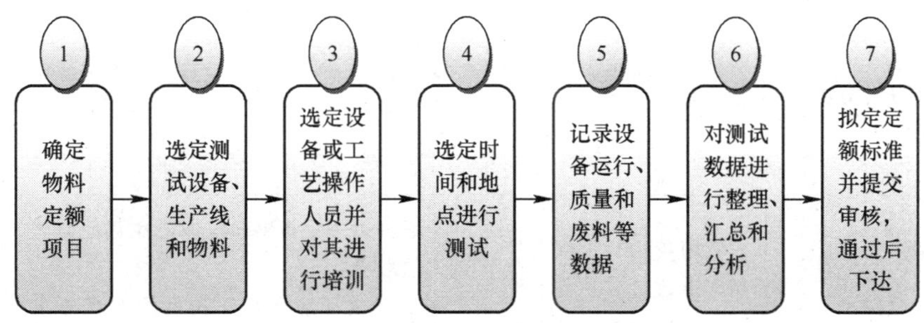

图 9—3 实际测量法计算流程

(4) 工艺计算法

工艺计算法是指根据产品设计资料和相关工艺资料计算出物料消耗定额的一种方法。其计算步骤如图 9—4 所示。

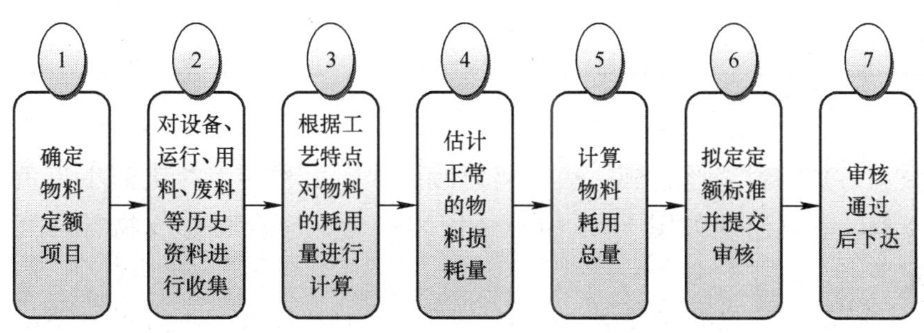

图 9—4 工艺计算法计算流程

上述四种方法的适用情况和特点见表 9—1，判断人员可据此进行选择。

表 9—1　　消耗定额计算情况

计算方法	适用情况	特点
经验判断法	适用于缺乏历史资料的情况	◆简单方便，易于操作 ◆判断者应对产品设计、工艺技术、设备操作、物料特性等有深入了解 ◆不适用于单价高的贵重物料
统计分析法	适用于历史资料丰富的情况	◆应用广泛 ◆对历史统计数据的完整性和准确性要求高 ◆准确性不高
实际测量法	使用与物料投入和产品产出数量容易与非测试阶段的数量分开的设计和工艺	◆掌握第一手资料，可以避免其他偶然因素的影响 ◆对测试环境和操作人员的选择要求很高 ◆测试结果可能不符合生产实际耗用量
工艺计算法	适用于生产工艺简单、物料种类不多的情况	◆计算结果偏理想化，应作适当修正 ◆对生产过程中单位产品耗用量较少的物料计算不准确 ◆计算过程较为复杂

3. 物料消耗定额修改

（1）物料消耗定额一般一年修改一次，由物料消耗定额小组负责修改。凡出现如图 9—5 所示情况之一者，应及时修改物料消耗定额。

（2）因生产管理不善或物料管理不善而超耗者，不得提高消耗定额。

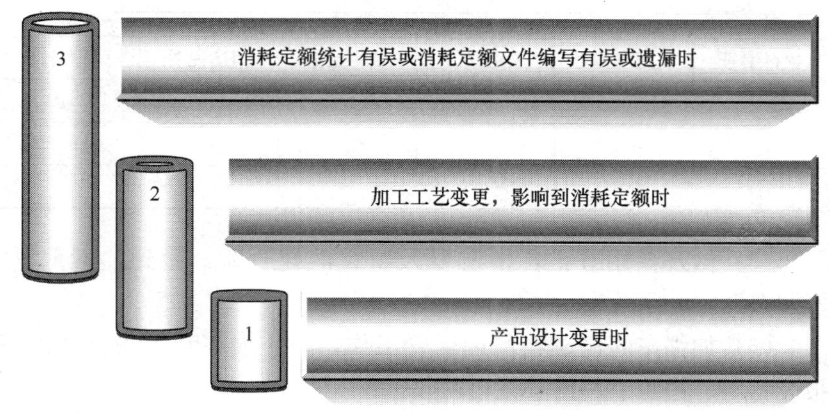

图 9—5 物资消耗定额修改适用情况

4. 物料消耗定额执行

(1) 班组长根据生产命令、物料清单与以往各种物料消耗测试结果开具“领料单”(见表 9—2)，注明各种物料定额数量。

表 9—2 **领料单**

领用部门： 日期： 年 月 日

物料编号	物料名称	规格	单位	定额数量	用途说明	备注

(2) 各生产车间领料员和物料仓管员严格按照“领料单”的数量进行领、发料，防止少领、错领、多发、错发现象的出现。

(3) 班组长应设置物料定额使用监督员，进行生产线上的物料使用现场巡查与监督，发现不当使用或浪费物料的要现场及时制止。

(4) 班组长要严格要求领料员做好物料发放管理工作，每人的领用数量、用途都要认真登记。表 9—3 为物料领用记录表。

表 9—3　　　　物料领用记录表

物料编号	领用单编号	领用部门	领用数量	用途说明	领用日期

（5）做好耗用登记，指定专人填写消耗台账，做到“不重登、不漏登”。

（6）加强车间已领物料的保管工作，防止损坏和丢失，并做好报废物料、边角余料的登记与回收工作。

（7）由于人为原因造成物料损失和浪费的情况，应追究责任，按有关规定进行处罚。

5. 物料消耗定额考核

考核人员应对物料消耗定额执行情况进行考核，具体考核方法如下。

（1）车间核算员要正确计算完工产品成本，不得随意将费用摊入产品。

（2）完工产品以当月入库为准，班组长视规定的结算节余、超料的情况，按一定比例执行奖惩。

（3）物料费用以财务部分配给各车间的数额为准。

9.2 物料成本控制

9.2.1 原材料消耗控制

原材料消耗控制主要是通过制定消耗定额、限额领料、节约回收使用等方法达到节约原材料成本的目的。

1. 原材料消耗定额计算

原材料消耗定额由原材料工艺性消耗定额和非工艺性消耗定额组成。

（1）原材料工艺性消耗定额

原材料工艺性消耗定额，是指在一定条件下，生产单位产品或完成单位工作量所用材料的有效消耗量，即包括单位产品的净重消耗和合理的工艺性损耗两部分。

根据定义和下列的公式计算原材料工艺性消耗定额。

单位产品原材料工艺性消耗定额＝单位物资净重的材料消耗量＋各种工艺性消耗之和

原材料工艺性消耗定额是对生产车间、班组领发料考核的依据，也是确定生产车间、班组计划原材料需用量的依据。

（2）原材料非工艺性消耗定额

原材料非工艺性消耗定额，也称“原材料供应定额”，是指在原材料工艺性消耗定额的基础上，还包括一部分因各种客观条件限制不可避免的非工艺性损耗，如在生产过程中不可避免产生的废品、现场搬运保管过程中的合理损耗和其他非工艺技术原因而引起的损耗，包括废品消耗、材料代用损耗、设备调整中的损耗等。

根据下面的公式计算单位产品原材料非工艺性消耗定额。

原材料非工艺性消耗定额＝单位产品原材料工艺性消耗定额×（1＋原材料供应系数）

原材料非工艺性消耗定额是采购部用来计算原材料总体需用量、向供应商进行原材料采购的主要依据。

（3）确定原材料供应系数

原材料供应系数是根据企业上年度原材料供应数据资料、原材料管理的实际水平及部分难以避免的非工艺性损耗，由技术部统一确定，经生产部、采购部会签后，报总工程师审核。

2. 原材料消耗计划控制

生产部根据原材料消耗定额及生产任务规定计算生产计划期内的材料需求量，并注明原材料的到库时间。原材料计划用量计算公式如下。

原材料计划用量＝（计划产品数量＋技术上不可避免的废品数量）×

原材料消耗定额一计划回收利用的该种原材料数量

9.2.2 辅助材料消耗控制

辅助材料是指在产品生产过程中起辅助作用，但不构成产品主要实体的消耗性材料，包括焊接类、油漆类、油脂类、溶剂类、胶水类、防护类材料等，简称“辅料”。

1. 辅助材料消耗定额制定方法

辅助材料消耗定额，一般采用间接方法来确定，具体方法见表9—4。

表9—4　　辅助材料消耗定额确定方法

方法	适用范围及示例
1. 按主要原材料消耗的比例来计算	◆适用于那些消耗量与主要原材料消耗量有一定比例关系的辅助材料，如型砂、填料、炼钢熔剂等
2. 按产品产量来计算	◆适用于与产品产量有一定比例关系的辅助材料，如包装箱、包装纸、包装袋等产品包装材料
3. 按产品面积来计算	◆适用于油漆、涂料、电镀等辅助用材料
4. 按设备运转时间计算	◆适用于与设备开动时间或工作日有关的辅助材料，如润滑油、清洁用具、磨料、冷却液等
5. 按辅助材料本身的使用期限来计算	◆适用于备用零件、劳动保护用品等辅助材料，如劳动保护用品有其固定的使用期限，且不同的工种使用期限的长短也有所不同
6. 按定期统计实际耗用量来计算	◆适用于难以按上述方法来确定消耗定额的辅助材料，如玻璃器皿、化学试剂、针、线等用品

2. 辅助材料使用控制措施

生产班组应制定辅助材料使用操作标准，对辅助材料的耗用进行规范，并对现场作业人员予以监督、指导。

（1）辅助材料的派发控制

辅助材料管理人员应根据企业相关规定，将当日所需辅助材料预先存放于小推车上，定时、定点向班组内工序工作人员派发辅助材料，并监督其领用量不得超过使用定额。

（2）辅助材料的保管

对于辅助材料的存储保管，需按用途或温湿度、通风与密闭、防火防爆等要求的不同，进行分门别类管理。

（3）辅助材料的记录

相关管理人员负责生产现场辅助材料的保管、派发与统计工作，对每种辅助材料都设置台账进行管理，每次辅助材料的入库、派发都要详细登记，这样可以随时掌握辅助材料进出情况，为阶段性统计分析工作提供依据。

9.3　制造与质量成本控制

9.3.1　制造成本控制

制造成本由固定制造费用和变动制造费用组成，其中固定制造费用由材料费、人工费、设备费用三部分组成，具体制造成本控制手段如下所示。

1. 制定成本标准方法

常见的制定成本标准的方法主要有计划指标分解法、预算法以及定额法。具体方法的说明见表9—5。

表9—5　　制定成本标准方法

制定方法	具体内容
计划指标分解法	计划指标分解法，即通过将大指标分解为小指标的方法来确定成本控制标准。分解时，可以按部门、单位进行分解，也可以按不同产品和各种产品的工艺阶段、零部件或工序进行分解

续表

制定方法	具体内容
预算法	预算法，即用编制预算的方法来确定成本控制标准，如根据季度的生产销售计划来确定较短期的费用开支预算，并将其作为成本控制的标准
定额法	定额法，即确定定额和费用开支限额，并将这些定额和限额作为控制标准来进行控制，如材料消耗定额、工时定额等

2. 制造成本控制

(1) 固定制造成本控制

固定制造成本控制主要包括材料费用控制和人工费用控制，具体的控制重点如图 9—6 所示。

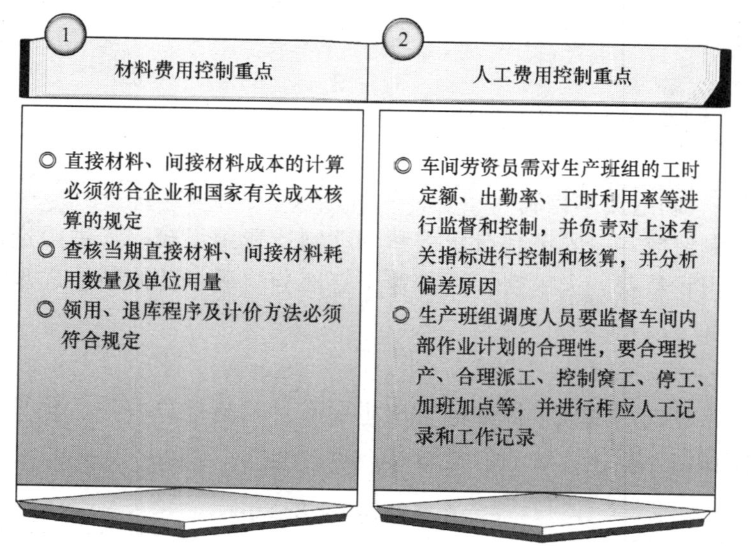

图 9—6　固定制造成本的控制重点

(2) 变动制造成本控制

变动制造成本控制的主要内容如下：

1）核查生产班组的各项管理费用、车间班组经费等，设有定额的按定额控制，未设定额的按各项费用预算进行控制。

2）核查生产及非生产制造费用发生数是否在预算范围内，有无超支情况。

3）核查制造费用是否按规定报支。

4）生产班组对组内成员进行控制和监督，并提出改进意见。

9.3.2　质量成本控制

1. 质量成本构成

质量成本由核算预防成本、鉴定成本、内部故障成本、外部故障成本以及外部质量保证成本构成。具体内容如图 9—7 所示。

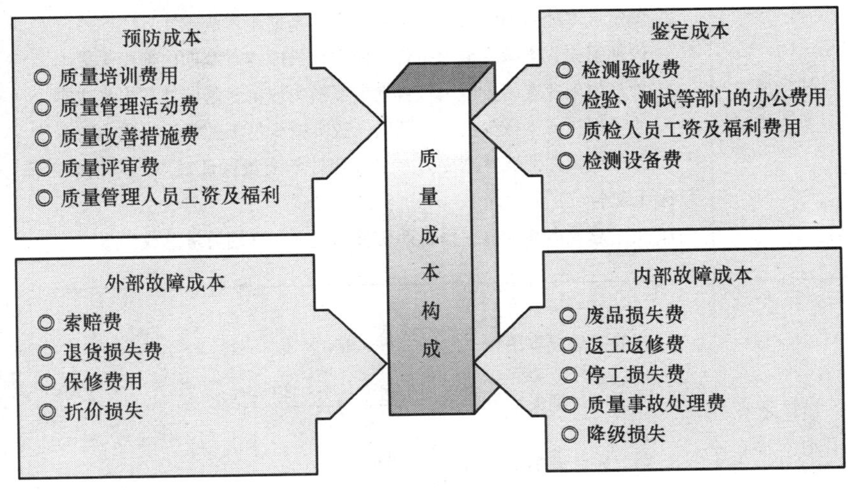

图 9—7　质量成本构成

2. 质量成本分析

（1）建立质量成本分析指标体系

企业应首先建立质量成本分析指标体系，量化各质量成本评价指标，便于了解质量成本的控制成效。质量成本分析指标体系具体内容见表 9—6。

表 9—6　质量成本分析指标体系

指标分类	指标计算公式
质量成本基本指标	1. 预防成本率、鉴定成本率，内、外部损失成本率共四项分项成本率，其计算公式如下：分项成本率 $=\frac{\text{分项成本}}{\text{质量总成本}}\times100\%$ 2. 单位产品质量成本 $=\frac{\text{产品质量总成本}}{\text{产品总产量}}$ 3. 质量损失率 $=\frac{\text{内部损失成本}+\text{外部损失成本}}{\text{质量总成本}}\times100\%$
质量成本主要指标	1. 预防成本减少值＝报告期预防成本—基期预防成本 2. 鉴定成本减少值＝报告期鉴定成本－基期鉴定成本 3. 内部损失成本减少值＝报告期内部损失成本－基期内部损失成本 4. 外部损失成本减少值＝报告期外部损失成本－基期外部损失成本 5. 质量损失成本减少值＝内部损失成本减少值＋外部损失成本减少值 6. 外部质量保证成本减少值＝报告期外部质量保证成本－基期外部质量保证成本 7. 质量总成本减少值＝报告期质量总成本－基期质量总成本
质量成本相关指标	1. 产值质量成本率 $=\frac{\text{总质量成本}}{\text{总产值}}\times100\%$ 2. 产值质量损失率 $=\frac{\text{内部损失成本}+\text{外部损失成本}}{\text{总产值}}\times100\%$ 3. 利润质量成本率 $=\frac{\text{总质量成本}}{\text{产品销售总利润}}\times100\%$ 4. 利润质量损失率 $=\frac{\text{内部损失成本}+\text{外部损失成本}}{\text{产品销售总利润}}\times100\%$

（2）质量成本分析步骤

质量成本分析包括对质量成本数据的收集、核算、分析等步骤，使质量成本控制工作行之有据，同时更具科学性。质量成本分析步骤如图 9—8 所示。

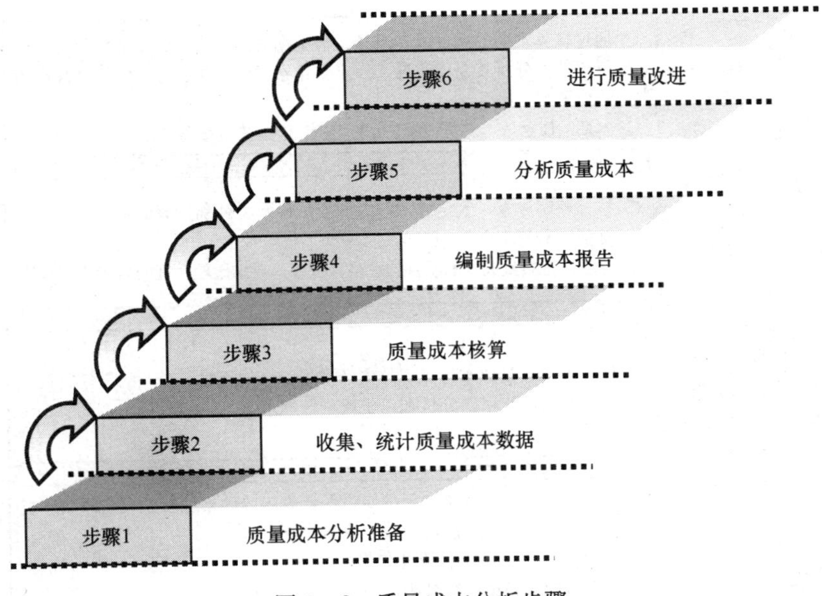

图 9—8　质量成本分析步骤

(3) 质量成本分析内容

质量成本分析内容主要包括对质量成本总额分析、结构分析、与企业经济指标的比较分析和故障成本分析等几项内容，其具体内容如图 9—9 所示。

(4) 质量成本分析方法

质量成本分析方法主要包括指标分析法，成本趋势分析法、排列图分析法三种，具体内容如图 9—10 所示。

3. 质量成本控制实施

(1) 制定质量成本控制计划

质量部根据企业历史生产数据、上期平均质量水平以及质量成本变动趋势等信息，编制质量成本控制计划，明确各阶段质量成本控制方法和实施计划，预测质量成本的各项费用，并制定质量成本定额。质量成本控制方法主要有五种，具体如图 9—11 所示。

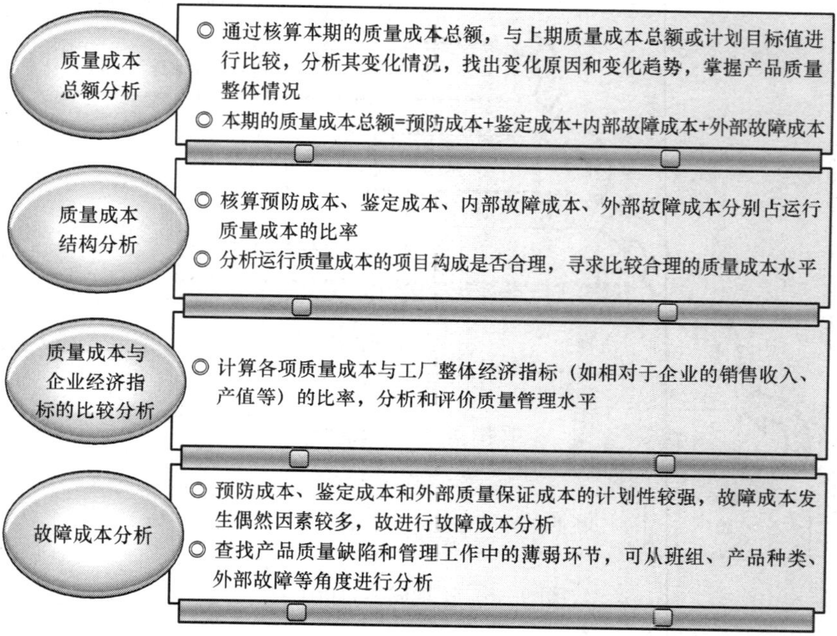

图 9—9　质量成本分析的内容

（2）质量成本控制计划实施

质量成本控制人员通过协助生产部门进行质量改进计划制定，标准化质量管理操作，优化质量检验程序等细化手段，实施质量成本控制计划。

（3）质量成本的核算

质量成本核算人员根据质量成本构成，将质量成本核算科目设计为三个级别，并按照企业相关规定进行质量成本核算。

（4）质量成本的考核

质量成本考核按照月度和年度周期进行，质量成本考核人员应严格对比质量成本控制计划的相应指标，计算各考核对象的考核成绩，并将考核结果编制报告上交人力资源部，按照相关条例实施奖惩。

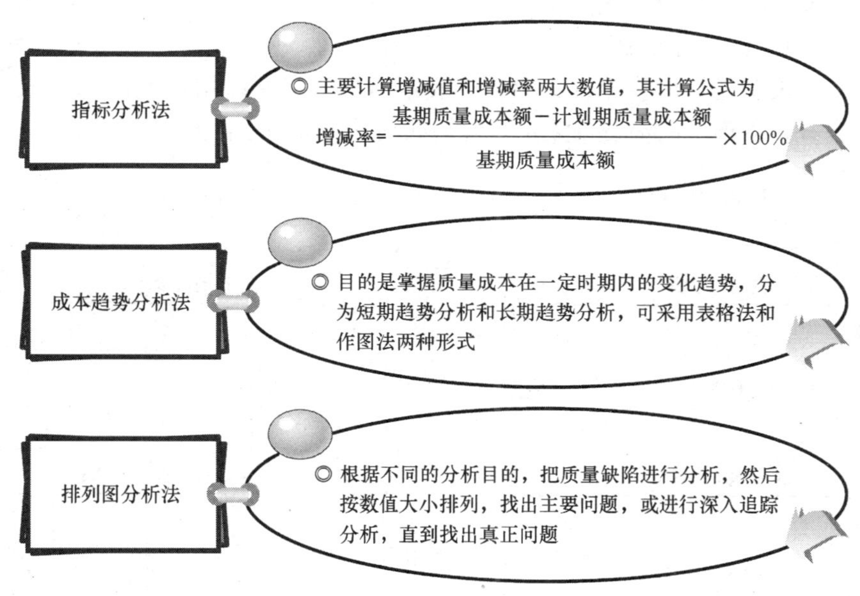

图 9—10　质量成本分析方法说明

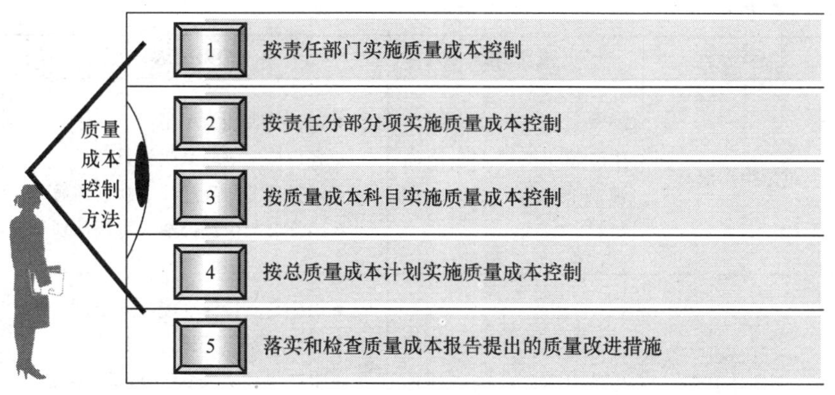

图 9—11　质量成本控制的主要方法

9.3.3 生产浪费控制

1. 浪费现象分类

浪费是指那些导致企业生产成本增加、资源耗用过大的行为的集合。生产中的浪费现象主要包括如图 9—12 所示的八种。

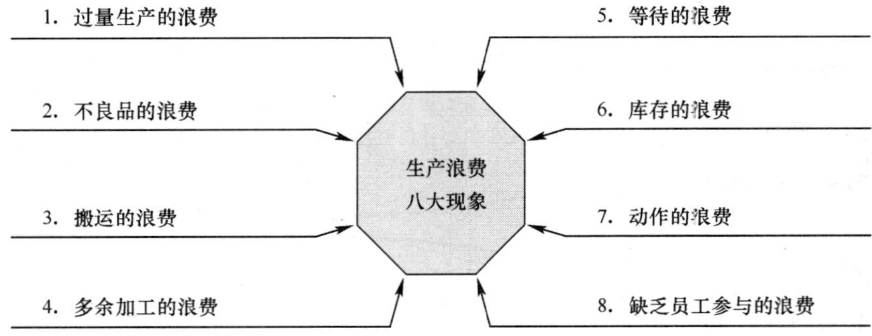

图 9—12　生产浪费八大现象

2. 浪费原因和表现

生产浪费的原因和表现见表 9—7。

表 9—7　生产浪费原因和表现

浪费分类	浪费内容	浪费原因
过量生产浪费	◆过量生产主要指为生产超出必要数量产品浪费的时间、人力和材料	◆制程管理能力不足 ◆客户快速响应系统失灵 ◆销售环节与生产环节缺乏沟通 ◆销售部与生产部缺乏协调计划
不良品浪费	◆不良品浪费主要指生产出瑕疵品或必须返工的产品所造成的浪费	◆供应商质量保证能力不足 ◆制程质量保证能力不足 ◆生产操作人员缺乏培训，造成误操作 ◆使用了不合适的生产设备

续表

浪费分类	浪费内容	浪费原因
搬运浪费	◆搬运浪费主要指物品的取放、堆积、排列、移动以及整个搬运动作环节过大等无附加价值的动作，由此造成的浪费	◆不适当的生产现场布局 ◆工作场地缺乏组织 ◆大批量储备加工 ◆计划不协调、不一致
多余加工浪费	◆多余加工的浪费是指未按照客户指令，擅自增加加工程序，所造成的各种浪费	◆新的先进技术利用不当 ◆未理解客户的质量标准 ◆没有客户质量要求的输入 ◆没有控制的过程更改
等待浪费	◆等待的浪费是指为等待下一个动作的到来，而造成待工的物料设备、工具、人员等浪费	◆上下工序的工作方法不一致 ◆长时间的机器停工、换装 ◆人机配合效果差 ◆物资、设备供应不及时
库存浪费	◆库存的浪费多指库存过剩所带来的浪费，库存并不仅限于仓库，还包括生产现场、工序和作业过程	◆生产线及时生产能力差 ◆供应商的管理存在瓶颈 ◆不准确的库存预警与预测系统 ◆换线、换模的时间过长
动作浪费	◆动作浪费是指由于在生产过程中，生产人员没有采用相应的标准和规范来约束自身行为或采用的标准和规范不合理而产生的员工非必要的动作	◆设备作业现场及工作的布局不合理 ◆作业场所缺乏组织 ◆机器、人力生产效率低
缺乏配合的浪费	◆生产人员缺乏必要的节约意识，未按照规范操作，造成的材料、设备以及人力等的浪费	◆员工缺乏节俭意识 ◆员工潜能尚未被彻底激发 ◆员工参与各项节约活动的积极性不高

3. 浪费节约措施

针对不同的浪费现象，企业应有针对性地实施应对措施，具体措施如图 9—13 所示。

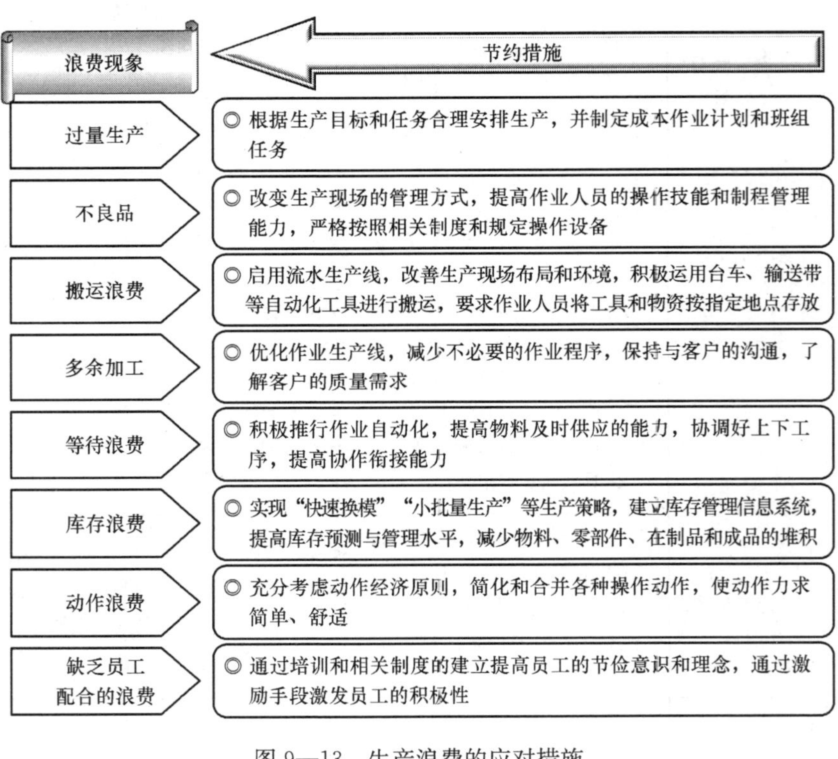

图 9—13　生产浪费的应对措施

4. 浪费改善工作流程

（1）观察生产现场

静观现场是消除浪费活动的第一步，通过观察生产现场的总体情况、员工行动、生产流程等，判断作业时间是否满足客户需求，并发现生产过程中的异常。

（2）发现浪费

通过对生产现场的浪费现象进行“4W1H”分析，找出浪费的原因，具体内容如图 9—14 所示。

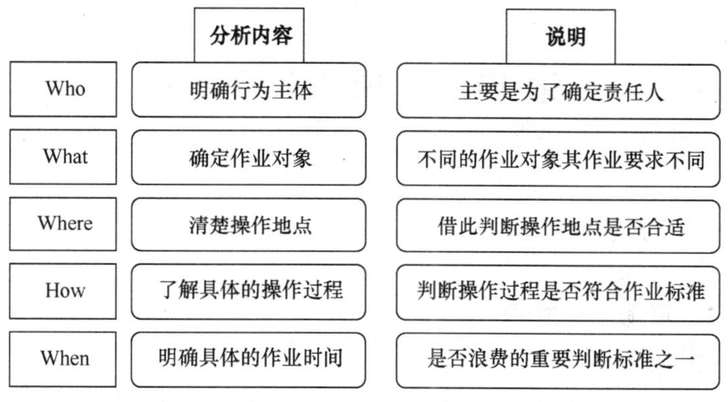

图 9—14 “4W1H”分析的具体内容

(3) 实践应对措施

在发现浪费现象后，及时选择生产浪费应对措施并制定应对方案，经上级领导审批通过后实施。

(4) 反思效果

企业在执行浪费消除活动后进行反思，对执行效果进行评估，确认应对方案是否改善了浪费现象，并总结工作心得和工作中遇到的问题。

(5) 改善节约方案

针对节约方案未能解决的问题，积极提出新的应对措施，改善节约方案，经上级领导审批通过后，严格执行。

第 10 章　现场人员管理

10.1　劳动纪律管理

10.1.1　现场工作管理

1. 现场纪律

班组人员在车间工作时，必须严格约束自己的行为，遵守生产现场的工作纪律，具体内容如图 10—1 所示。

员工面貌	◆ 员工生产现场必须着工作服，戴工作帽，正确佩戴员工证 ◆ 员工工作期间不得佩戴手表、戒指、耳环等物品，不得化妆 ◆ 提倡文明礼貌，现场作业严禁使用侮辱性字眼，不讲脏话 ◆ 严禁在现场打架、聚众闹事
物品管理	◆ 员工责任区内物资必须按定置规定码放在定位线内，严格遵守《消防安全管理规定》 ◆ 禁止将个人衣物、餐具等用品带入生产现场，饮用水杯放在现场指定位置 ◆ 严禁私自撕毁工厂公布的各项通知、规定，严禁在现场各白板上乱涂乱画 ◆ 严禁将消防器材挪为他用，特殊情况须报消防安全小组批准
作业纪律	◆ 员工必须按照生产工艺规定、操作指导进行现场作业，严禁向半成品投放异物或故意损坏机器设备 ◆ 提倡节约，生产现场严禁水、电、气浪费现象 ◆ 现场员工必须专心作业，严禁嬉闹聊天，偷闲怠工 ◆ 现场人员在工作期间不得做与工作无关的事情，生产现场禁止吃东西、吸烟、看小说、读报刊等
岗位要求	◆ 上班中途外出员工凭出入证进出车间，并正确登记出入时间 ◆ 员工必须服从合理工作安排，尽职尽责做好本岗位工作，坚决反对故意刁难、疏忽或拒绝上级主管命令或工作分配 ◆ 现场各工段应做好人员定岗工作，禁止脱岗、串岗、溜岗、睡岗等

图 10—1　现场纪律要求

2. 现场卫生

班组作业现场必须经常清理、整顿，班组人员作业中也须注意保持现场的卫生环境，讲究个人卫生，为班组作业营造良好的环境。主要包括对车间或班组责任区域的清洁工作、对生产废料的处理、车间设备的清洁保养等工作。具体内容如图 10—2 所示。

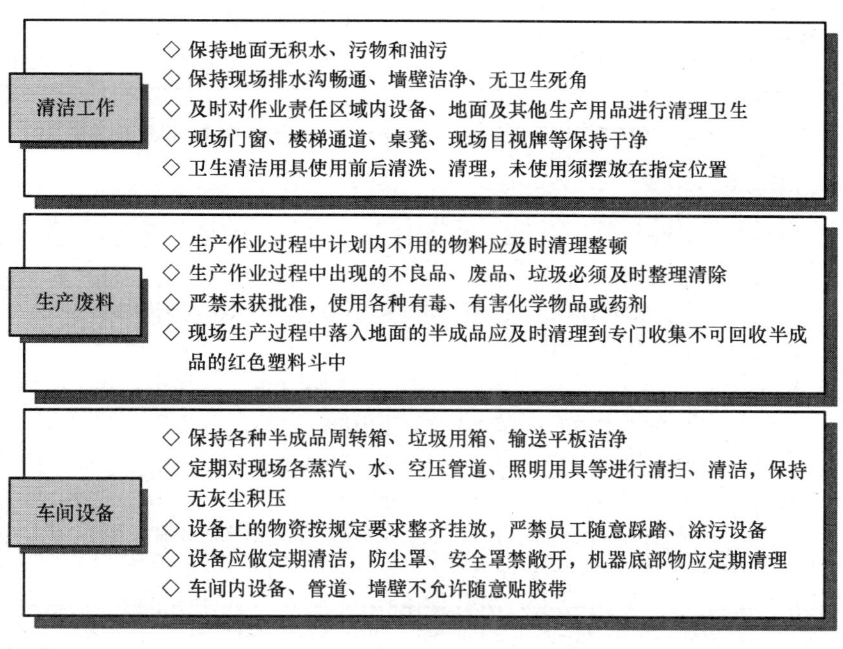

图 10—2　车间环境卫生清洁要求

10.1.2　文明生产管理

文明生产是正确协调生产过程中人、物、环境三者之间关系的生产活动。它可使生产现场管理水平得以提高和改善，从而为工厂降低消耗、增加效益提供保障。文明生产的内容和具体要求如下。

（1）文明生产包括开展 5S 活动、精神文明、环境文明、操作文明、储运文明、定置文明、安全生产等内容。

（2）开展“整理、整顿、清洁、清扫和素养”的5S活动。具体内容见表10—1。

表10—1　　5S活动说明

5S项	具体说明
整理	对生产现场摆放和停滞的各种物资按需要和不需要进行分类，再把不需要的物资清理出现场
整顿	对生产现场需要留下的东西进行科学合理的布置和摆放，以便在最快速的情况下取得所要的物资 1. 物资摆放要有固定的地点和区域 2. 物资摆放地点要科学合理。例如，根据物资使用的频率，经常使用的东西应放得近些 3. 物资摆放目视化，使定量运载的物资做到过目知数，不同物资摆放区域采用不同的色彩和标记
清扫	把生产现场打扫干净，设备异常时马上修理 1. 自己使用的物资，如设备、工具等，要自己清扫 2. 对设备的清扫，着眼于对设备的维护保养 3. 清扫也是为了改善。例如，清扫地面时若发现有飞屑和油水泄漏，要查明原因并采取措施加以改进
清洁	整理、整顿、清扫之后要认真维护，保持完美和最佳状态
素养	养成良好的工作习惯，遵守班组的各项规章制度

（3）精神文明。举止文明，礼貌待人，做到遵纪守法，爱护公共财产，岗位间互相尊重，紧密配合，积极创造出轻松愉快的良好生产氛围。

（4）环境文明。具体内容如图10—3所示。

（5）操作文明。在零件加工和装配的过程中，严格操作规程，严禁野蛮加工和野蛮装配。对于不文明的操作应当严格按责任制进行惩罚。

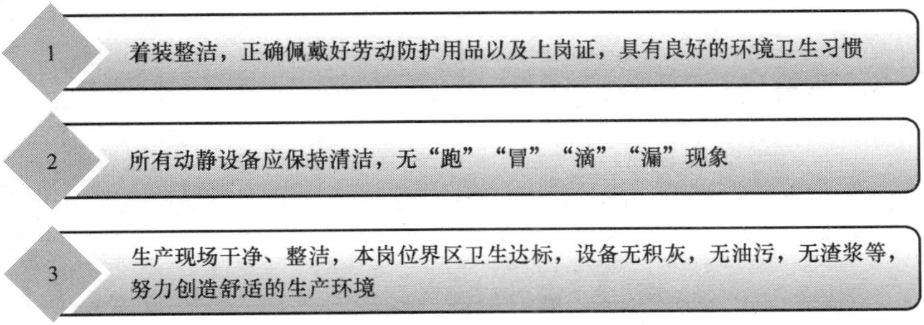

1 着装整洁，正确佩戴好劳动防护用品以及上岗证，具有良好的环境卫生习惯

2 所有动静设备应保持清洁，无“跑”“冒”“滴”“漏”现象

3 生产现场干净、整洁，本岗位界区卫生达标，设备无积灰，无油污，无渣浆等，努力创造舒适的生产环境

图 10—3　环境文明要求

（6）储运文明。在零部件运转时，应当采用各种适用的工位器具和运输工具。严禁乱扔、乱放、野蛮装卸行为，如有发现按责任制进行惩罚。

（7）定置管理。具体内容如图 10—4 所示。

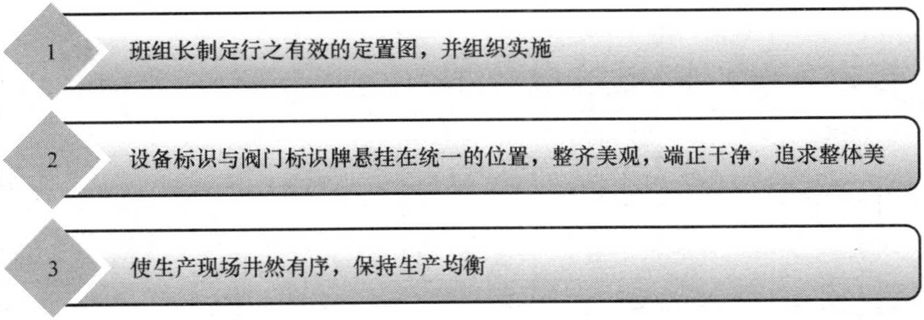

1 班组长制定行之有效的定置图，并组织实施

2 设备标识与阀门标识牌悬挂在统一的位置，整齐美观，端正干净，追求整体美

3 使生产现场井然有序，保持生产均衡

图 10—4　定置管理要求

（8）安全生产。具体内容如图 10—5 所示。

10.1.3　安全生产管理

企业需加强车间班组安全管理工作，持续开展安全教育与培训，做好作业安全监督检查，保证工厂生产的顺利进行，保障班组员工的生命安全。

1 高度重视安全工作，执行国家、部、省及工厂规定的有关安全方针政策

2 加强安全宣传工作，安全标语、警示牌等设置在醒目的地方，安全警钟长鸣

3 严格安全规程，执行安全操作程序，严禁违章指挥，严禁违章作业

4 员工持证上岗，穿戴好劳保用品

图 10—5　安全生产要求

1. 班组安全教育

为了防范安全事故的发生，各班组需对成员进行安全教育。班组安全教育的内容包括以下七个方面，具体如图 10—6 所示。

1. 国家有关安全生产的法律法规，工厂以及上级部门对班组安全生产工作的标准和要求

2. 工厂及本单位安全简报和安全动态情况的信息

3. 本班组的概况和工作范围，本岗位、工种等对应岗位发生过的一些事故教训及预防措施

4. 本岗位、工种的安全规程、检修（运行）规程；电力系统安全规程、工厂有关安全生产制度及工厂安全禁令、通则

5. 本班组所面临和涉及的危险源及预控措施

6. 安全防护用品的正确使用方法，所操作的机械设备、各类工具、器具的安全使用要求

7. 各类事故的应急处理包括防火防爆、应急逃生、紧急救护等知识

图 10—6　班组安全教育的内容

2. 班组安全检查

班组长需每年至少进行春季和秋季两次安全大检查，平常须进行日常巡查，检查危险性较大的工作项目，并利用各种科学手段提高设备巡检质量。班组安全检查的主要内容如图10—7所示。

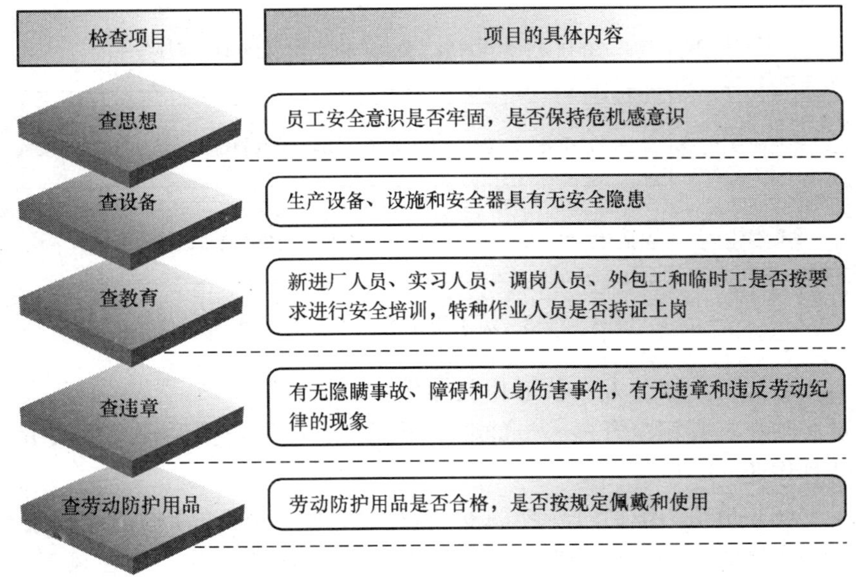

图10—7　班组安全检查的内容

3. 班组安全生产要求

（1）班组内的机电设备、安全器具、车辆和工作现场必须做到无隐患，安全防护装置、设施齐全可靠，严禁带病作业。

（2）班组员工工作前必须按规定穿戴好劳动防护用品，杜绝工作中的违章行为。

（3）班组内每项作业和操作，每个员工都须认真执行安全操作规程和各项规章制度，勿冒险蛮干，勿违规操作。

（4）班组员工在每一项工作中应履行安全互保责任，互保双方要对对方人员的安全健康负责，应做到 4 个互相，具体内容如图 10—8 所示。

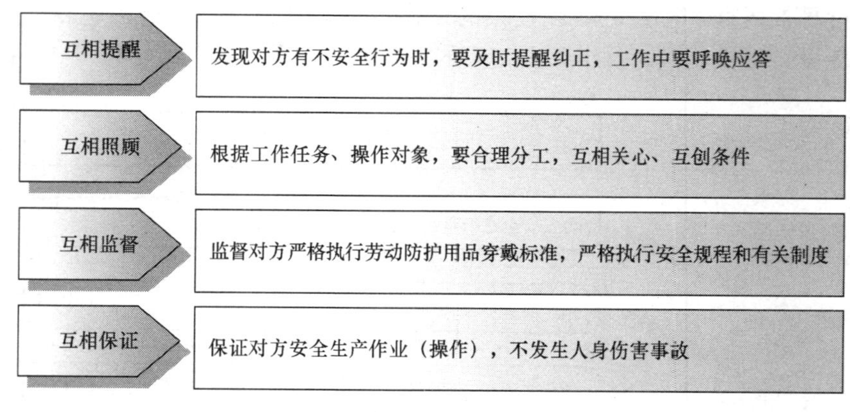

图 10—8　员工安全互保 4 个互相

（5）特种作业人员从事相关操作，必须持证上岗，持学习证人员必须在具有相应资格人员的监护下工作，不得安排无证人员从事特种作业。

（6）员工必须通过专项的安全教育培训，熟知、掌握危险因素和控制措施，并有能力胜任后才能进入危险区域工作，如在氢气、天然气等甲类火灾爆炸危险场所。

（7）新上岗员工（含换新工种人员）必须明确专人监护，负责其安全工作，在监护期间不得独立作业（操作），安全监护期不少于三个月。

（8）工作负责人要把监护工作放在首位，随时提醒小组成员的工作方法，注意事项，及时制止违章作业。

（9）要根据班组生产工作内容和环境的变化，及时对危险源的预控措施卡片进行修改和补充，并使员工及时熟知和掌握。

10.1.4　人员出勤管理

1. 出勤时间

（1）正常工作时间为每周一至周五，具体作息时间见表 10—2。

表 10—2　　　　出勤时间

序号	分班类别	具体作息时间
1	日常班	08：30—12：00；13：00—17：30
2	早班	08：00—12：00；13：00—16：30
3	中班	16：00—18：00；18：30—24：00
4	晚班	24：00—08：00

（2）法定节假日作息时间按国家有关部门规定执行。

2. 刷卡规定

刷卡是每位员工出勤状况的原始记录，也是核算工资的重要依据，公司全体人员每次上、下班都要按规定刷卡。具体规定如下：

（1）上班刷卡需提前，下班刷卡需延后，提前进行工作准备或工作交接。

（2）所有员工上下班均须亲自刷卡，任何人不得代他人刷卡或由他人代刷卡。

（3）常白、早、中班刷卡 4 次，晚班刷卡 2 次。

（4）本公司员工因事早退或出差需要离开公司，且当天不再返回公司，应打卡后才能离开公司。

（5）因特殊原因导致忘记打卡者，由直属主管开书面证明确认，否则将被视为迟到或早退。

（6）原则上每月允许漏打卡一次，忘记打卡时，无法提供证据表明在规定时间上下班的，一律按迟到或早退处理。

（7）磁卡使用中应注意防水、防磁化、防折叠。

3. 考勤规定

（1）班组进行严格的考勤制度，迟到、早退、旷工、请假、加班的规定见表 10—3。

表 10—3　　　　考勤规定

序号	考勤类别		具体规定
1	迟到		员工于公司规定上班时间（含加班上班时间）之后打卡上班的，视为迟到
2	早退		员工于公司规定下班时间（含加班下班时间）之前打卡下班的，视为早退（有上级批准下班的除外）
3	擅离岗位		生产车间上班时间内未向主管人员报备、无主管人员批准的外出手续，私自离开工作岗位超过 15 min 以上者视为擅离岗位
4	旷工		无上级核准的书面请假、公休手续而缺勤，特殊情况也没有电话报备请假的缺勤者，一律视为旷工
5	请假	事假	员工因事不能上班，向上级请假获批的，视为事假
		病假	员工因病不能上班，向上级请假获批的，视为病假
6	法定假日		元旦 1 天、春节 3 天、清明节 1 天、端午节 1 天、五一劳动节 1 天、中秋节 1 天、国庆节 3 天，按照国家法律规定安排休假。公司可根据生产情况调整放假的具体时间，并安排员工适当时间补休
7	加班		计时员工正常上班以外工作时间超过 30 min 以上视为加班时间，星期日、法定节假日上班亦视为加班（调休除外）。所有加班都必须要经厂长批准后方可列入加班计算

（2）罚款规定。对于员工迟到、早退、旷工、请假等缺勤以及违规考勤情况的罚款规定如图 10—9 所示。

罚款项	具体标准
迟到	1. 迟到 30 min 以内扣 10 元，30 min 以上 2 h 时以内扣 20 元 2. 无故迟到超过 2 h 时，按旷工半天处理，超过半天按旷工一天处理 3. 连续迟到 3 次或月累计迟到 4 次以上者除按迟到处理外，另累计旷工 1 次
早退	1. 员工没请假在规定工作时间下班前刷卡离岗视为早退 2. 员工早退一次，扣罚 20 元，月累计早退4次者除按早退处理外，另累计旷工 1 次
旷工	1. 员工旷工半天，公司将给予当事人罚款 50 元 2. 员工旷工 1 天，公司将给予当事人罚款 120 元 3. 连续旷工达三天者，或当月累计 5 天，视当事人自动离职处理
事假	1. 请事假期间停发工资 2. 每年累计事假不得超过 7 天，超过者，不计发年终奖金 3. 事假不足1 h 按1 h 计，不足 4 h 按半天计算，5 h 以上 8 h 以下按1天计算
病假	1. 病假在 1 个月以内的，病假期间工资按其本人休假天数正常出勤应发工资的 60% 发放。1~3 个月，工资按应发工资 40% 发放 2. 请病假需说明病因，并补交病假证明

图 10—9　缺勤罚款规定

10.2　生产现场检查

10.2.1　违章违纪检查

为了保证生产现场设备安全运行，为员工正常作业创造一个良好的环境，班组和部门领导应定期或不定期进行违章违纪检查，争取创建零违章班组，具体检查内容如图 10—10 所示。

1 各班组长、安全员要根据班组每天现场作业情况，认真做好违章违纪检查工作，并根据要求做好人员违章记录，月底汇总上报部门安全员

2 生产任务专员对现场消除缺陷、重大月度生产任务工作场所进行定期违章违纪检查，检查每周至少一次，并做好详细记录，落实整改措施，月底汇总上报部门安全员

3 组织员及时掌握生产任务开展情况，不定期地对作业现场违章情况进行抽查（机组检修期间，保证每天对各作业点进行检查），并对检查情况进行记录汇总，月底上报部门安全员

4 部门领导每月组织一次违章违纪专项检查，对检查发现的问题及时通报，督促各专业整改

5 部门安全员要检查、督促各专业、各班组开展违章违纪检查，对各班组上报的检查情况进行汇总

图 10—10　违章违纪检查规范

10.2.2　现场处罚管理

为严肃厂规厂纪，增强职工文明意识，确保安全文明生产，可对现场违规违纪情况进行适当处罚。

1. 违纪处罚规定

（1）迟到或早退一次罚款 5 元，每月迟到 3 次以上，扣除当月奖金的 50%。

（2）工作时间乱串岗位罚款 5 元，发现 3 次以上者，责令写检查。

（3）上班不允许穿拖鞋、穿短裤、赤背或衣帽不整，违者每次罚款 5 元。

（4）在车间与班长、车间主任争吵，相互打骂、吵闹者一次罚款 10 元，写出检查。态度不好或一月内累计 3 次者予以解雇。

（5）酒后上班闹事和影响工作者，每次罚款 20 元，写出检查。

态度不好或一个月累计 2 次予以解雇。

(6) 生产车间内严禁吸烟，违者每次罚款 10 元。造成危害者，追究其经济、行政及刑事责任。

(7) 生产中不得聊天说笑、看书看报，不准会客、打电话、吃零食、睡觉，不得擅自离开生产岗位，违者每次罚款 5 元。

(8) 偷盗公司或他人财物者，按实物价值 10 倍罚款，扣发工资，予以解雇。

(9) 严禁带小孩或外人进入车间，违者对当事人罚款 10 元。

2. 违规操作处罚

(1) 完不成当日生产任务的班组或工序不能下班，直到完成。晚上加班者不记夜班费，完不成任务强走者每次罚款 5 元。

(2) 上班必须穿戴和使用劳动保护用品，佩戴工牌，违法乱纪者每次罚款 10 元，涂改、遗失号牌罚款 10 元。

(3) 严禁跨越或靠坐任何机械部位，严禁随意拆除、挪动设备，严禁擅自拆装一切电器设施和变压器、开关箱，新安装的各种设备未经测试、试转，不得擅自开动。违者，每次罚款 20 元。

(4) 严禁擅自动用各类消防器材或在消防设施附近堆放物资，违者每次罚款 20 元。

(5) 不得在生产区内随意使用临时电线，如果急需使用，须经主管人员批准，并由电工接电，用后应及时按期限拆除。违者每次罚款 20 元。

(6) 各车间卫生由各车间负责打扫，设备、桌凳及半成品要摆放整齐。打扫不干净，每次对车间罚款 30 元，对清洁工罚款 10 元。

(7) 操作机器要切实做到人离关机，违者每次罚款 20 元。

(8) 中午、下午和夜班下班各车间负责人负责关好门窗，锁好车间大门，关闭总电源。违者每次对车间主任罚款 50 元。

10.3 每日任务管理

10.3.1 日生产计划管理

1. 日生产计划执行

为了提高生产管理，提高准时交付率，应对每日生产计划执行情况进行监督管理，具体内容如图 10—11 所示。

1. 班组长在每天工作结束后，汇总当日的生产数量进行入库并在入库台账上进行登记

2. 各班组长根据入库量的数据，计算当日产量与进度计划产量的差距，汇总给车间主任，并将此项数据填入生产日报表，上报生产部

3. 生产部根据生产日报表中的产量的超过或不足，调配生产，并与相关部门协调。但若改动生产计划必须经过生产总监的审批

4. 质量管理部做好每天的产成品的检验工作，对产成品进行各项检查，确定产品的质量等级

图 10—11　日生产计划执行规定

2. 日生产计划控制

各生产车间要按照生产部下达的生产计划严格分配作业，并准时按照规定的日期进行生产，以保证产品在生产线上的进度要求，为此，各班组需进行日生产计划控制，从而保证产品的交货期。

（1）生产部应在生产当日结束时拟订第二日的生产计划，并将物资需求计划在当日报送仓储部，仓储部接到生产车间的物资需求后，须在生产车间第二日上班前将物资准备完毕。

（2）各班组在每日上班后应由车间主任召开简短的生产早会，

其内容包括三项，具体如图 10—12 所示。

图 10—12　生产早会内容

(3) 在进行正式生产前，各班组应花费一定时间做好生产的准备工作，包括设备的保养、工具的摆放及物料的领取等工作。

(4) 班组员工在产品生产中要严格按照工艺要求与设备操作的规范进行生产，防止因不规范或错误的操作造成产品的不合格及设备的故障，造成生产时间的浪费，导致生产进度的拖延。

(5) 质量管理人员在产品的生产过程中做好巡检与验收工作，及时登记检验台账。

(6) 检验好的成品在入库后要根据入库凭证及时登记生产日报表。

(7) 面对生产中出现的突发事故，班组长需配合生产部派出人员进行处理及资源的调整，并按生产部人员的调整指令进行班组生产的调整。

10.3.2　日生产任务考核

为了了解员工当日的工作情况，激发员工的积极性、主动性和创造性，提高员工工作效率，班组长需对班组成员每日任务的完成情况进行考核评分，评分标准见表 10—4。

表 10—4　　日生产任务考核评分表

编号：　　　　　　　　　　　　　　日期：　　年　　月　　日

班组号		姓名		岗位	生产车间员工
考核项目	考核内容				得分
日生产任务完成情况（30%）	生产计划完成率				
	生产定额完成率				
	服从生产调度情况				
岗位作业指导要求（10%）	岗位作业指导要求执行情况				
	对质量方针、质量目标、质量要求及指导要求理解程度				
质量指标（20%）	产品验收合格率				
	投入产出率				
	工艺标准执行情况				
设备维护使用（15%）	使用操作设备的合理性				
	设备维护保养				
	设备故障率				
劳动纪律（15%）	违纪情况				
工作态度（10%）	工作主动性、协调性				

10.3.3　日生产任务分析

日生产任务分析主要对日生产任务完成的品质、投入产出、交货及时率、生产效率以及完成数据等内容进行分析，具体如图 10—13 所示。

10.3.4　日生产任务统计

1. 生产日报管理

生产日报是生产管理的重要资料，可以方便班组、车间和上级部门的信息传递和交流，帮助其掌握现场实际情况。生产日报上须精简写明必要事项，多用数字或符号，方便查看统计。具体内容如图 10—14 所示。

分析项	具体分析说明
完成产品质量	◎ 班组长需对班组员工每日完成产品或半成品的质量进行检验，检查其是否符合质量要求，是否属于瑕疵品
投入产出率	◎ 班组长需对班组员工投入物资和产出成品半成品进行比对，统计其完成任务所消耗的物资，计算投入产出率
交货及时率	◎ 查看产出成品或半成品是否及时，是否为昨日未完成任务
生产效率	◎ 班组长查看班组员工完成当日任务所消耗的时间，是否有所提前，计算生产效率
数据真实性	◎ 班组长需对班组员工完成任务数据的真实性进行检验，点数成品或半成品数量是否和员工报告相一致

图 10—13　日生产任务分析

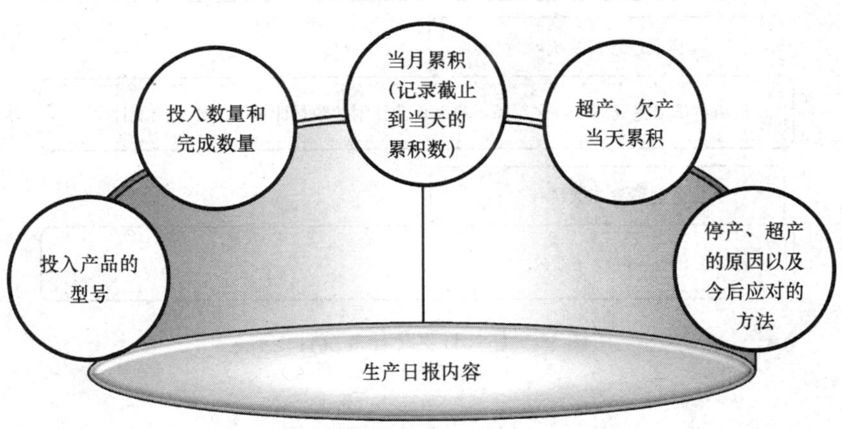

图 10—14　生产日报内容

2. 日生产任务统计内容

班组对日生产任务的统计，是对当日材料投入、产品产出作业完工动态数据的收集、整理和汇总。通过对日生产任务统计，可以有效控制班组生产，为次日的生产任务分配提供参考。日生产任务统计内容如图 10—15 所示。

生产指标统计

主要是指生产总量、品种产量、产品成套率、生产效率等生产指标的统计

生产进度统计

对部件、在制品、产品各工序的投入日期、投入数量、产出数量及废疵品数、返修品数的统计

在制品统计

在制品在班组各生产环节流转以及资金占用量的统计

作业计划实绩统计

班组各员工完成部件、在制品、产品作业计划的数量即员工工作量的统计

各时段完工数统计

各员工在不同时段完工数统计

图 10—15　日生产任务统计内容

10.4　现场人员培训

10.4.1　现场人员培训方法

现场人员的培训主要以培训生产操作技术为主，因此其培训方法有其特殊性，常见的培训方法如图 10—16 所示。

培训方法	具体说明
技术讲座	◎ 由专业技术人员进行技术讲座、专题座谈，组织员工现场讨论
师傅带徒弟	◎ 安排班组人员跟随师傅学习专长，总结经验
技术问答	◎ 由班组长公布题目，指定员工限期完成答案
考问讲解	◎ 在班前会进行提问讲解，提高应变能力
技能竞赛和示范	◎ 以班组为单位，开展现场技能竞赛和技术示范
安全学习	◎ 强化员工安全意识，运用典型事故案例进行安全培训
技术交底	◎ 组织班组长对重要项目技术要求、工作流程等重要事项进行重点交代
新设备技术培训	◎ 请设备厂家技术人员进行培训，使现场员工熟悉新设备的构造、工作原理
推广先进工作经验	◎ 对先进工作经验和方法及时总结、鉴定，组织生产人员学习，有计划地在实际作业中推广鉴定的先进工作经验和方法

图 10—16　现场人员培训方法举例

10.4.2 现场人员培训管理

1. 培训原则

(1) 以一、二级体系运作方式，开展全员培训学习。一、二级培训的具体说明如图 10—17 所示。

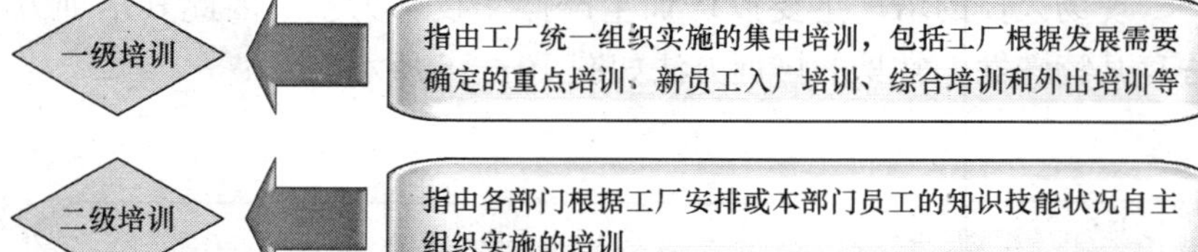

图 10—17 一、二级现场培训体系

(2) 强调员工参与和互动，发挥员工主动性。

(3) 持续进行培训学习，不断提升员工素质与工作业绩。

(4) 通过员工培训促进企业提高质量、降低成本、提升效率。

(5) 员工培训因时因地制宜，注重效果。

2. 成立培训小组

现场人员培训小组由人力资源部、车间主任以及班组长三个级别构成，以保证培训工作按计划实施，取得良好的效果。具体职责如图 10—18 所示。

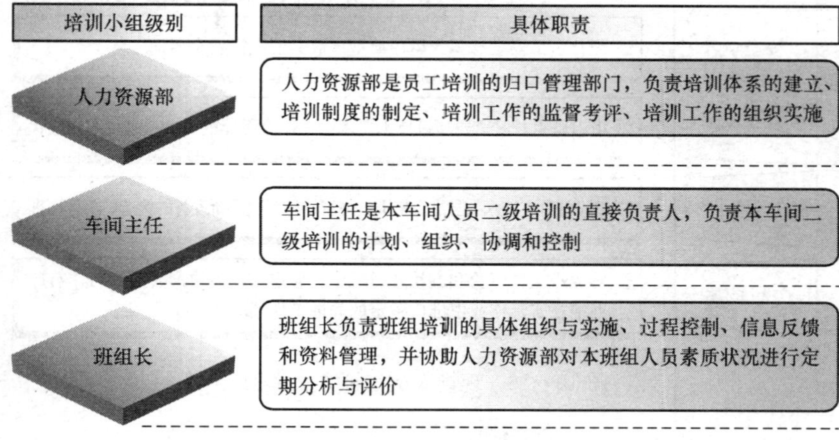

图 10—18 培训小组具体职责

3. 现场人员培训类别

现场人员培训包括对新入职员工的培训、对调岗员工的培训、对在岗员工工作改进的培训、对引进新技术的培训、现场安全培训、岗位轮换培训等。具体内容见表10—5。

表10—5　　现场人员培训类别汇总

培训类别	培训要求具体说明
新员工入职和调岗员工培训	(1)所有新员工入职后，车间应对其进行岗前培训和岗位技能培训 (2)应对调岗员工进行岗位技能培训 (3)岗前培训应包括产品特点与基本知识，安全管理知识，车间作业规范和其他相关制度，品质标准和不良辨识，作业流程和品质要求，工厂文化、使命和目标等 (4)岗位技能培训包括设备操作和工具使用培训，自检和互检培训，品质不良种类和限度，基本不良的修复技巧和求助培训
工作改进培训	(1)当车间内部对某项工作进行改进时，应对车间全员进行培训，以保证所有的员工操作规范 (2)车间工作效率较低，士气低落的时候，应对车间员工进行培训，通过培训提高员工士气和信心 (3)成本节约培训，车间应定期对员工进行成本节约培训，以有效节约成本
新技术培训	(1)车间采用新技术和设备之前，应对员工进行培训 (2)培训内容应包括设备操作方法，设备安全规范，技术的应用要点等
安全教育培训	车间需定期对全员进行安全教育培训，密切关注安全生产问题，确定安全水平达标，杜绝安全隐患
岗位轮换培训和多能工培训	车间需对操作员工进行多种技能培训，以培养多能工，逐渐适应柔性生产的发展需求，提高工厂的竞争力和员工价值

10.4.3 现场人员培训运营

1. 组织培训

人力资源部负责组织培训活动，分析培训需求，制订培训计划，组织培训实施、考核与培训效果评估工作。

(1) 人力资源部组建内部培训师队伍，由人力资源部经理任组长，讲师团成员包括工厂各部门经理、人力资源部培训专员、工艺技术部门工程师、各生产班组先进工作者等。

(2) 人力资源部建立外部培训师专家库，外聘的培训师每结业一门课程，人力资源部要进行现场培训效果的验证，对于考核分值在 90 分以上的培训师列入专家库，可连续聘用。

(3) 人力资源部组织各生产班组进行技术竞赛、技术示范等活动，进而起到与演讲方式培训相同的效果。

2. 实施培训

(1) 现场人员的培训实施工作具体见表 10—6。

表 10—6　　现场人员培训实施工作内容

层级 培训内容	车间主任	班组长	一线人员
培训课程	1. 工艺、设备专业知识 2. 基层领导艺术	1. 工艺、设备专业知识 2. 如何当好班组长	特种作业、安全生产、岗位操作规程等知识的培训
培训方式	1. 由内部培训师进行专业素质的培训 2. 采取多媒体教学的方式进行基层领导艺术的培训 3. 直接上级培训	1. 由内部培训师进行专业素质的培训 2. 采取多媒体教学的方式进行如何当好班组长的培训 3. 直接上级培训	1. 由内部培训师进行培训 2. 直接上级培训

续表

层级 / 培训内容	车间主任	班组长	一线人员
培训目的	全面提升车间主任的综合管理能力	全面提升班组长的基层管理能力	提升生产员工的操作技能
实施部门	人力资源部、生产部	人力资源部、生产部	人力资源部、生产部

（2）各车间必须按时、按计划进行培训，并记录、归档，进行培训效果评估、考核与措施改进，提出培训分析报告。

3. 评估培训效果

为提升和确保培训效果，人力资源部对每项培训的效果开展评价、分析和改进工作。

人力资源部通过座谈或问卷调查的形式与评估对象进行交流，了解培训组织、授课方式、讲课质量等方面的基础数据，掌握培训工作的实际意义和价值，收集关于改进、发展员工培训的建议，便于企业对培训全过程进行综合评价和改进，进一步提高员工培训的整体水平。

10.4.4　现场人员培训评估

1. 一级培训评估

人力资源部负责组织工厂级培训评估工作，以判断培训是否取得预期培训效果。具体方法如图10—19所示。

利用“培训效果调查表”、现场观察、中途离开等方面衡量参训人员对培训内容、教师水平与培训组织工作的满意程度

通过笔试、撰写心得报告、网上测试或事先制定评估指标等方式来衡量参训人员培训后知识和技能的理解与掌握程度

3

外出培训通过有关证书、培训资料收集情况以及内部授课情况进行培训效果考评

图10—19　一级培训评估方法

2. 二级培训评估

人力资源部对各车间二级培训开展情况、组织情况进行跟踪检查与考核，并对培训项目进行有效评估。具体如图 10—20 所示。

1. 有效评估的方式主要包括现场提问及现场演练、从已培训项目中随机抽取培训内容对参训者进行提问及实际操作，并根据指标设定评估培训项目得分等
2. 培训项目总分值在60分以上为合格，计入有效培训课时，否则该课时无效
3. 人力资源部每季度对各车间的累计有效培训课时进行汇总确认，年底总计各车间的有效培训课时
4. 人力资源部每年两次对二级培训情况进行分析考评，提出奖惩意见，并以此作为考评各车间领导业绩的一项重要指标

图 10—20 二级培训评估内容

第 11 章　现场信息管理

11.1　现场记录管理

11.1.1　物料记录管理

物料记录管理要充分发挥班组长、领料员、仓库管理员等人员的作用，班组长要全面把控、确保物料记录无误。物料记录需按要求完成以下几种表格的填写工作，具体见表 11—1。

表 11—1　　物料记录汇总表

编号	物料记录表名称	编号	物料记录表名称
001	物料请购单	014	包装材料收发管理台账
002	采购计划单	015	包装破损物料台账
003	物料验收记录表	016	包装破损物料检查记录
004	物料（成品）复验申请单	017	异常情况报告单
005	物料入库单	018	异常情况检查记录
006	原辅料收发管理台账	019	不合格品台账
007	物料退库单	020	不合格品处理报告单
008	库存物料复验记录	021	不合格品销毁单
009	温、湿度记录	022	不合格品销毁记录
010	不合格品/物料处理记录	023	成品入库拒收单
011	物料货位卡	024	物料储存条件表
012	成品货位卡	025	物料盘存报告单
013	成品收发管理台账	026	损耗报告单

11.1.2 设备记录管理

设备记录主要包括作业记录、异常记录、故障记录等。设备记录必须保证有固定的记录格式。比较常见的设备记录表单有设备台账记录、设备运行记录、设备巡检记录、设备点检记录、设备维修保养记录、设备故障报告单、设备报废申请单等。

设备记录管理主要需做好以下工作，具体如图 11—1 所示。

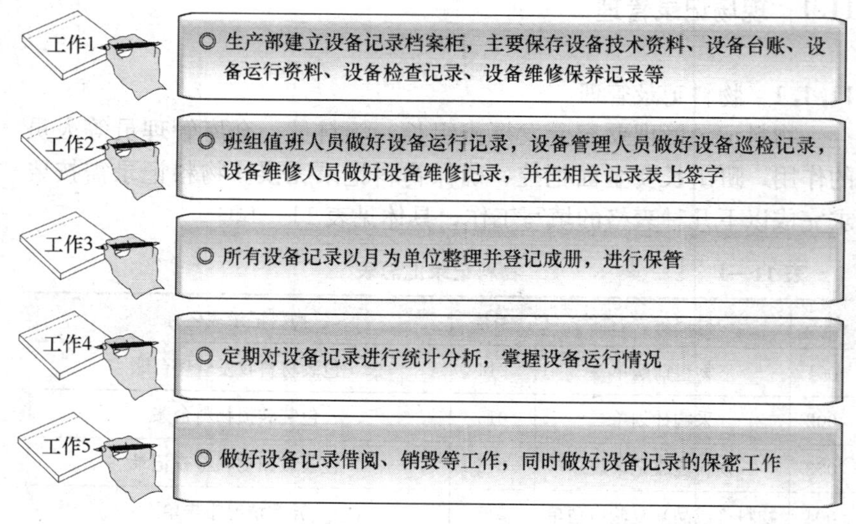

图 11—1 设备记录管理工作事项

11.1.3 安全记录管理

安全记录主要包括安全台账记录、安全检查记录、安全会议记录及安全培训记录。

1. 安全台账记录

安全台账记录要确保记录内容的严肃性、规范性和真实性。安全台账记录的标准主要有以下九条：

（1）台账由安全员或班组长指定的人员填写，填写应用蓝黑墨水钢笔，字迹整洁清楚，记录完整无缺，班组长负责审核。

（2）确保每年的安全措施都重新审核过，修编后写入有关制度，有关人员及时签字。

（3）将安全措施完成情况的主要内容简明扼要填上，每半年总结一次。

（4）在安全器具及防护用品登记表上登记其名称、数量、发放情况等，确保登记清晰。

（5）凡班组人员发生违章或被通报需进行安全考核的要及时登记。

（6）异常情况应按照相关要求及时登记。

（7）填写故障登记表、职工伤亡事故登记表的同时应填写安全台账。

（8）做好安全日活动记录，如活动目的、活动详细内容、参加领导签批意见等。

（9）安全记事栏应记录安全方面的大事及其他安全情况。

2. 安全会议记录

安全会议记录应包含会议时间、会议地点、主持人、会议主题、参加人员、缺席人员、会议内容纪要、与会人员签单等。

3. 安全检查记录

安全检查记录主要记录内容有安全措施落实情况、现场安全组织、安全防护、个人防护、现场防火、安全标志、临时用电系统及设备等。

4. 安全培训记录

安全培训记录包括培训方案、培训实施表、培训人员表、培训成绩表等。具体填写顺序为培训管理人员拟订培训方案，培训方案中包括培训目的、内容、时间、参会人员等内容，随后交领导签字。

培训实施前设计培训签到表，要求所有参训人员签字；记录人员做好实施记录；培训实施后安排培训考试，所有参训人员参加，记录考核成绩，未及格者重新参加考试。

11.1.4 质量记录管理

1. 质量记录主要内容

质量记录通常都是以文字、图表和数据的形式来体现，质量记录主要有以下内容，具体如图11—2所示。

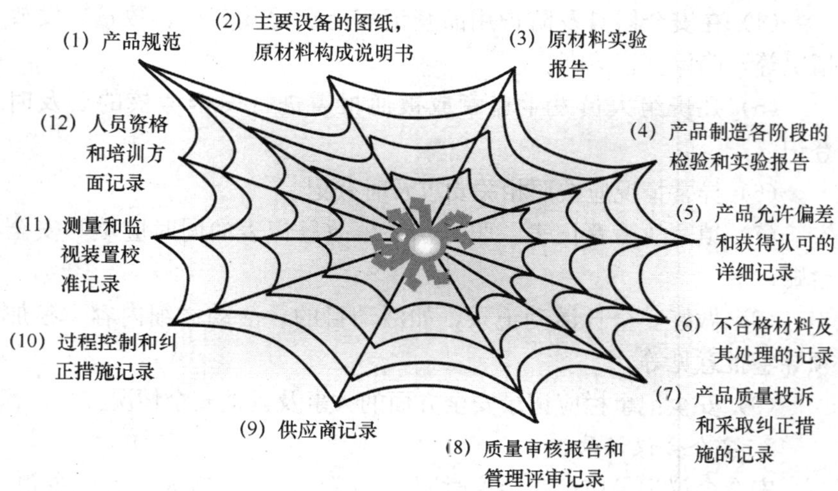

图11—2 质量记录主要内容

2. 质量记录表格设计要求

用于质量记录的表格应能完整反映生产质量管理状况，因此，质量记录表设计应符合以下原则，见表11—2。

表11—2 质量记录表格设计三原则

原则	具体内容
栏目设置合理	表格栏目设置应既能完整反映质量活动实施内容、人员、日期、结果等，又能适应多种情况，提高表格的通用性，减少表格数量
具有追溯性	质量记录表必须记录订单号、时间、记录人等，同时保证质量记录具有唯一的编号，使质量记录具有完全的可追溯性，便于归档和检索

续表

原则	具体内容
标准化和规范化	表格设计应尽量标准化，同时对于联数较多的表格可按使用部门以颜色区分，对于较复杂的表格，应有必要的填写说明，以便规范表格的填写工作

3. 质量记录控制要求

质量记录控制包括标志、填写、保管、处理等规定。

(1) 标志要求

过程记录要标有原料批次码、产成品代码，便于过程中追溯。

(2) 填写要求

1) 填写时必须保证填写齐全、字迹清晰、数据真实准确。

2) 保证按时按地记录，签字审批手续完整。

3) 记录要专人管理，并负责其安全。

4) 填写记录只能用蓝黑墨水钢笔或碳素笔填写。

5) 质量记录不得随便更改，如需更改，必须由原填写人在修改内容处用细实线“\”划掉，在上方或旁边填写正确内容，并在更改处签字或盖章。

6) 对于没有执行或不需执行的项目以“/”代替。

(3) 保管要求

1) 定时存档保存，并建立存档记录，便于查找。

2) 一般按质量记录流水号排列，同时制定查阅、借阅、保密相关制度。

3) 不得损坏、丢失质量记录，保持记录干净整洁。

4) 质量记录保存期限可根据实际情况确定，如有永久保存价值的记录，应列册归档，长期保存，而产品记录的保存期一般不低于产品的寿命期或责任期。

(4) 处理要求

过期的质量记录应予以销毁，并规定销毁的审批程序和执行方法，重要的含有保密内容的记录销毁时应保留销毁记录。

11.1.5　检查记录管理

检查记录包括设备检查记录、安全检查记录、质量检查记录、环境检查记录等。

1. 设备检查记录

设备检查记录有设备日常点检表、设备定期点检表、设备限期整改书、设备整改报告等。

2. 安全检查记录

安全检查记录有安全巡检记录、安全检查会议记录、整改方案、安全检查月报表等。安全检查记录的主要内容有对消防器材、设施、设备的安全情况、问题及修正进行记录；各班组长安全生产工作汇报及安全操作规程的执行情况、问题等的记录；危险工序的记录等。

3. 质量检查记录

质量检查记录主要包括首检记录及巡检记录。

(1) 首检记录

首检记录即首件检查记录，是指出现特定情况时，对制造的第一件或前几件产品进行检验的记录。班组长按照产品生产工艺及工序规定及产品制程检验规定对首检样品进行全面检查、测量，将检查结果详细登记在首检记录表上。首检记录表见表 11—3。

表 11—3　　首检记录表

客户		批号		品名/规格	
机台号		检验日期		使用量具	
检验项目		质量状况判定			
备注			最终判定	□ 合格　□ 不合格	

(2) 巡检记录

巡检记录是指检验人员在现场按照一定的时间间隔或检验频率

对关键工序的产品质量和加工工艺进行监督检验的记录。巡检记录具体格式见表 11—4。

表 11—4　　巡检记录表

部门：　　　　　　　　　　　　　　　　　日期：　年　月　日

项次	工序名称	检验重点	检验结果			不良内容	对策
			上午	下午	加班		
备注	检验结果标志为：□ 好		△ 尚可		× 不良矫正		

4. 环境检查记录

环境检查记录包括环境卫生检查记录、噪声检查记录、有毒气体检查记录、粉尘检查记录及环境改善记录等。

11.1.6　交接记录管理

1. 交接班

班组工作交接也称“交班”，一般发生在相同作业场所、执行同一个生产计划、使用相同设备进行交替作业的班组之间。根据当天的实际情况，班组长认真填写交接班记录表，向下一个班组交代相关信息，以便使下一班正确掌握情况，避免操作失误酿成事故。

2. 交接班记录内容及要求

(1) 交接班记录内容

交接班记录具体内容应涵盖生产完成情况、设备运行情况（包括故障及排除情况）、安全隐患及可能造成的后果、其他应注意的事项等。具体内容如图 11—3 所示。

(2) 交接班记录要求

交接班记录要求真实、准确、整洁，不得缺项漏项，并且交接班时双方班组长应在交接班记录本上进行签名确认。

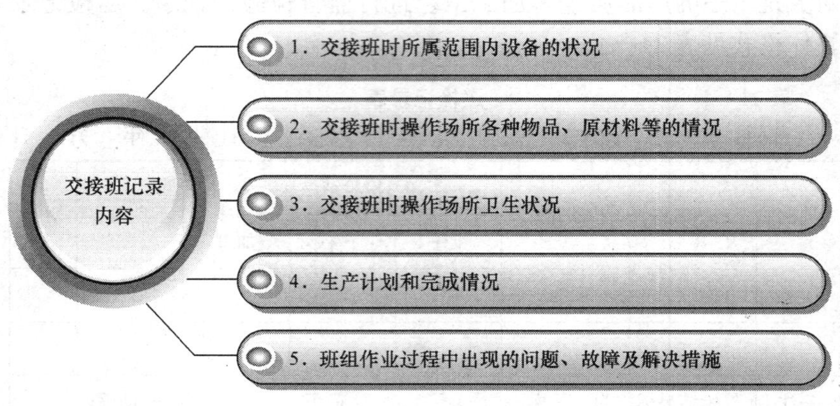

图 11—3　交接班主要记录内容

3. 交接班记录表

交接班记录可以设计成表格形式，具体见表 11—5。

表 11—5　　交接班记录表

班组：　　　　　　　　　时间：　　年　　月　　日　　时　　分

<table>
<tr><td>项目</td><td colspan="4">交接班内容</td></tr>
<tr><td>生产</td><td colspan="4"></td></tr>
<tr><td>设备</td><td colspan="4"></td></tr>
<tr><td>安全</td><td colspan="4"></td></tr>
<tr><td>环境</td><td colspan="4"></td></tr>
<tr><td>其他</td><td colspan="4"></td></tr>
<tr><td rowspan="3">到岗人员</td><td></td><td></td><td></td><td></td></tr>
<tr><td></td><td></td><td></td><td></td></tr>
<tr><td></td><td></td><td></td><td></td></tr>
</table>

交班人：　　　　　　　　接班人：　　　　　　　　车间主任：

11.2　信息统计分析

11.2.1　信息统计管理

1. 信息统计方法

统计方法是指收集、整理、分析有关数据并解释数据，由数据得出结论的方法。生产信息的统计方法通常可分为描述统计方法与推断统计方法两类。

（1）描述统计方法

描述统计方法是指通过图表的方式对数据进行处理显示，进而对数据进行定量的综合概括的统计方法。例如，可以将统计数据整理成折线图、曲线图、直方图等。

（2）推断统计方法

推断统计方法是指在统计数据描述的基础上，进一步对其反映的问题进行分析、解释和做出推断性结论的方法。

2. 信息统计要求

信息统计的要求如图 11—4 所示。

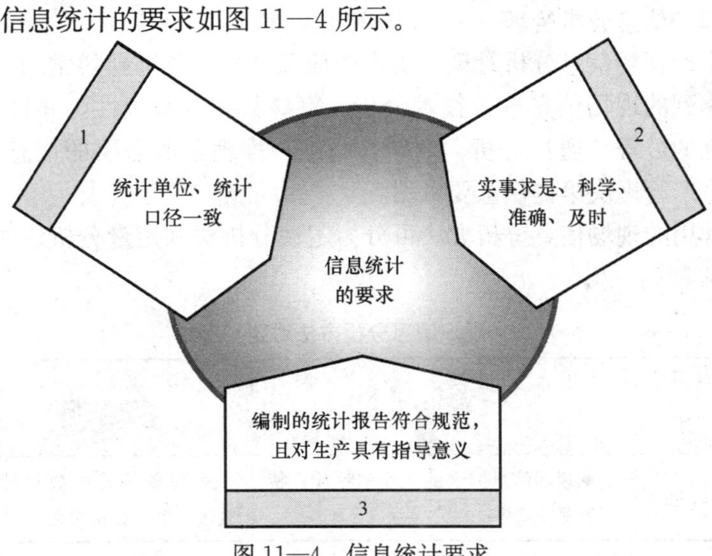

图 11—4　信息统计要求

3. 信息统计步骤

信息统计步骤如图 11—5 所示。

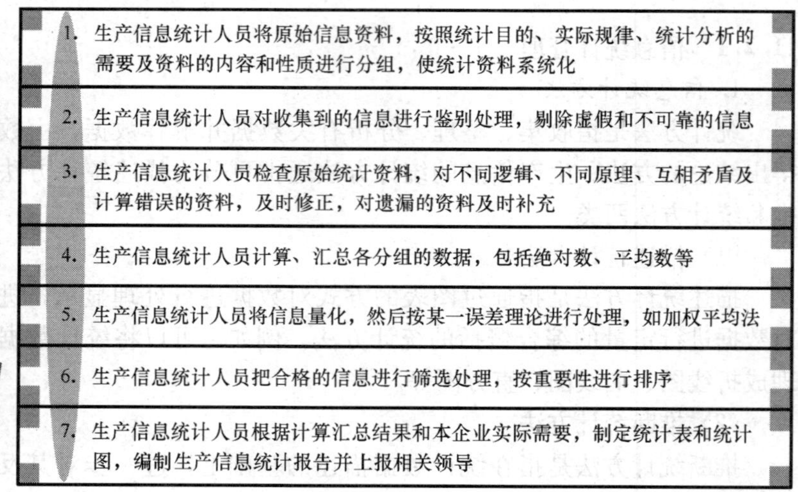

图 11—5　信息统计步骤

11.2.2　信息分析管理

生产现场信息分析管理是指生产信息分析人员选择科学的方法，对收集到的现场信息进行技术分析，审核数据的有效性，并剔除无效信息的过程。通过分析、判断、归纳、推理获取需要的信息，为制定生产管理决策提供重要依据。

常用的现场信息分析方法可分为定性分析法和定量分析法两种，具体见表 11—6。

表 11—6　　　　现场信息分析方法对照

方法名称 / 比较项目	定性分析法	定量分析法
分析对象	◆现场信息涉及的工作的性质、特点和发展趋势	◆现场信息的数量特征、数量关系与数量变化

续表

比较项目 \ 方法名称	定性分析法	定量分析法
分析依据	◆主要依靠分析人员及管理人员的直觉、经验、逻辑思维功能来分析信息	◆主要是依据统计数据、数学函数的形式来进行计算求解
基本方法	◆归纳分析法、演绎分析法、比较分析法、推理分析法、结构分析法、综合分析法	◆回归分析法、时间序列法、决策分析法、优化分析法、投入产出分析法
适用情况	◆收集的现场信息资料或数据不完整或分析不涉及数量关系	◆现场信息资料、数据完整，报表齐全，且分析涉及数量关系

11.2.3　生产信息计算机化

1. 构建生产信息管理系统

(1) 可行性分析

生产管理部门根据需要提出开发或引进新的生产信息管理系统的需求，经主管领导审批后交网络部、技术部评估其可行性。可行性分析可从经济、技术、管理三方面来分析，具体如图 11—6 所示。

经济可行性分析

- 分析采购信息系统的总费用是否超过公司预算
- 分析采购信息系统建成，实现资源共享后，相关成本费用的降低额度

技术可行性分析

- 分析核心技术是否成熟，是否有完整的构建方案
- 分析该系统是否简单易学，只需对员工进行少量培训，就能熟悉系统的基本功能和使用方法，确保系统顺利运行

管理可行性分析

- 分析信息系统是否具有较强的安全性和可靠性，相关部门管理人员是否可以通过权限设定对该系统进行管理

图 11—6　生产信息管理系统可行性分析

(2) 系统主要内容

生产信息管理系统一般包括两大部分，一是生产信息部分，二是综合报表部分。具体见表11—7。

表11—7　　生产信息系统主要内容

两大部分	主要内容	详细说明
生产信息	计划部分	▲分为年度计划和月度计划两部分
	产量技术指标部分	▲由各班组录入各产品的基础数据，由这些基础数据形成企业需要的各种指标、汇总数据，进而形成生产上的各种汇总报表
	能耗及物耗指标部分	▲能耗：每周输入一次能源用量和产量，形成周单位能耗。可以实现月度数据的查询及累计月度指标的查询 ▲物耗：设计数据周期为一周，车间每周盘存后将总用量和产量录入系统中，形成周单位物耗，累计形成月数据，实现累计月度指标的查询
综合报表	包括集团级、公司级、车间级报表	▲生产技术报表（生产信息系统中取数） ▲产销存报表（包括生产系统和销售系统的数据）

2. 生产信息管理系统的使用

(1) 使用操作事项

1）信息管理部应编制生产信息管理系统操作标准，经信息管理部经理审核后下发生产部各班组执行。

2）生产部各班组长在接受信息管理部的生产信息管理系统操作培训后，应利用信息系统辅助开展生产业务。

3）生产部各班组长在日常使用系统中，如发现问题应及时与信息管理部沟通解决。

(2) 操作注意事项

1）生产部各班组长的系统权限应与其岗位职责相符。

2）生产部各班组长的职责如有变动，应及时申请，请信息管理部做相应的变更。

3）未经授权，任何人不得将用户权限给未授权的用户使用。

4）生产部各班组长应严格按照生产信息管理系统的操作标准进行操作，不得擅自改动。

11.3　信息管理实务

11.3.1　生产信息管理制度

<table>
<tr><td rowspan="2">制度名称</td><td rowspan="2">生产信息管理制度</td><td>编　号</td><td></td></tr>
<tr><td>执行部门</td><td></td></tr>
<tr><td colspan="4">

第1章　总　　则

第1条　目的

为了加强对现场信息的管理，快速高效地收集分析现场信息，提高班组长对生产现场的掌控，同时确保现场信息在传递过程中不失真、不外泄，避免因信息失真和外泄给生产带来损失，特制定本制度。

第2条　适用范围

对生产现场信息的收集分析、传递、保管、使用等的所有相关事项均适用于本制度。

第3条　管理职责

1. 车间主任负责监督与检查生产现场相关信息的管理工作的执行。

2. 班组长负责生产现场相关信息的收集、分析与保存。

3. 生产部办公室、质量管理部、技术部、设备管理部各相关部门负责相关信息、资料的使用与保存。

第2章　生产现场信息收集管理

第4条　生产现场信息的范围

生产现场信息的范围主要包括生产现场的产品产量、质量及设备、人员管理、5S管理等信息。具体见下表。

</td></tr>
</table>

续表

<table>
<tr><td>制度名称</td><td rowspan="2">生产信息管理制度</td><td>编　号</td><td></td></tr>
<tr><td></td><td>执行部门</td><td></td></tr>
</table>

生产现场信息文件范围

信息类型	记载文件	知悉范围
人员信息	生产员工的基本资料 员工出勤表	生产部经理、车间主管、班组长、人力资源管理人员
生产产量信息	生产日报表	车间统计员、班组长、车间主任、生产计划人员、生产部经理及以上管理人员
质量方面的信息	制程巡检记录表 产品检验表	技术人员、质检员、班组长、车间主任、质量部人员
设备方面的信息	设备保养记录表 设备维修记录表	班组长、设备管理人员、设备使用人员、设备维修人员
5S 管理方面的信息	现场检查表 不需物品处理表	生产部经理、车间主管、班组长、行政部后勤人员、财务部账务人员

第 5 条　现场信息收集的形式

1. 定期收集，班组长需要定期对信息进行收集。

2. 不定期收集，公司会不定期地组织对专项信息的收集，班组长根据公司收集信息的要求进行现场信息方面的收集工作。

第 6 条　现场信息收集的方式

信息收集的方式主要有以下两种，对不同的信息可采用不同的收集方法，也可采用两种方法混合收集信息，由班组长自己酌情使用。

1. 文字记录的收集。班组长可通过查阅生产现场的管理工具（即报表与表单）的方式收集现场信息。

2. 目视收集。班组长可通过观察收集生产现场的信息，如生产人员的工作状态、生产现场环境等。

第 7 条　现场信息收集的存放

收集到的信息必须分门别类地存放，利于查找与分析。

续表

<table>
<tr><td rowspan="2">制度名称</td><td rowspan="2">生产信息管理制度</td><td>编　号</td><td></td></tr>
<tr><td>执行部门</td><td></td></tr>
<tr><td colspan="4">

第 3 章　现场信息的分析

第 8 条　现场信息衡量指标

现场信息分析以信息的真实性、及时性、全面性、保密性及利用价值的大小五个指标来衡量信息。

第 9 条　现场信息分析注意事项

1. 班组长需要将有效信息与无效信息分门别类存放并说明有效或无效的理由。

2. 分析信息时对收集到的信息不允许随意处置，应当报送生产部办公室进行备案处理。

3. 分析信息时所涉及的重大信息，必须上报车间主任，由车间主任根据自身权限下达指令，接到车间主任指令后方可进行处理。

4. 收集到的现场信息若与各职能部门相关，应及时上报生产部办公室，由生产部办公室以书面或电子文档形式通知各部门。

5. 重要信息的分析结果需要立即向生产部经理报告，一般信息于每月中旬在生产例会上将相关的信息分析结果向有关人员进行通报，供其决策。

第 4 章　生产信息的保管和使用

第 10 条　生产现场信息保管

1. 车间主任对于接收到的信息应首先进行信息的密级划分，防止不相关人员得到信息。

2. 车间主任根据信息的类型进行分类存放，同时报生产部办公室进行备案处理。

3. 生产现场所使用的有关公司机密的资料文件，由车间主任进行保管，防止信息外泄。

第 11 条　生产现场信息传递

1. 生产现场信息的传递过程中，车间主任应划分接收人的范围，然后进行传递，防止信息外泄。

2. 车间主任准备将生产信息传递时，必须记录信息传递的时间与接收人。

第 12 条　生产现场信息使用

1. 车间主任利用收集到的现场信息时，要根据自身职权进行信息的使用，禁止越权使用信息。

2. 车间主任及时调整现场的生产部署，指挥生产人员根据公司的相关规定进行生产。

</td></tr>
</table>

续表

<table>
<tr><td rowspan="2">制度名称</td><td rowspan="2" colspan="3">生产信息管理制度</td><td>编　号</td><td></td></tr>
<tr><td>执行部门</td><td></td></tr>
<tr><td colspan="6">

3. 关于产品质量、设备等方面问题的信息，要及时反馈给质量管理部、技术部、设备管理部等相关部门，以便各相关部门进行相应的处理。

4. 生产现场密级信息接收人接收到信息后，应严格遵守公司的保密规定，禁止外泄，否则视情节轻重追究当事人的责任。

5. 如遇客户在生产现场参观考察时，生产现场的班组作业人员禁止随意提及信息，经授权批准的除外。

第 5 章　生产信息异常处理

第 13 条　生产现场异常信息

异常信息，是指标志着生产车间停工或生产进度延迟等情形的数据或资料，包括但不限于下列七大类。

1. 计划异常信息：生产计划临时变更或安排失误等异常信息。

2. 物料异常信息：物料供应不及时（断料）、物料质量有问题等异常信息。

3. 设备异常信息：设备、工装不足或有故障等异常信息。

4. 质量异常信息：制程中出现的质量问题等异常信息。

5. 产品异常信息：产品设计或其他技术问题等异常信息。

6. 水电异常信息：水、气、电系统出现的异常信息。

7. 工时异常信息：因上述异常导致的待工、返工、加班等信息。

第 14 条　生产现场信息异常处理

1. 生产现场出现异常信息时，相关班组长应及时填制生产异常报告单，并上报车间主任。

2. 车间主任及技术部人员制定异常情况处理措施，对异常情况进行处理，班组长积极配合。

3. 异常排除后，车间主任填写异常信息处理单，技术人员及班组长签字确认，并交生产部办公室保存。

第 6 章　附　　则

第 15 条　本制度由生产部负责制定及解释。

第 16 条　本制度经总经理审阅、批准后执行。

</td></tr>
<tr><td>编制人员</td><td></td><td>审核人员</td><td></td><td>批准人员</td><td></td></tr>
<tr><td>编制日期</td><td></td><td>审核日期</td><td></td><td>批准日期</td><td></td></tr>
</table>

11.3.2 生产信息管理流程

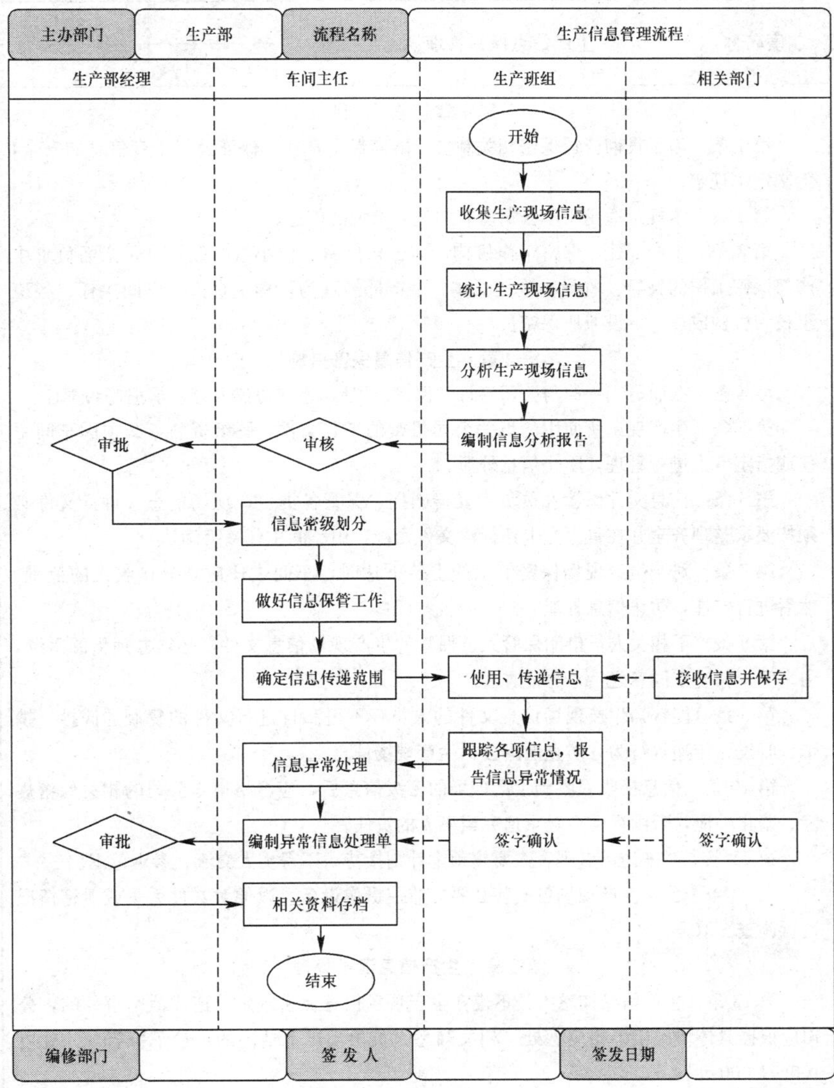

11.3.3 生产信息保密管理规定

<table>
<tr><td rowspan="2">制度名称</td><td rowspan="2">生产信息保密管理规定</td><td>编　　号</td><td></td></tr>
<tr><td>执行部门</td><td></td></tr>
</table>

第1章　总　　则

第1条　为了贯彻公司保密相关制度，落实保密责任，保证公司生产信息的安全，特制定本规定。

第2条　本规定适用于本公司所有与生产有关的信息。

第3条　生产部建立保密工作机构，在公司保密工作小组的领导下，全面负责生产部保密工作的领导、监督和检查工作。生产部经理为机构负责人，车间主任、各班组长为机构成员，下设兼职保密员。

第2章　生产信息保密措施

第4条　在职员工一律与公司签订“保密协议”，遵守协议内容，承担违约责任。

第5条　生产现场所使用的事关公司机密的工艺文件、图纸资料，必须由车间主任或指定专人进行管理，防止信息外泄。

第6条　信息文件保管人员负责妥善归档、保管各类生产现场信息文件，文件必须按要求整理齐全并在首页左上角标注文件密级，由车间主任签字确认。

第7条　对于生产现场保密信息的上传下达时，车间主任应划分接收人的范围，然后进行传递，防止信息外泄。

第8条　不相关人员借阅保管人员保管的生产现场信息文件，必须办理借阅手续，由车间主任签字同意之后，方能查看。

第9条　能获知生产现场信息文件的人员，不得私自进行文件的复制、摘抄、携带、收发、传递等行为，防止泄露公司生产现场信息。

第10条　信息接收人收到生产现场的密级信息后，应严格遵守公司的相关保密规定，禁止外泄，否则视情节轻重追究当事人的责任。

第11条　对来访、参观客人要按预定计划接待，不得扩大交流、参观范围。

第12条　公司生产现场可安装必要的监控摄像设备，以便对文件丢失或泄密情况进行调查、取证。

第3章　生产信息泄密处理

第13条　生产信息知悉人员不遵守生产现场信息保密规定，造成泄密事件的，公司应根据具体情况给予相应惩处。相关知悉人员出现以下情况的，给予警告，并处以100～1 000元罚款。

1. 泄露生产现场信息，但已采取相应补救措施的。

2. 泄露生产现场信息，尚未造成严重后果或经济损失的。

续表

<table>
<tr><td rowspan="2">制度名称</td><td rowspan="2" colspan="3">生产信息保密管理规定</td><td>编　　号</td><td></td></tr>
<tr><td>执行部门</td><td></td></tr>
<tr><td colspan="6">第 14 条　生产信息发生泄露时，相关泄密责任人立即采取有效的方法，对信息传播途径及可能造成的影响进行控制，所需费用由相关泄密责任人承担。
第 15 条　生产信息知悉人员出现以下情况的，给予辞退并赔偿经济损失；构成犯罪的，公司提起诉讼，转交司法机关进行相关处理。
1. 故意或过失泄露生产现场信息，给公司造成严重后果或重大经济损失的。
2. 违反生产现场信息保密制度，为他人窃取、刺探、收买、或违章提供生产现场信息的。
3. 利用职权强制他人违反生产现场信息保密制度的。
第 16 条　对公司生产信息保密工作作出突出贡献的员工，公司将视情况给予____～____元的奖励。
第 4 章　附　　则
第 17 条　本规定由生产部负责制定，其解释权及修订权亦归生产部所有。
第 18 条　本规定经总经理审阅后批准，自发布之日起实行。
第 19 条　本规定未尽事宜，按国家相关法律规定办理。</td></tr>
<tr><td>编制人员</td><td></td><td>审核人员</td><td></td><td>批准人员</td><td></td></tr>
<tr><td>编制日期</td><td></td><td>审核日期</td><td></td><td>批准日期</td><td></td></tr>
</table>

第12章　现场环境管理

12.1　现场环境

12.1.1　生产现场环境管理内容

生产现场环境管理的基本任务就是发现、分析和消除生产现场环境中的各种有害因素，防止职业病害的发生；清理整顿生产现场环境，保持生产现场环境的整洁、有序，创造良好的生产现场环境，不断促进生产效率的提高和生产的发展。

生产现场管理的具体内容包括：分析识别生产现场环境存在的有害因素；生产现场环境有害作业点的调查与危害程度的评定；改善生产现场环境的不良状况；进行生产现场环境的日常检查管理等。

1. 生产现场环境不良条件状况分析

企业要创造良好的生产现场环境，必须掌握生产现场环境中存在的不良条件状况及其危害特点。生产现场环境的不良条件主要表现为两个方面，具体如下：

（1）生产现场环境布设的不良状况

生产现场环境布设的不良状况主要表现在物、信息、卫生条件等方面，如图12—1所示。

（2）作业环境中存在有害因素

生产现场环境中存在的有害因素主要分为化学性因素、物理性因素及生物性因素，具体见表12—1。

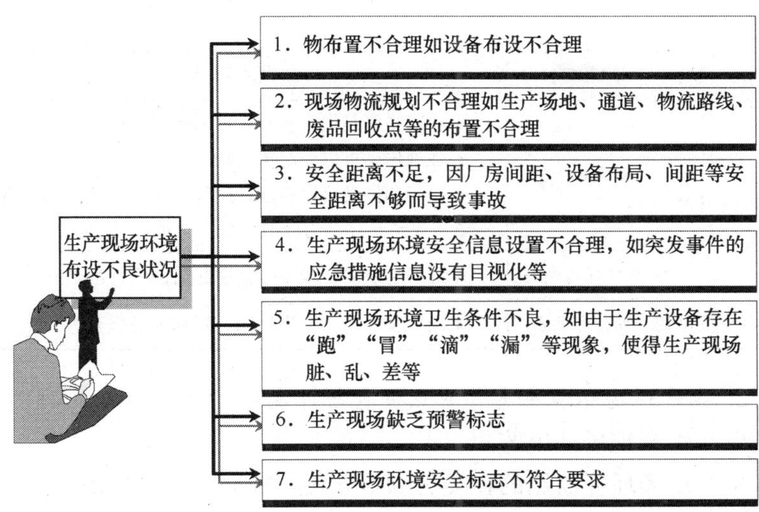

图 12—1　生产现场环境布设的不良状况

表 12—1　　生产现场环境有害因素分类

生产现场环境有害因素		说明
化学性因素	生产性粉尘	▲如滑石粉尘、铅粉尘、木质粉尘、骨质粉尘、合成纤维粉尘 ▲班组人员长期吸入生产性粉尘，有可能发生尘肺病及其他并发症
	生产性毒物	▲如硫化氢、氯化氢、一氧化碳、二氧化硫、铅、锰、铬、汞等 ▲生产性化学毒物可引起急、慢性职业中毒
物理性因素	不良气象条件	▲超常的气温、湿度、气流及热辐射等 ▲可引起中暑、冻伤、心脏病发作等
	辐射	▲α射线、β射线、紫外线、红外线、无线电波及电磁场等 ▲可引起灼伤、职业性眼病、中枢神经失调等

续表

生产现场环境有害因素		说明
物理性因素	噪声和振动	▲噪声主要是损害听觉，可引起职业性耳聋 ▲强烈振动可以引起振动病 ▲噪声和振动可以引起神经衰弱，主要表现为头痛、头晕、失眠、注意力分散、反应迟钝等
	高气压低气压	▲可引起缺氧，严重时会引起高山病、潜函病等
生物性因素	细菌和病毒	▲如布氏杆菌、炭疽杆菌、森林脑炎病毒等

2. 生产现场环境有害作业点调查与评定

(1) 生产现场环境监测

生产现场环境监测的种类有以下三种，如图 12—2 所示。

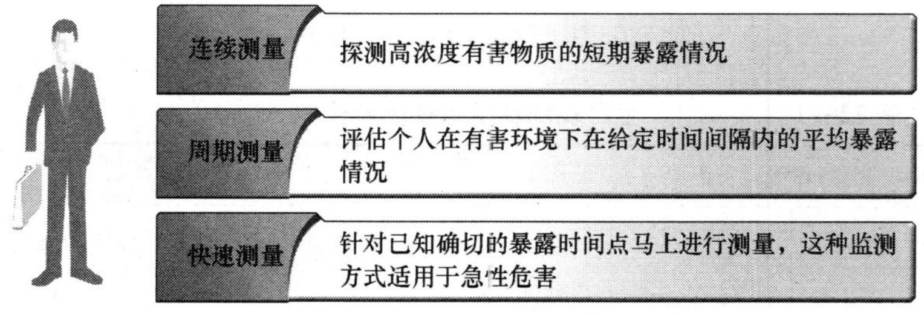

图 12—2　生产现场环境监测的三种方法

(2) 数据分析

1) 有害生产现场评定。该种方法是将生产现场检测的有害因素值与安全标准值进行比较，凡实测值符合安全标准要求的即为达标，否则评定为有害因素。

2) 职业危害分级是依据国家有关有害作业分级标准，针对某一确定的生产现场环境，通过科学的检测，确定其危害程度的级别。通过职业危害分级，可以掌握环境安全的危害程度、危害人群数量，以便制定环境安全改善措施，减少职业病的发生。

3. 改善生产现场环境的不良状况

运用各种方法，对生产现场环境进行改善，提高有害作业点的达标率，保障职工的安全与健康。

4. 生产现场环境日常检查管理

生产现场环境日常检查是建立良好的生产环境，做好安全生产工作的重要手段之一，也是减少职业病危害的有效方法。通过对生产现场环境的检查，了解生产现场环境的状况，发现危害因素，控制不良的生产现场环境，消除事故隐患，为职工创造良好的生产环境。

12.1.2　生产现场环境管理要项

1. 生产现场环境管理

生产现场环境要项主要包括照明环境、非常温作业环境、噪声作业环境、有毒作业环境、粉尘作业环境。具体环境管理要项见表12—2。

表12—2　　生产现场环境管理要项

生产现场环境要项	具体内容
照明环境	对生产现场的照明进行合理设计，为作业环境提供高质量的照明条件，恰当地确定视野范围内的亮度，消除耀眼的眩光和暗淡的灯光等不符合要求的照明，为班组人员创造舒适、愉悦的照明条件
非常温作业环境	非常温作业包括高温作业环境管理与低温作业环境管理
噪声作业环境	现场噪声主要指在生产中由于物体的冲撞、机器的转动、电磁振动、高压气流喷出或爆破等所产生高于噪声标准以上的声音
有毒作业环境	有害毒物主要包括固态毒物、液态毒物、气态毒物
粉尘作业环境	粉尘主要指在生产作业中产生的微尘，如煤、水泥粉尘、铝粉尘等

2. 生产现场环境改善

生产现场环境改善主要是针对有害作业环境制定相关改善措施，并由班组长监督执行。具体环境改善措施见表 12—3。

表 12—3　　生产现场环境改善具体措施

环境改善对象	环境改善的具体措施
人员和规范	明确现场环境管理的权责
	建立现场环境监测、改善的制度和规范
环境监测	建立明确的环境监测的指标、时间和要求
	选择恰当的环境采样时间和方法
	选用有效的环境采样仪器
粉尘	对容易产生粉尘的物料，在工艺允许的前提下，进行加水湿化处理 对于不能进行湿化处理的物料，应进行物料的密封化、管道化和机械化作业
	定时用水冲洗生产现场的地面、墙壁等，避免产生二次扬尘
	加强技术创新和设备引进的力度，淘汰产生过量粉尘的工艺或设备
	改善通风条件，合理安排粉尘污染工段的位置，减少粉尘的影响范围和粉尘浓度
噪声	企业在选购新设备时，必须对设备的噪声环节进行评估，选购噪声小的设备
	加强对设备的维护和保养、检修，避免因设备故障而产生噪声
	尽量对噪声设备实行自动化或密封化管理，减少人工操作，从而减少噪声的影响范围
	针对噪声比较大的机电、机械设备，要安装隔音机罩或设置隔音间，阻断噪声排放
	尽量减少各种设备的运行时间，减少相关人员在噪声环境中的暴露时间
	班组作业人员在噪声较大的环境下工作应佩戴好耳塞、耳罩、防声帽等个人防护用品

续表

环境改善对象	环境改善的具体措施
辐射	开展针对辐射环境的生产知识培训，经考核合格后方可上岗开展工作
	在辐射源头设置屏蔽物，减少辐射强度
	加强对辐射现场的检查和测量，确保辐射强度在规定的范围内
	控制在辐射环境中的工作时间，尽量密封化、自动化
	班组作业人员在放射性辐射的现场工作时尽量使用长柄工具，以减少辐射对身体的伤害
	及时、有效清理带有放射性辐射物质的工作服和体表
	建造金属屏蔽室屏蔽电磁辐射，增大辐射源与工作人员之间的距离
	穿着或佩戴合适的防护服、防护面罩、防护眼镜等防护用具
有毒	以无毒或毒性小的原材料代替有毒或毒性大的原材料
	有毒生产现场尽可能减少班组作业人员，采用自动化的生产方式
	加强对有毒现场的检测，确保有毒环境的强度控制在规定范围内
	加强对有毒固体、液体的密封工作和有毒生产现场的通风工作
	对有毒物存放处或容易中毒处设置明显的警示标志，防止因情况不明导致意外中毒
	在有毒的生产现场应配置解毒的器具或货物，并在旁边设立醒目的标志
	有心血管、呼吸系统疾病者不宜参加此类岗位工作，班组尽量安排人员进行定期轮换，以免班组作业人员长期吸入毒物
	班组作业人员必须佩戴好防护用具，严格按照操作规程进行操作
高温	在不影响工艺操作的情况下合理安排热源，尽量疏散热量
	在生产工艺或技术条件允许的前提下，采用水隔热或材料隔热的方法隔绝热源
	尽可能多地设置通风口或安装工业电扇，以降低生产现场温度
	配备冷气休息室，安排高温现场作业人员定期休息
	改进工艺流程与操作方法，改善高温生产现场条件，减少班组作业人员接触高温机会

续表

环境改善对象	环境改善的具体措施
低温	在生产现场条件允许的情况下，应在低温生产现场设立水暖或风暖设备
	改进生产工艺，引进先进设备，减少低温生产现场的机会
现场工作环境	确保工作现场物品的堆放有序，确保生产现场干净整洁
	设置区域线、环境标志等，保证现场工作环境井然有序

12.2　现场环境管理分类

12.2.1　现场噪声管理

噪声污染是影响人身健康的一种危害，企业须严格执行国家相关法律法规（《中华人民共和国环境保护法》《中华人民共和国环境噪声污染防治法》）等的规定，控制噪声污染。

1. 噪声的卫生标准

工作场所班组人员每天连续接触噪声 8 h，噪声标准为 85 dB（A）。对每天接触噪声不到 8 h 的工种，根据企业种类和条件，可以相应放宽，但最高不得超过 115 dB（A）。具体标准见表 12—4。

表 12—4　　工作场所噪声标准

每个工作日接触噪声时间（h）	允许噪声［dB（A）］
8	85
4	88
2	91
1	94
最高不得超过 115 dB（A）	

凡噪声超过本标准规定的生产车间和作业场所，必须采取行之有效的控制措施，限期达到本标准要求。在未达到标准前，企业必

须发放个人防护用品，以保障工人健康。

2. 噪声控制的方法

噪声控制的方法主要包括八种，具体内容见表12—5。

表12—5　　噪声控制的有效方法

控制方法	具体说明
工程控制	在设备采购上，要考虑设备的低噪声、低振动，力求在设计上解决设备噪声问题
方向和位置控制	把噪声源移出作业区，或者转动机器的方向使噪声远离班组作业人员
封闭	将产生噪声的机器或其他噪声源封闭起来
使用消声器	当空气、气体或者蒸汽从管道中排出时或者在其中流动时，用消声器降低噪声
减振	增设专门的减振垫等来实现减振
吸声处理	从声学上进行设计，用墙壁和天花板来吸收噪声
隔离作业人员	在高噪声作业环境下，严禁无关人员进入。同时控制班组人员进入高噪声环境的时间，减少噪声的危害
个体防护	配备个人防护用具如耳塞、耳罩等。需要佩戴个体防护用具的区域要明确标明，同时企业应对个人防护用具的使用和保管进行相关培训

12.2.2　有毒气体管理

有毒气体是化学工业生产中的常见有害因素，它比固态和液体毒物更容易扩散，而且不易察觉，因此班组应重视对有毒气体的防护。

1. 有毒气体的种类

有毒气体包括刺激性气体和窒息性气体。最常见的刺激性气体有硫酸、盐酸、硝酸、氯气、氨气、氮氧化物、光气、氟化氢等；最常见的窒息性气体有氮气、甲烷、乙烷、乙烯、一氧化碳、硝基苯的蒸气、氰化氢、硫化氢等。

2. 有毒气体的危害及预防

有毒气体的危害及预防措施见表12—6。

表 12—6　　有毒气体的危害及预防措施

有害气体	主要危害	预防措施
刺激性气体	对眼和呼吸道黏膜及皮肤有刺激作用，多具有腐蚀性，经呼吸道进入人体可造成急性中毒	★杜绝意外事故，防止“跑”“冒”“滴”“漏”，并做好废气回收及综合利用 ★选用合适的通风方法 ★加强个人防护，适时穿戴耐腐蚀的防护用具 ★做好岗前及定期体检工作，发现有不宜从事该项工作者，及时处理
窒息性气体	它们进入人体后，使血液的运氧能力或组织利用氧的能力发生障碍，造成组织缺氧而引起危害	★加强密闭、通风 ★严格安全操作规章 ★加强宣传教育，普及急救和预防知识 ★做好岗前及定期体检的健康监护工作

12.2.3　现场尘埃管理

现场尘埃管理的目标是使粉尘浓度降到卫生标准以下，其主要内容如下所示。

1. 设立防尘工作的负责人

（1）班组设立防尘工作负责人，具体负责现场尘埃的防治工作及除尘设备的维护工作，保证除尘设备的正常、有效运行。

（2）班组长负责制定班组生产过程中各项防治粉尘的规章制度，并监督各项规章制度的贯彻执行。

2. 加强对班组作业人员的管理

（1）班组长定期组织班组作业人员参加防尘方面的培训，加强员工的防尘基础知识。

（2）班组作业人员上岗前应根据国家相关的规定对其进行健康体检，对患有职业禁忌证、未成年员工、女员工不得安排其从事禁忌范围的工作。

（3）在职从事粉尘作业的班组作业人员应定期进行健康体检，发现不适宜从事粉尘作业工作的必须及时调离。

（4）对已确诊为尘肺病的班组作业人员应及时调离原工作岗位，

安排合理的治疗或疗养，患者的社会保险待遇，按国家有关规定办理。

3. 实施防尘措施

防尘措施主要包括湿式作业及采取密闭、通风、除尘系统。

（1）湿式作业具有效果可靠，易于管理，投资较低的特点。

（2）密闭设备可将发生粉尘的生产设备密闭起来，防止粉尘外逸，并为吸尘、通风打下基础。

（3）合理的布置和设计通风管，加强生产现场的通风，可减少粉尘。

（4）除尘器按工作方式可分为干式、湿式两大类；按工作原理，分为沉降式、离心式、过滤式、冲击式等几类。

4. 定期对防尘工作进行检查

（1）班组定期对防尘系统进行维护和管理，使防尘系统处于完好、有效状态。

（2）定期检测生产现场的粉尘浓度，保证生产现场的粉尘浓度符合国家标准规定的允许范围。

12.2.4　现场用电管理

班组长对所辖范围内的生产用电实行统一管理，负责落实现场用电管理相关制度，并接受物业部门的监督。

1. 现场用电管理措施

现场用电管理具体措施见表12—7。

表12—7　　现场用电管理具体措施

管理措施	具体措施
建立相关制度	◆建立健全用电操作、运行、检查、维护等各项安全管理规章制度，落实岗位责任
配置专业人员	◆物业部是用电主管部门，综合配备专职电气人员，配合生产现场电气管理 ◆电气作业人员必须经特种作业安全技术培训，考核合格后，持证上岗

续表

管理措施	具体措施
确保用电安全	◆现场严禁私搭电路，确保用电安全，有违规者，一律开除 ◆确需接通电源，必须填写申请报告，经生产部经理批准后，报物业处，由专业电气人员进行电工作业 ◆用电过程中，班组长负责用电班组电源箱的安全使用，防止其他不规范用电行为 ◆电路管理人员定期或不定期检查电路安全情况，定期维修、保养现场电源开关等设备 ◆对于易燃易爆、腐蚀、潮湿等特殊环境下的用电电气设备及电力线路的选型、安装、使用、管理等，应符合有关现行国家标准、技术规程和规范的要求 ◆禁止超载用电 ◆临时电缆不得放置在人车行道上，应悬空架设
加强安全教育	◆对于直接操作设备的人员应加强用电安全知识的教育 ◆加强班组人员触电急救的培训

2. 触电紧急响应

发生触电事故，其紧急响应步骤如图12—3所示。

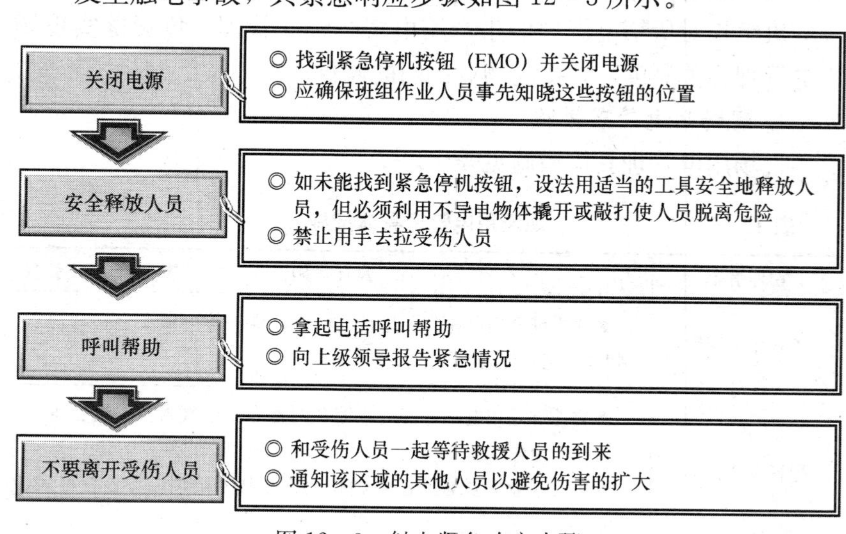

图12—3　触电紧急响应步骤

12.2.5　卫生环境管理

各班组工作区域的卫生管理由企业后勤部负责，各班组要做好维护工作，保持工作环境的干净、卫生、整齐。卫生打扫按时间可分为日扫、节假日打扫、月末打扫与年度打扫，检查亦然。

1. 卫生环境管理基本要求

卫生环境管理的基本要求主要有以下八点，如图12—4所示。

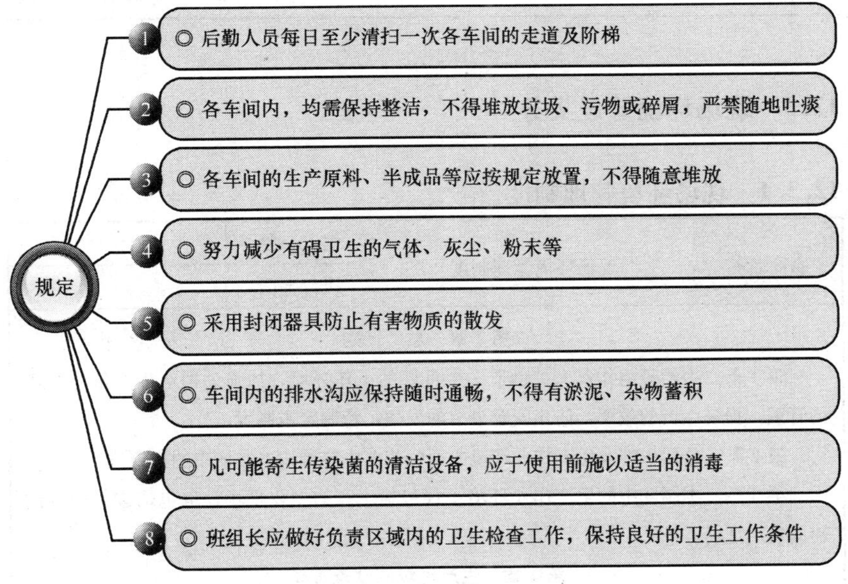

图12—4　卫生环境管理的基本要求

2. 卫生管理方法

目前5S管理方法已成为一种通用的管理方法，具体见表12—8。

表12—8　　5S管理方法

5S	具体内容
1. 整理（Seiri）	将作业区内杂乱无章的部分加以收拾、分类、清理等
2. 整顿（Seiton）	将空间重新分配并给予系统化、规律化、固定化

续表

5S	具体内容
3. 清扫（Seiso）	经常清扫垃圾区、二作区等
4. 清洁（Seitesu）	维持整理、整顿、清扫后的成果，并坚持下去；寻找脏乱的原因，杜绝脏乱的源头
5. 素养（Seitsuke）	让班组作业人员都养成良好的工作和生活习惯，杜绝脏乱问题

12.3 现场环境管理实务

12.3.1 现场环境管理制度

制度名称	现场环境管理制度	编　　号	
		执行部门	

第1章　总　　则

第1条　为给班组作业人员创造一个良好的工作环境，加强公司对生产作业环境的管理，提高生产的效率，防止安全事故的发生，特制定本制度。

第2条　公司中涉及生产作业环境方面的相关内容均按本制度中的规定执行。

第3条　本制度中的生产作业环境不仅包括生产的主要现场，也包括进行检验的辅助生产现场。

第2章　生产现场的设备布局

第4条　生产设备的布置，首先要满足工艺流程的要求，其次要满足安全与卫生的要求。

第5条　必须综合考虑便于操作、安全、作业流动等因素，在布置各种大、中、小型生产设备时必须确保各设备之间有足够的空间，具体要求如下：

1. 生产设备的间距以活动机件达到最大范围计算，其中小型设备与中型设备的间距不小于1 m，大型设备之间的间距不小于2 m。

2. 生产设备与生产现场的墙、柱之间的距离同样按活动机件达到最大范围计算，小型或中型生产设备与墙柱的间距不小于0.8 m，大型生产设备不小于0.9 m。

3. 小型生产设备的操作空间不小于0.6 m，中型生产设备的操作空间不小于0.8 m，

续表

制度名称	现场环境管理制度	编　　号	
		执行部门	

大型生产设备的操作空间不小于 1.1 m。

第 6 条　布置大型机械设备时，应考虑操作时原料、半成品、成品和废料的摆放，同时考虑到操作者的动作不干扰别人，因此设备布局必须留有宽敞的通道和充足的出料空间。

第 7 条　产生强烈噪声的设备如不能采取减噪措施，则应布置在离生产现场较远的地方，同时需要注意不得影响其他公司的办公环境。

第 8 条　生产现场中高于 2 m 的运输线必须有防护网或防护罩进行保护。若使用防护网，则其网格的大小应能阻止所运输的物件坠入地面，运输线的始终两端应有防护栏的保护，其高度不得低于 1 m。

第 3 章　工位器具、工件、材料的摆放

第 9 条　生产现场的原材料、半成品、成品等必须按照操作顺序，整齐地放入指定的区域，并有安全可靠的固定措施，禁止乱摆、乱放。

第 10 条　生产所用的工位器具、模具、夹具、量具等必须放到指定的地方，防止混乱与坠落伤人。

第 11 条　生产用原材料必须限量放入生产现场，以免造成地方拥挤或其他事故。其具体存放量的标准如下：

1. 白班不超过加工额的 1.5 倍，夜班不超过加工额的 2 倍。

2. 大件原材料必须按照额度领取，禁止超过当班的生产额度存放。

第 12 条　在生产现场码放各种物料时不得超高，一般的码放高度不允许超过 2.5 m（物品单位超高除外），高度与宽度的比例不超过 2∶1。易滚动的物品要有垫块进行固定。堆垛的底部要牢靠，垛与垛之间的间距要合理，便于吊装和搬运。

第 4 章　生产现场的地面状态

第 13 条　合理地规划生产现场的地面，用不同的颜色将生产现场的地面科学划分为不同的区域，安全通道必须以绿色、醒目的标志标示出来。

第 14 条　生产现场所划定的各区域间距要合理，其中人行通道不得小于 1 m，车行道（主要指叉车、推车等）不得小于 2 m，成品车间货车行道不得小于 3 m。

续表

<table>
<tr><td rowspan="2">制度名称</td><td rowspan="2" colspan="3">现场环境管理制度</td><td>编　　号</td><td></td></tr>
<tr><td>执行部门</td><td></td></tr>
<tr><td colspan="6">

第 15 条　生产现场的布置必须保证各通道的畅通，任何人不得以任何理由挤占、挪用通道，违者将按相关规定进行教育和惩处。

第 16 条　生产现场中因生产需要所设置的坑、沟、壕等必须有足够支撑力的物品覆盖或有防护栏，夜间必须有照明，以防止发生安全事故。

第 17 条　在产品生产过程中出现的垃圾、废料、废水、废油等必须按划分的责任或承包的区域及时处理，不得将此类废品带入下一道工序。

第 18 条　生产现场的人行道或空地应保持平坦，不得有障碍物或绊脚的物品。若有，则应该设置醒目的警示标志，或安放防护栏。

第 5 章　防尘、防毒与噪声

第 19 条　生产现场要注意防尘、防毒。加强防尘、防毒设备的检查检修与保养工作，确保设备于作业时间内正常运转，确保设备的主管道与支管道无破裂、泄漏的状况。

第 20 条　用于防尘、防毒设备的滤料或组件应根据其使用说明书定期更换，保证其完好有效。

第 21 条　生产现场所产生的噪声要符合国家规定的标准，超过标准的要限期整改。

第 22 条　对于产生噪声的设备和流程，生产部门应会同技术部门通过采用新技术、新工艺、新设备或新材料等手段使得生产现场的噪声符合标准。

第 23 条　新建、改建、扩建或引进工程项目及采用新技术、新工艺、新设备、新材料等所产生的噪声水平，必须严格执行鉴定审查流程。未进行鉴定或鉴定结果不合格的，一律不准施工和投入生产。

第 6 章　附　　则

第 24 条　本制度由生产部制定，其解释权、修改权归公司生产部所有。

第 25 条　本制度经总经理办公会议审议后，自颁布之日起实施。

</td></tr>
<tr><td>编制人员</td><td></td><td>审核人员</td><td></td><td>批准人员</td><td></td></tr>
<tr><td>编制日期</td><td></td><td>审核日期</td><td></td><td>批准日期</td><td></td></tr>
</table>

12.3.2　现场环境管理流程

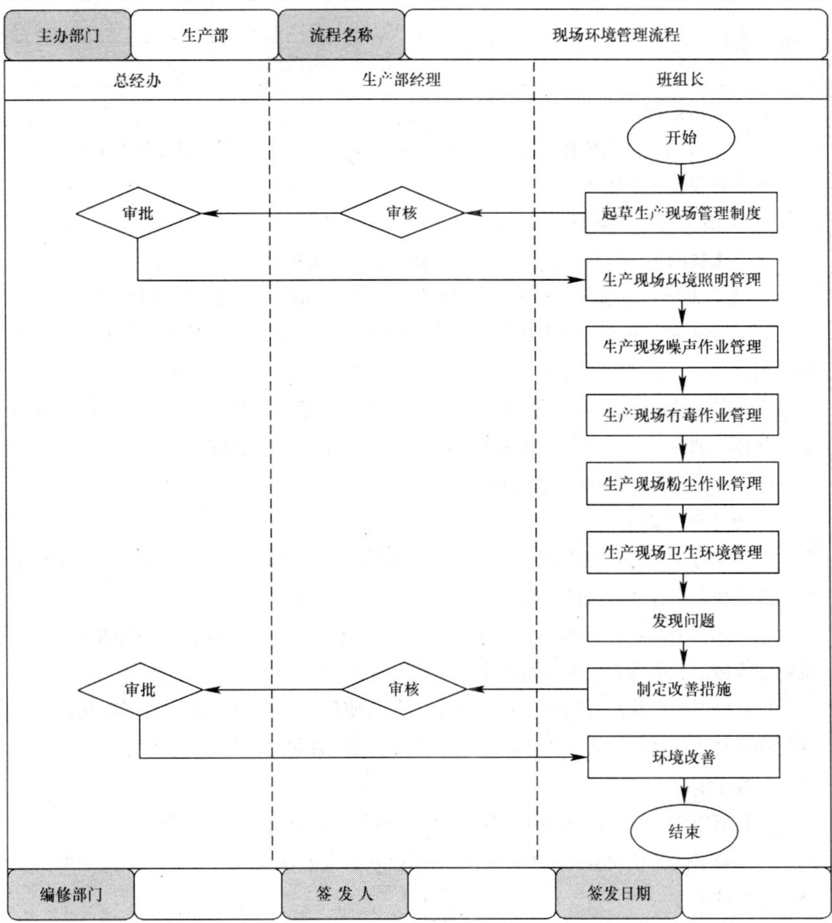

12.3.3　现场环境改善方案

<table>
<tr><td rowspan="2">方案名称</td><td rowspan="2">现场环境改善方案</td><td>编　　号</td><td></td></tr>
<tr><td>执行部门</td><td></td></tr>
<tr><td colspan="4">一、目的
为加强对现场环境的管理，减少或消除作业环境对班组人员的身体危害，确保班组现场人员身体健康，保证生产顺利进行，特制定本方案。</td></tr>
</table>

续表

<table>
<tr><td rowspan="2">方案名称</td><td rowspan="2">现场环境改善方案</td><td>编　　号</td><td></td></tr>
<tr><td>执行部门</td><td></td></tr>
<tr><td colspan="4">

二、适用范围

本方案适用于对现场有害作业、粉尘作业、噪声作业等作业环境的改善事宜。

三、有害作业改善

（一）有害毒物的类型

有害毒物的类型包括固态毒物、液态毒物及气态毒物。

1. 固态毒物，包括一些金属和非金属的化合物，如砷、磷及一些高分子材料。

2. 液态毒物，包括一些有机溶剂，如芳香族碳氢化合物、醇类、醚类、酮类等液体溶剂。

3. 气态毒物，包括刺激性气体（如硫酸、盐酸、硝酸、氯、氟、溴、碘等）和窒息性气体（如氨气、甲烷、二氧化碳、一氧化碳、硫化氢、氰化物等）。

（二）固态毒物环境的改善措施

1. 基本防护措施

（1）安排生产时，班组长应采用低毒或无毒的生产原料，消除或减少毒害的发生源，以减少班组作业人员的中毒机会。

（2）改善劳动组织措施。粉尘浓度较高、劳动强度加大的岗位，避免采用女工。毒物浓度较高和中毒机会较多的工作，应适当缩短工时。

（3）降低作业场所毒物的浓度，改革工艺，使得生产过程机械化、密闭化、半自动化和自动化代替作业人员操作，减少作业人员接触毒物的时间。

2. 综合防护措施

（1）班组作业人员严格按照操作规程进行操作，防止中毒事件的发生。

（2）对必须要使用有毒原料的，班组作业人员应采取碘灭汞法、升华法等手段以减少原料的毒性。

（3）班组作业人员在毒物浓度较高或中毒机会较大的生产平台工作时，必须戴好防护用具，并遵守限时规定。

（4）定期检测生产现场空气中各种毒物的浓度并加以控制，使其符合国家标准；超过国家相关标准的应立即停产，直至空气中的浓度符合国家的相关标准。

（5）定期对员工进行培训，加强员工的个人防护意识，配备并合理使用防护用品。

（6）公司应改善班组作业人员的卫生保健措施，为员工建立休息室、更衣室和浴室等设施。

</td></tr>
</table>

续表

<table>
<tr><td rowspan="2">方案名称</td><td rowspan="2">现场环境改善方案</td><td>编　　号</td><td></td></tr>
<tr><td>执行部门</td><td></td></tr>
<tr><td colspan="4">
（7）禁止班组作业人员在生产现场吃饭、抽烟，禁止班组作业人员将工作服带回家中。
（三）液态毒物环境的改善措施
1. 基本防护措施
（1）液态毒物作业环境应尽量实现生产的自动化、机械化、密封化，采用低毒或无毒物质替代毒性大的物质。
（2）各种管道、存储容器应保证其密封性，防止发生“跑”“冒”“滴”“漏”的现象，造成中毒事件的发生。
（3）在液态毒物造成的有毒生产现场必须设置强力的通风设备，及时排出毒蒸气与粉尘。
（4）在有毒生产现场的毒物存放处或易中毒处必须设置明显的标志与防护措施，防止因情况不明造成意外中毒。
（5）在有毒的生产现场应配置解毒的器具或货物，并在其旁边设立醒目的标志。
2. 综合防护措施
（1）公司建立现代安全生产制度和操作规程，定期检查班组作业场所空气中毒物的浓度，及时采取有效的措施，保证毒物浓度符合国家标准。
（2）有神经内分泌、心血管及呼吸系统疾病者，不宜参加此类岗位的工作，女员工在生理特殊时期也应调离这类作业岗位，有条件时，应实行班组作业人员定期轮换，以免长期吸入有毒物。
（3）加强班组作业人员防护意识，坚持个人卫生制度，坚持使用好个人劳动用品，定期对班组作业人员进行体检，及早发现及早处理。
（四）气态毒物环境的改善措施
1. 基本防护措施
（1）在气态毒物造成的有毒作业环境中应设置良好的通风设备与应急设备。
（2）在灌注、存储、运输液态的气体毒物时，生产现场应有防爆、防火、防漏的措施。
（3）以气体毒物作为原料或成品的作业环境，其生产设备必须具有防腐蚀的措施，防止气态毒物液化时腐蚀储存设备造成中毒事件。
（4）在由气态毒物造成的有毒作业环境中应在明显的部位设置防毒设施，放置中毒急救货物，并定期检查这些设施和货物的有效性。
</td></tr>
</table>

续表

方案名称	现场环境改善方案	编　　号	
		执行部门	

2. 综合防治措施

(1) 工作时，班组作业人员应采用自动化或远距离操作，防止发生中毒事件。

(2) 初建或扩建厂房时，在选择厂址、配置安全设备和设施、尾气的排放上，必须严格遵守国家规定。

(3) 确因需要进行近距离操作时，班组作业人员必须戴好防毒面具、胶靴、手套、防毒服等防护用具，并且注意不要将皮肤暴露在外。

(4) 做好废气、废水、废渣的回收和利用工作，并做好妥善的处理，防止班组作业人员中毒。

(5) 定期检测生产现场的空气中各类毒性气体的含量，若超过最高允许浓度，应立即停产，采取措施，使之达到国家相关标准。

(6) 加强个人防护，工作时班组作业人员要穿戴采用过滤式防毒面具或蛇管式防毒面具，防护眼镜、胶靴、手套、皮肤的暴露部位应涂防护油膏。

四、粉尘作业改善

(一) 不同条件下对粉尘物料的处理

1. 对生产过程中易产生粉尘的物料的处理

(1) 在工艺允许的条件下对这些物料进行湿化，即在物料的装卸、搬运、研磨、筛选、混合等过程中进行加水湿化处理。

(2) 对于不能进行湿化处理的物料，技术部应通力配合生产部，做好物料的密封化、管道化、机械化，以减少尘源的产生，改善粉尘作业环境。

2. 对粉尘浓度比较大的生产现场的处理

定时用水冲洗地面、墙壁、建筑构件及允许水洗的设备外罩等地方，保持其处于湿润的状态，防止二次扬尘，并不间断地进行通风除尘，任何人不得以任何理由停止。

(二) 改进防尘技术

1. 改革工艺设备和工艺操作的方法，采用新技术。

2. 采用通风除尘设备，减少粉尘的产生，进一步改善粉尘环境。

3. 在生产和工艺条件许可的情况下，优先考虑采用湿式作业，减少粉尘的产生和飞扬。

4. 密闭尘源，使生产过程管道化、机械化、自动化，防止粉尘外逸，减轻劳动强度，达到防尘目的。

续表

方案名称	现场环境改善方案	编　　号	
		执行部门	

（三）合理设置班组作业人员的工作地点

班组作业人员的工作地点或集中地点必须位于生产现场中通风良好和空气较清洁的地方，易产生严重粉尘污染的工段应位于整条生产线的下风口。

（四）加强防尘工作的管理

公司对各班组作业现场的防尘情况应进行不定期的检查与定期评比，按照人力资源部的相关规定进行奖励与惩处。

五、噪声作业改善

（一）对产生噪声的机电设备的控制

1. 工厂在选购新设备时，必须对设备的噪声环节进行评估，选购设备的噪声排放应符合国家相关的排放标准，在同等条件下，应选购噪声排放小的设备。

2. 班组尽量减少各种机电设备的运行时间，用完后要立即关闭机电设备。

3. 班组作业人员在操作中严格遵守机电设备的操作规程，防止因错误的操作导致机电设备产生异常的噪声。

4. 公司定期对机械设备主要部件进行检测和保养，保持其性能良好，确保排放噪声符合国家规定标准。

5. 公司定期检查机械设备的运行状态，检测其噪声，对于超过噪声排放标准的机械设备要及时采取措施减少噪声排放。

6. 公司应加强对机械设备的日常检测工作，发现突发情况，及时修理出现异常的机械设备，缩短异常噪声的排放时间。

7. 在生产过程中，生产部配合技术部注意改进工艺流程和工作程序，防止设备因长时间的运转而产生噪声。

（二）对噪声传播的控制措施

1. 相关部门在购买、使用、改进各种噪声比较大的设备时，尽量选取自动化或密封化的设备，减少人工的操作，以减少噪声对员工身体的侵害。

2. 生产中噪声排放比较大的机电、机械设备应尽量设置在离工作操作点或人员集中点比较远的地方。

3. 对于无法布置比较远的、排放噪声比较大的机电、机械设备，在生产中应在设备上安装隔音机罩或设置隔音间，阻断噪声的传播途径。

续表

<table>
<tr><td rowspan="2">方案名称</td><td rowspan="2" colspan="3">现场环境改善方案</td><td>编　　号</td><td></td></tr>
<tr><td>执行部门</td><td></td></tr>
<tr><td colspan="6">4. 对有隔音间进行隔音的机电、机械设备，应做好隔音间的密封工作，随时关闭隔音门与隔音窗，将噪声与生产人员隔离开来。
5. 若因工作需要，班组作业人员必须到噪声比较大的地方进行操作，应佩戴好耳塞、耳罩、防声帽等个人防护用品，否则后果由作业人员自身承担。
6. 班组长在安排工作时，应尽量减少相关人员在噪声环境中的暴露时间，以减轻噪声对身体的伤害。</td></tr>
<tr><td>编制人员</td><td></td><td>审核人员</td><td></td><td>批准人员</td><td></td></tr>
<tr><td>编制日期</td><td></td><td>审核日期</td><td></td><td>批准日期</td><td></td></tr>
</table>

第 13 章　现场问题解决

13.1　现场管理主要工作问题

13.1.1　现场计划调度问题

企业在班组现场作业计划和调度工作进行中，由于作业计划制定、执行、协调不合理等各项原因，容易导致出现以下七项问题，具体如图 13—1 所示。

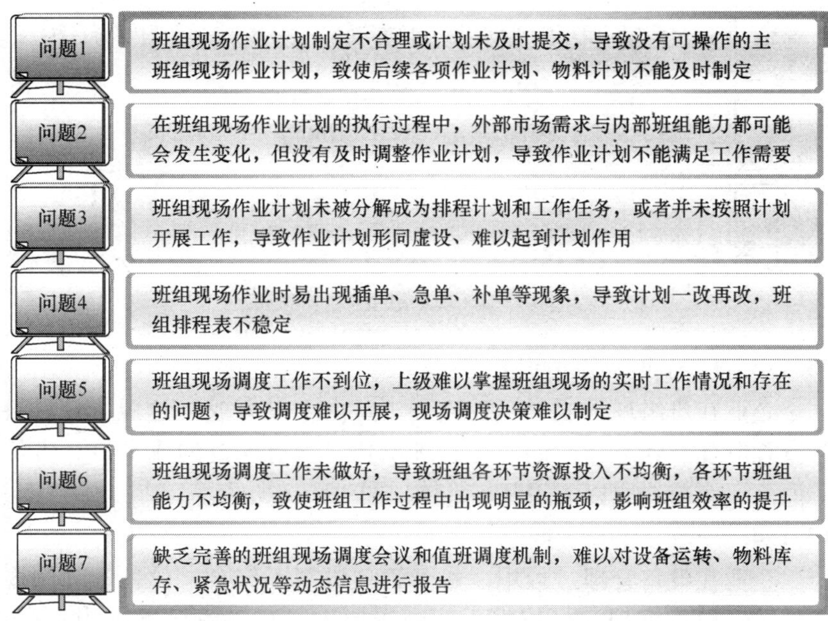

图 13—1　现场计划调度问题

13.1.2 现场进度交期问题

企业在控制班组现场进度的过程中，由于样品确认时间的耽误、原材料交期的延误、订单的变更、账料不符、劳动力短缺等原因造成班组现场进度的延迟和交期的延误，具体可能存在的问题如图 13—2 所示。

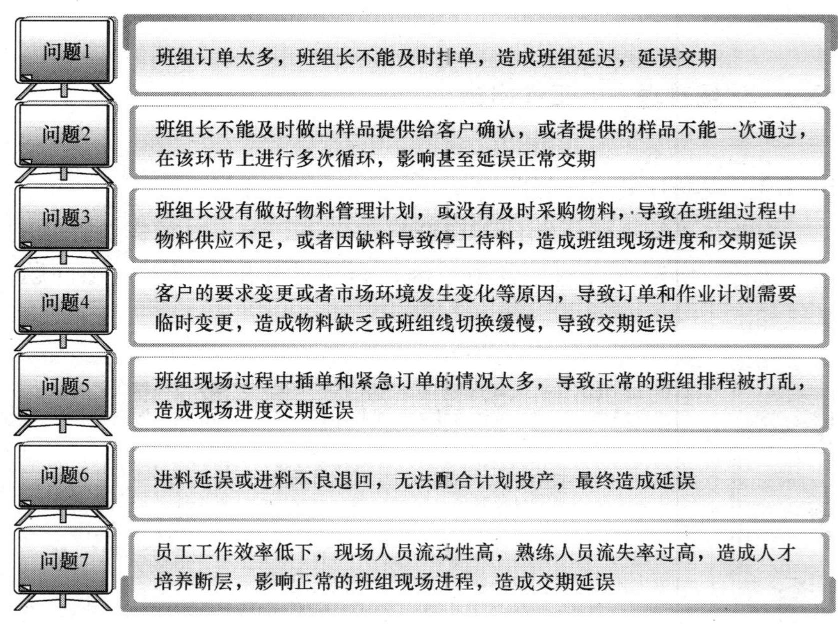

图 13—2 现场进度交期问题

13.1.3 现场成本管控问题

企业在班组现场成本管控过程中，由于没有成本意识、缺乏科学管理制度、缺乏专业的成本管理队伍、没有先进的成本核算方法等原因，容易造成以下问题，具体如图 13—3 所示。

13.1.4 现场设备管理问题

企业在设备管理过程中，由于管理机制不健全、设备管理制度不完善、设备管理人员权责不明晰等原因，会导致设备选型不当、忽略设备保养维护、不合理使用设备、设备维修滞后、设备无法更

问题1　企业片面地追求产品产量的增长和技术创新等，忽略了班组成本控制工作，缺乏完整的成本控制规范体系和成本控制手段，使成本控制工作难以推行

问题2　企业缺乏专业的成本管理队伍以及班组人员的积极参与；未将成本责任落实到个人，无法实现降低成本的目的

问题3　质量管理不完善，产品质量低下导致的返工浪费；未实施定额管理导致物料使用浪费；未实施标准工时管理导致班组时间浪费，这些浪费都抬高成本

问题4　没有及时进行成本核算，或成本核算不准确，导致成本控制工作缺乏明确科学的目标，难以实行成本目标管理工作

问题5　问题处理上，对成本事中控制和事后考核，没有相应的措施和办法，对出现的问题也不能及时加以调节和控制，导致企业成本管理要求无法得到满足

图 13—3　班组成本控制问题

新换代、设备使用周期短等问题，具体问题如图 13—4 所示。

问题1　未根据企业发展的需要制订科学的发展规划和购置计划，不能正确预测所引进机械设备的市场使用前景，设备选型准备不足，导致设备不能满足要求

问题2　管理机构不健全，人员设置不完善，管理层与操作层之间上下脱节，出现设备无人负责管理的局面

问题3　缺乏完整、严格的设备管理制度，设备台账、技术资料档案建立等工作未完善，管理工作无章可循，严重的甚至造成资产流失

问题4　没有把机械设备维修保养的各项规章制度明确落实到个人，造成机械设备出现故障，无人解决和负责的局面

问题5　企业为了赶工期、抢进度，而不惜机械设备处于超负荷状况作业，甚至违章操作，使机械设备快速地磨损，加快固定资产流失

问题6　长期使用老旧设备，设备无法更新换代，造成修理成本增加，并使技术先进、高效率的设备得不到引进，使企业的机械化水平一直徘徊不前

问题7　设备维修管理局限于事后维修，对预防性的维护和保养不够重视，设备的故障现象不能尽早发觉、预防、修理，以致造成人力、物力、财力不必要的浪费

图 13—4　现场设备管理问题

13.1.5　现场安全管控问题

企业在安全管理过程中，会由于不重视安全管理、安全管理知识缺乏、未合理设置安全管理机构、安全管理制度不完善等原因，造成安全隐患不能及时排除、安全事故不能及时处理、员工人身安全不能保证等问题，具体存在的问题如图 13—5 所示。

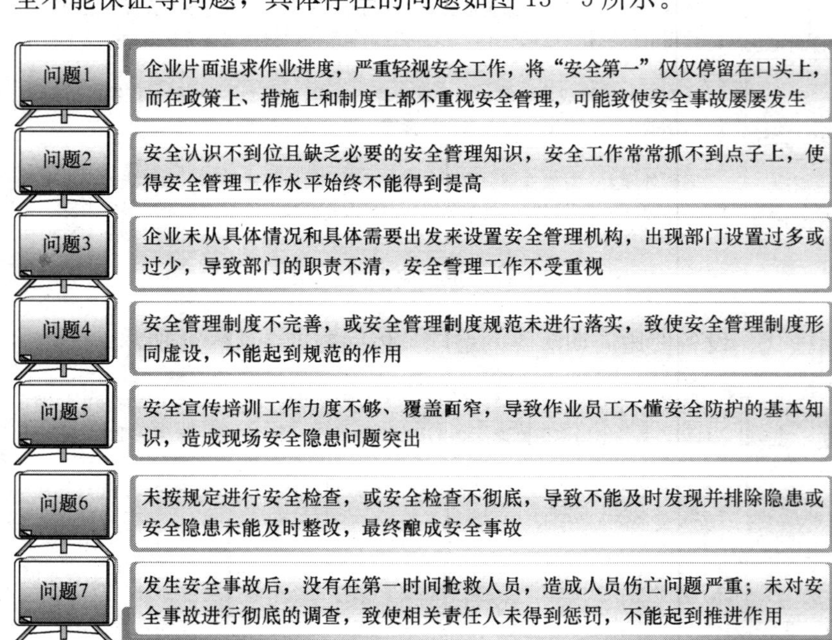

图 13—5　现场安全管理问题

13.1.6　现场物料控制问题

企业在物料的控制过程中，时常会出现物料的需求制定不合理、出入库管理不规范、物料使用不合理、班组现场暂存区混乱、呆废料处理不及时等各类问题，具体如图 13—6 所示。

13.1.7　现场质量管控问题

企业在现场质量管理过程中，时常会出现质量标准不完善、产品质量低下，质量体系不完善等各类问题，具体问题如图 13—7 所示。

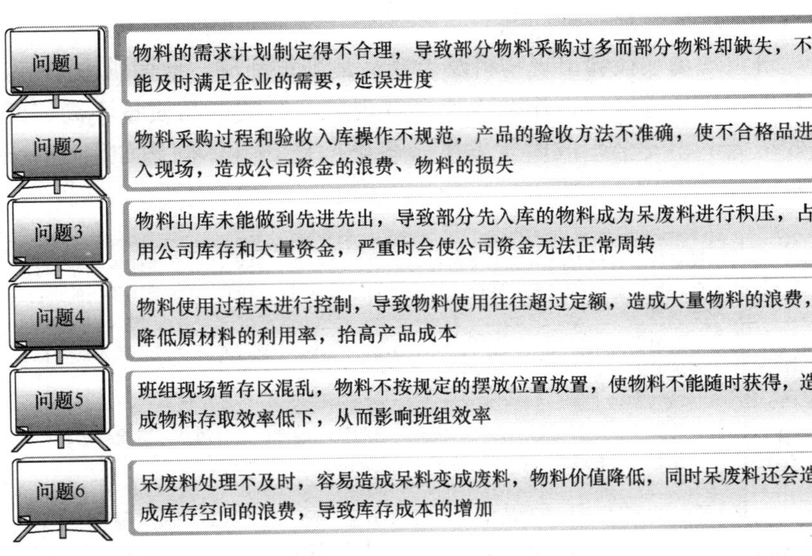

图 13—6　现场物料控制问题

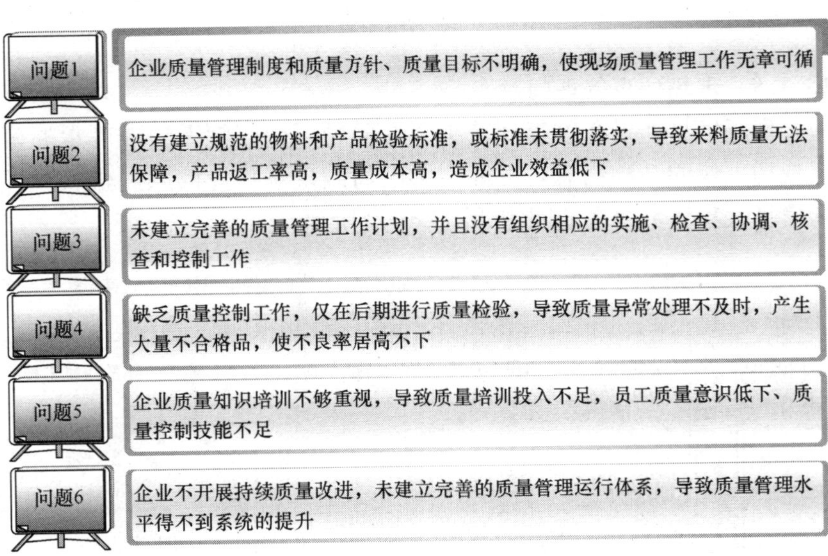

图 13—7　现场质量管控问题

13.1.8　现场环境管理问题

班组现场往往会出现物料及半成品乱堆、乱放，地面脏乱不堪，杂物堆积，通道堵塞，作业面狭窄等现象，造成产品质量不高、经济效率低下、安全事故时常发生等各类问题，具体问题如图 13—8 所示。

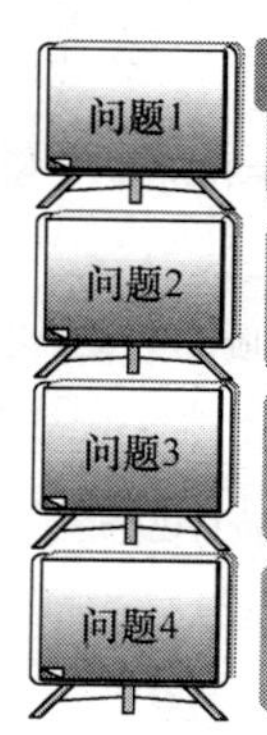

设备的布置没有满足工艺流程和安全卫生的要求，没有综合考虑便于操作、安全、作业流动等因素，使得各设备之间没有足够的空间，影响现场作业的进行

班组现场的原材料、半成品、成品等没有按照操作顺序整齐地放入指定的区域，造成物资摆放混乱、安全事故的发生

班组现场的地面规划不合理，没有将班组现场的地面划分清楚，造成杂物乱堆、各通道堵塞等现象，影响现场作业的顺利进行

班组现场防尘、防毒和防噪声等设备不齐全，或防尘、防毒和防噪声等设备检验、检修与保养工作不到位，容易造成班组人员的各种疾病，影响员工的身体健康

图 13—8　现场环境管理问题

13.1.9　现场信息管理问题

现场信息如果在收集环节中存在问题，企业就无法准确掌握班组现场工作的基础信息，可能会影响后续现场作业的顺利进行。现场信息收集环节存在的问题如图 13—9 所示。

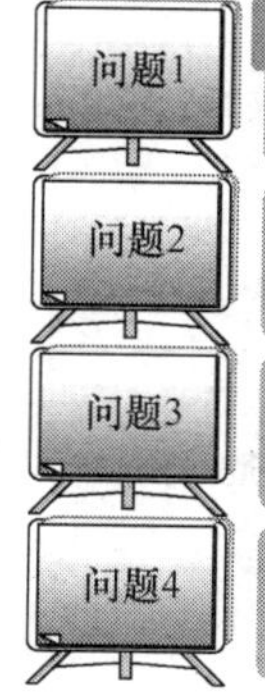

现场信息准确性差，虚假或不准确的信息将严重误导信息使用者，甚至影响后续现场作业的进行，造成巨大的经济损失

如果未能及时收集信息，或者收集的信息不具有相关性，或者收集的信息未被有效利用，都有可能导致企业班组作业的延误，经营风险的增加

信息不准确可能使企业的现场管理工作陷入困境，不利于对实际情况进行及时有效的控制和纠正，同时也将降低班组效率

收集的信息过于散乱，不能突出重点，难以跟踪班组进度，安排班组现场的班组任务、平衡班组，掌控现场班组的产品质量

图 13—9　现场信息管理问题

13.1.10　现场标准管理问题

企业在现场标准的制定过程中，由于制定的人员专业水平不够、没有实际的操作经验或不按规定的要求来制定等原因，容易导致出现以下五个问题，具体如图13—10所示。

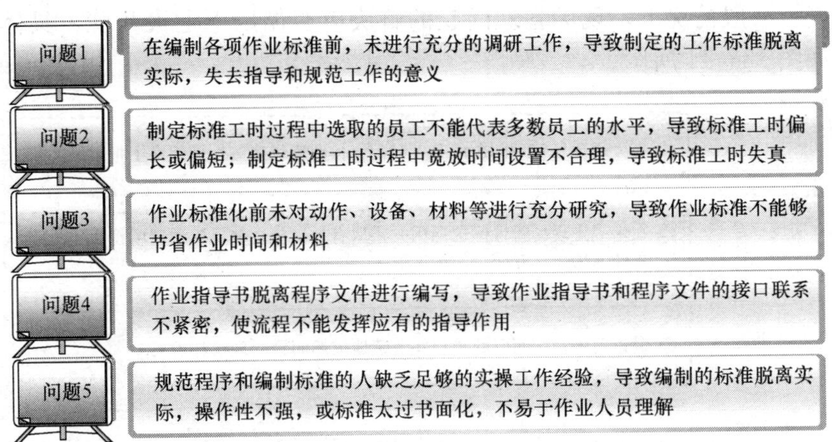

图13—10　现场作业标准管理问题

13.2　现场管理问题分析工具

13.2.1　问题分析解决步骤

1. 制定现场管理问题解决方案的目的

企业制定现场管理问题解决方案，主要为了达到以下六项目的：

（1）规范严重和重大现场管理问题分级处理过程，提高处理效率，缩短问题处理周期。

（2）明晰现场管理问题处理过程中相关部门的职责。

（3）保证现场管理问题处理结果公平、客观。

（4）降低现场管理问题对正常现场作业的影响，减少造成的损失。

（5）对企业系统性和局部性隐患问题，实施纠正和预防措施。

（6）提高企业对突发事件的应变能力。

2. 现场管理问题的解决步骤

一般情况下，现场管理问题的解决应遵循以下七大步骤，具体如图13—11所示。

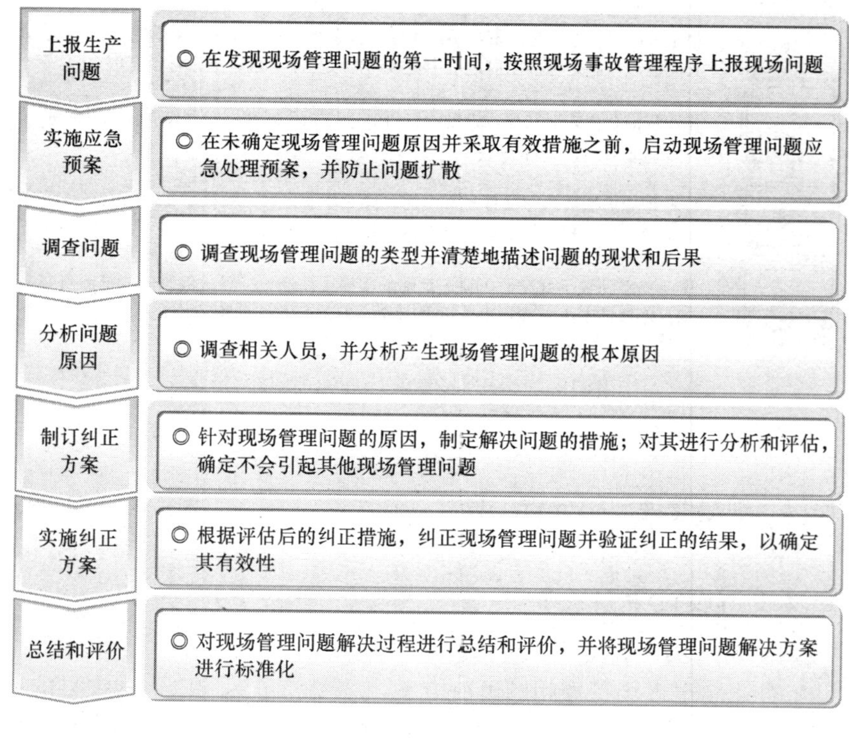

图13—11　现场管理问题的解决步骤

13.2.2　问题发现分析方法

现场管理问题是指在现场作业过程中因物料短缺、设备管理不到位、质量监控不严谨、安全管理不善、成本管控不到位等原因导致的一系列管理问题。

1. 现场管理问题发现工具

对于现场作业过程中出现的问题，可以采用工作抽样法来及时地发现问题。

工作抽样（Work Sampling），是指利用统计学中随机抽样的原理，按照等概率性和随机性的独立原则，对现场操作者或机器设备进行瞬间观测和记录，调查各种作业事项的发生次数和发生率，以观测样本来推定观测对象总体状况的一种现场观测分析方法。

（1）工作抽样的优缺点

工作抽样可进行间断性观测，记录瞬间事件发生的次数。它具有以下优缺点。具体如图 13—12 所示。

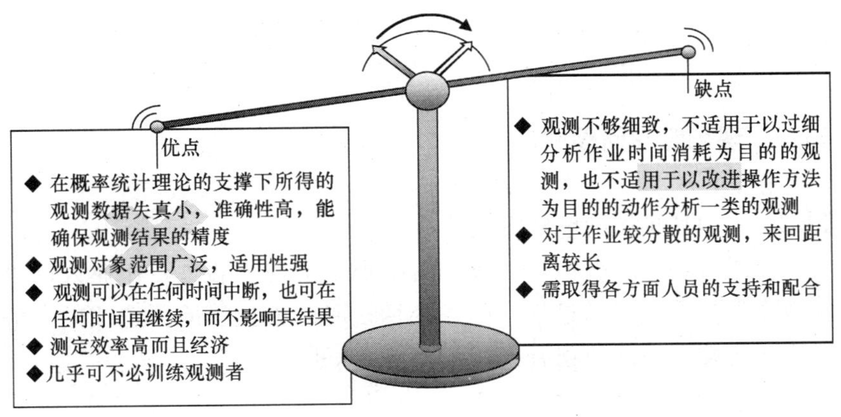

图 13—12 工作抽样的优缺点

（2）工作抽样实施步骤

企业在进行工作抽样工作时的具体步骤如图 13—13 所示。

2. 现场管理问题分析工具

对于现场作业过程中存在的问题，可以使用潜在问题分析工具进行分析。潜在问题分析（Potential Problem Analysis，PPA），即潜在问题分析、防范分析，是通过对即将采取的行动方案在执行后可能出现的问题进行全面分析，制订解决方案和应急措施的系统分析法。

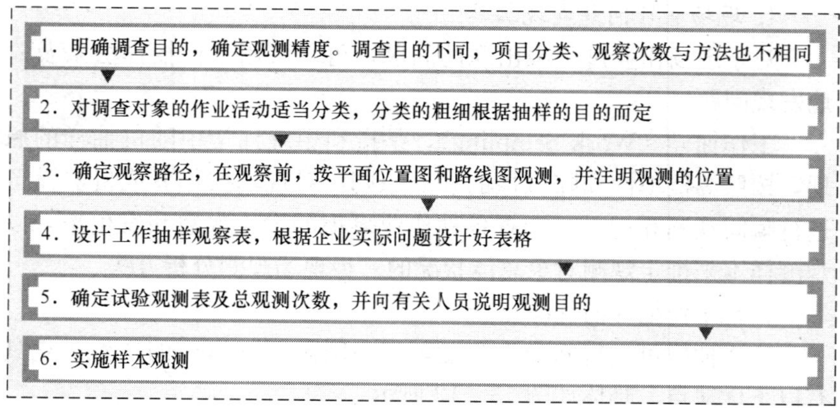

图 13—13　实施工作抽样的步骤

13.3　现场管理问题解决工具

13.3.1　现场进度问题解决工具

班组现场进度缓慢，一般是由于现场出现了瓶颈，作业人员工作效率低下，或现场过程中的各类切换时间太长等原因造成的。解决现场进度缓慢的问题需从以下两方面入手。

1. 消除现场进度瓶颈工具

（1）基本原理与影响因素

现场进度瓶颈是指班组长在现场作业过程中出现的阻碍企业业务流程中增加有效产出或减少库存和费用的环节。现场进度瓶颈的具体内容如图 13—14 所示。

（2）措施对策

消除现场进度瓶颈的具体措施对策如图 13—15 所示。

2. 均衡班组现场各个环节

企业实施均衡班组现场，就能使现场各环节的配合效率达到较高，有效地推进班组现场效率的提升。

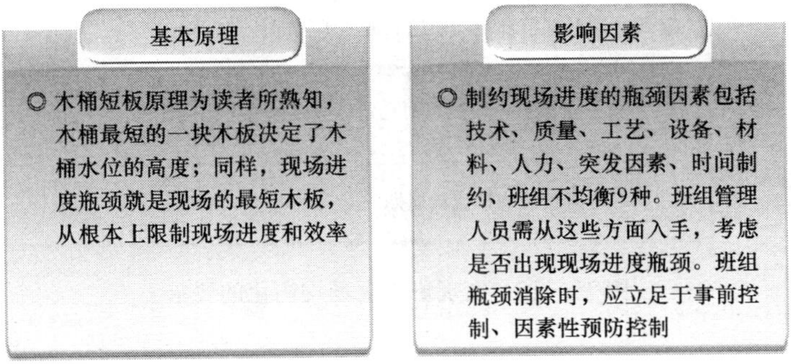

基本原理

◎ 木桶短板原理为读者所熟知，木桶最短的一块木板决定了木桶水位的高度；同样，现场进度瓶颈就是现场的最短木板，从根本上限制现场进度和效率

影响因素

◎ 制约现场进度的瓶颈因素包括技术、质量、工艺、设备、材料、人力、突发因素、时间制约、班组不均衡9种。班组管理人员需从这些方面入手，考虑是否出现现场进度瓶颈。班组瓶颈消除时，应立足于事前控制、因素性预防控制

图 13—14 现场进度瓶颈

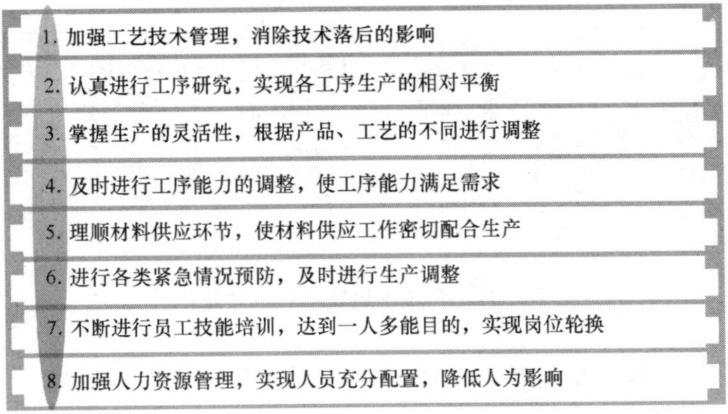

1. 加强工艺技术管理，消除技术落后的影响
2. 认真进行工序研究，实现各工序生产的相对平衡
3. 掌握生产的灵活性，根据产品、工艺的不同进行调整
4. 及时进行工序能力的调整，使工序能力满足需求
5. 理顺材料供应环节，使材料供应工作密切配合生产
6. 进行各类紧急情况预防，及时进行生产调整
7. 不断进行员工技能培训，达到一人多能目的，实现岗位轮换
8. 加强人力资源管理，实现人员充分配置，降低人为影响

图 13—15 消除现场进度瓶颈的具体措施

(1) 实施的具体要求

均衡班组现场实施的具体要求包括以下三点，具体如图 13—16 所示。

(2) 实现均衡化的方法

在制造型企业要实现班组现场的均衡化，可以通过以下方式来进行，如图 13—17 所示。

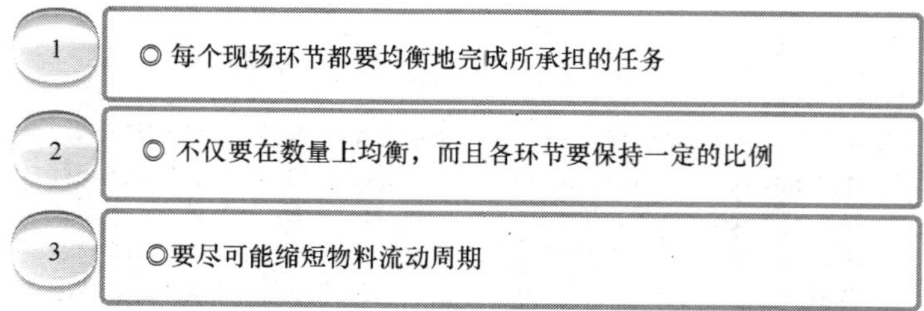

图 13—16　实现班组现场均衡化的要求

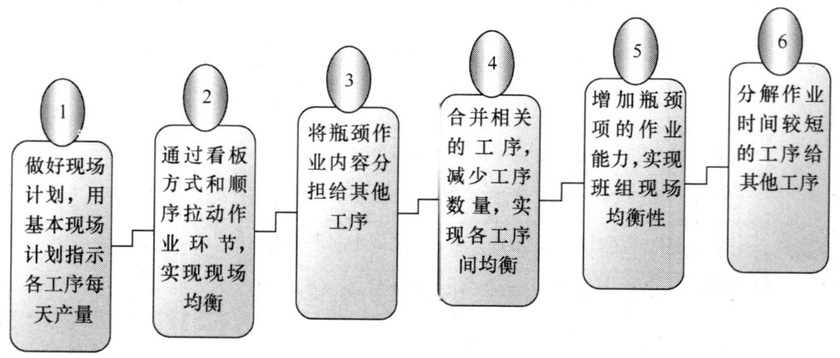

图 13—17　实现班组现场均衡化的方法

13.3.2　现场质量问题解决工具

现场质量问题可以通过全面质量管理的方法进行解决，并通过质量持续改进的方法不断地改进，具体的方法介绍如下。

1. 全面质量管理

全面质量管理（Total Quality Control，TQC）是以全公司质量为中心，以全员参与为基础，把专业技术，管理技术，数理统计技术集合在一起，建立起一套科学严密高效的质量保证体系的管理方法。

（1）全面质量管理的基本原则

全面质量管理要遵循的原则具体如图 13—18 所示。

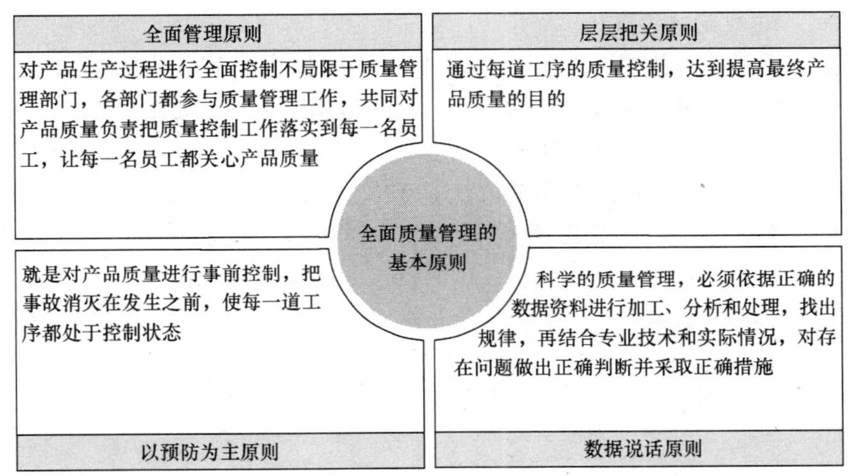

图 13—18　全面质量管理的基本原则

（2）全面质量管理的基本方法

全面质量管理的基本方法可以概况为：一个过程、四个阶段、八个步骤的数理统计方法。具体如图 13—19 所示。

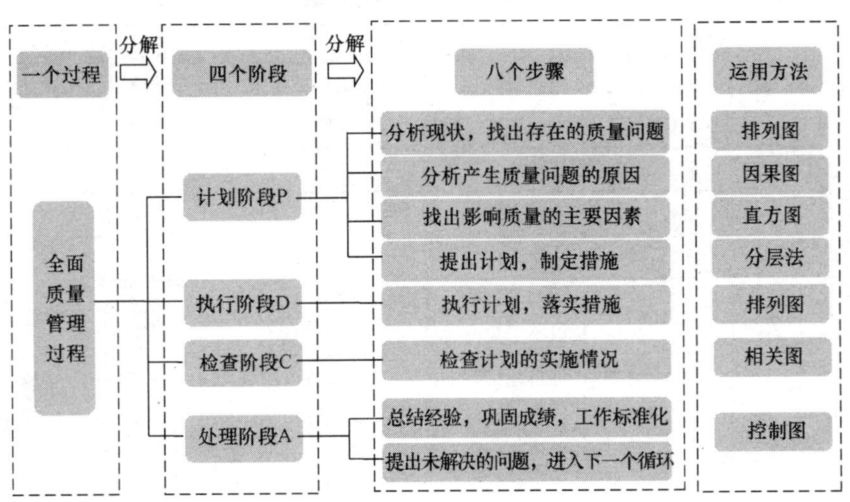

图 13—19　全面质量管理的基本方法架构

2. 质量持续改进

质量持续改进是加强质量管理，不断地提高管理水平的方法。公司实施质量持续改进活动能使产品质量满足客户的要求。

（1）PDCA 循环方法的特点

质量持续改进最常用的方法是 PDCA 循环方法，它通过四个阶段来进行。四个阶段包括：计划（Plan）、执行（Do）、检查（Check）、行动（Action）。具体的特点如图 13—20 所示。

图 13—20　PDCA 循环特点

（2）PDCA 循环的实施步骤

PDCA 循环总共分八步，具体实施步骤见表 13—1。

表 13—1　　PDCA 循环的实施步骤

步骤		关键	主要方法
P 阶段	问题界定	分析现状，找出存在的质量问题	排列图、分层法
	原因分析	分析产生质量问题的原因	因果图
	确认原因	找出影响质量的主要原因	排列图、相关图
	制定对策	制定措施计划	对策图
D 阶段	实施计划	实施计划	
C 阶段	检测效果	测量、验证分析和评价实施的结果，以确定改进效果	直方图、控制图
A 阶段	总结经验	将证实有效的改进措施纳入相关文件，必要时对相关人员进行培训，以保持改进效果	利用成功经验修改或指定相应工作标准
	遗留问题	把遗留问题或新问题转入下一个循环	为下一循环提供质量问题

13.3.3 现场设备问题解决工具

做好设备保养工作，有利于解决设备运行过程中出现的各类问题。设备的保养包括设备日常保养、设备一级保养和设备二级保养。具体的保养内容见表13—2。

表13—2 现场设备保养的类型

主要类型	具体内容
设备日常保养	作业人员在上班前应对设备进行点检，查看有无异常并分析上个现场的设备运行记录
	在设备启动前按照设备润滑图表的规定给设备进行润滑处理
	在确保设备无误后，进行设备的空车运转，待设备的各个部分运转正常后方可进行工作
	在设备运行过程中要来回巡检，发现设备异常应立即停机处理，并通知设备管理人员
	每日下班前，检查设备运行记录是否填写完整，并清理设备，切断电源、清理工作现场，确保设备干净与整洁
设备的一级保养	拆卸指定部件、箱盖及防尘罩等，进行彻底清洗
	疏通油路、清洗过滤器，更换油线、油毡、滤油器、润滑油等
	补齐手柄、手球、螺钉、螺母、油嘴等机件，保持设备的完整
	紧固设备的松动部位，调整设备的配合间隙，更换易损件及密封
	清洗导轨及各滑动面，清除毛刺及划痕
设备的二级保养	更换设备中的机械油，清扫、检查、调整电气线路及装置
	对设备的部分装置进行分解并检查维修，更换、修复其中的磨损零部件
	设备使用前对设备的精度、性能、安全、控制等进行全面的检查与核对

13.3.4 现场安全问题解决工具

安全管理问题应主要通过推行安全管理检查、进行安全隐患排查、实施安全培训工作来进行预防，具体可以采用安全训练监察程序、工作危害分析的方法。

1. 安全训练监察程序

安全训练监察程序（Safety Training Observation Program，STOP）通过实施STOP程序，提高管理者发现、纠正、报告不安全行为的能力和事故调查的技巧，培养管理者重视安全管理的决心，从而创造良好的安全氛围，提高全员安全意识，预防事故的发生。

（1）STOP程序准备工作

STOP程序导入前期需要进行至少两个星期以上的STOP宣传，在实施前提高人们的兴趣和参与意识。对STOP学习中的安全观察技巧、原则、步骤等进行阅读学习。

（2）STOP程序实施步骤

在完成了前期导入、宣传、资料学习后，对STOP进行现场实施，一般情况下应按照以下五项步骤实施，具体如图13—21所示。

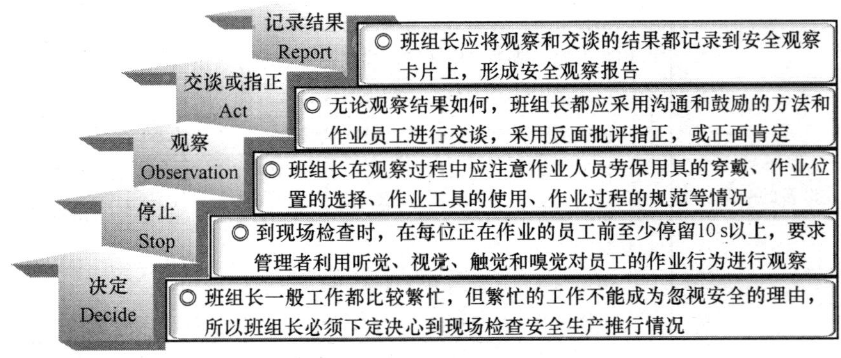

图13—21　STOP程序的实施步骤

2. 工作危害分析

工作危害分析（Job Hazard Analysis，JHA）是一种企业广泛使用的安全管理工具，一种定性风险分析方法。企业实施JHA分析，能够识别作业中潜在的危害，确定相应的工程措施，提供适当的个体防护装置，以防止事故发生。

（1）实施工作危害分析步骤

实施工作危害分析的步骤主要有四步，具体如图 13—22 所示。

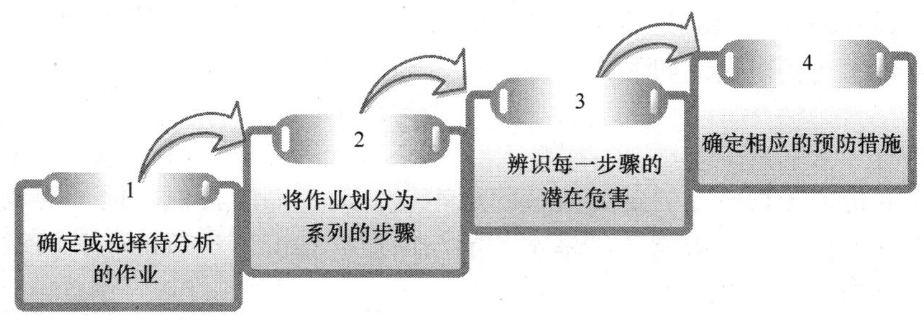

图 13—22　工作危害分析的步骤

（2）消除工作危害的对策

危害分析以后，如果确实存在危害或隐患，则需要制定消除或控制危害的对策。具体对策如图 13—23 所示。

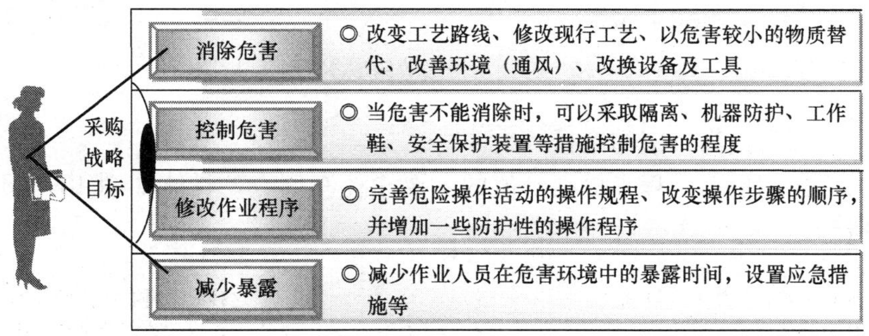

图 13—23　消除工作危害的对策

13.3.5　现场成本问题解决工具

1. 现场成本降低工具

企业降低现场成本可以采用价值工程的方法。价值工程（Value Engineering，VE）又称价值分析（Value Analysis，VA），是降低成本提高经济效益的有效方法。该方法的核心是采取可替代的设计，以减少不必要的成本。

（1）主要思想和关键思路

价值工程主要思想是通过对选定研究对象的功能及费用分析来提高对象的价值。这里的价值是反映费用支出与获得之间的比例，其数学比例表达式如下。

$$价值(V)=\frac{功能(F)}{成本(C)}$$

价值工程研究的是如何节约成本以提高产品的价值，但节约成本的前提是在不影响产品基本功能与品质的情况下进行的，其关键思路如图 13—24 所示。

思路1：消减不必要的成本

删除或修改计划中与计划的基本功能没有直接关系的零件项目或结构

思路2：为计划的基本功能项目寻求更省钱的替代设计

召集各种专业人员，以集思广益的方法发挥脑力激荡的效用，构思替代设计的构想

图 13—24 价值工程法节约成本的关键思路

（2）提高价值的途径

运用价值工程来提高价值的主要途径有四点，具体如图 13—25 所示。

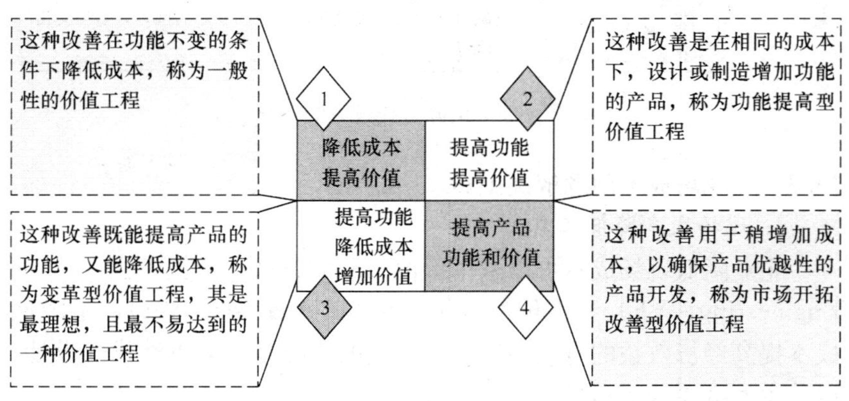

图 13—25 提高价值的途径

2. 消灭浪费解决工具

现场作业过程中一般存在以下七种浪费，具体包括制造过多的浪费、等待的浪费、搬运的浪费、加工过程中的浪费、库存的浪费、动作的浪费、制造不良品的浪费等。

浪费问题的解决方法有很多种，通常情况下包括现场的5S管理、IE管理等方法。

(1) 现场5S管理

通过5S管理活动，可以节约现场作业时间，减少交货延迟现象，还可以降低现场成本，减少浪费和库存。

(2) IE管理体系

工业工程（Industrial Engineering，IE）是以人、物料、设备、能源和住处组成的集成系统为主要研究对象，综合应用工程技术、管理科学和社会科学的理论与方法等知识，对其进行规划、设计、管理、改进和创新等活动，使其达到降低成本，提高质量和效益的目的。

IE的主要工作内容包括八个方面，具体如图13—26所示。

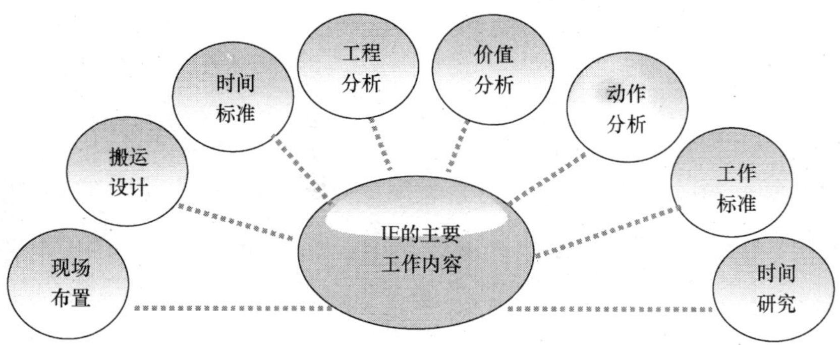

图13—26　IE的主要工作内容